MARCHÉS

Volume arrêté à la date du 6 juillet 1909.

PARIS
Henri CHARLES-LAVAUZELLE
Éditeur militaire

10, Rue Danton, Boulevard Saint-Germain, 118

(MÊME MAISON A LIMOGES)

COMPTABILITÉ GÉNÉRALE ET MARCHÉS

MARCHÉS

Volume arrêté à la date du 6 juillet 1909.

PARIS

Henri CHARLES-LAVAUZELLE

Éditeur militaire

10, Rue Danton, Boulevard Saint-Germain, 118

(MÊME MAISON A LIMOGES)

MARCHÉS

Arrêté à la date du 8 Juillet 19..

PARIS

BAUDRY-LAUZON

Éditeur

Libraire de la Société des Ingénieurs

« Ce volume doit contenir toutes les prescriptions relatives
« aux marchés de la guerre.

« Toutes les dispositions de cette nature, documents complets
« ou parties de documents, telles que articles de règlements ou
« passages de circulaires, disparaîtront des autres volumes de
« l'édition méthodique à mesure qu'ils seront réimprimés. »

(Décision ministérielle du 4 juillet 1903.)

La précédente édition du volume n° 25 sera conservée dans les archives des services locaux jusqu'a
l'expiration des derniers marchés régis par l'ancienne
réglementation et, en cas de difficultés contentieuses,
jusqu'au règlement du dernier litige soulevé par ces
marchés.

Cabinet du Sous-Secrétariat d'État. — N° 86.

NOTE PRÉLIMINAIRE.

Paris, le 6 juillet 1909.

Par application des articles 7 et 14 de l'instruction du 15 mars 1907. et par ordre du Sous-Secrétaire d'Etat en date du 27 janvier 1908, la commission des cahiers des charges et marchés a procédé à la refonte de la réglementation des marchés de la guerre.

Cette refonte, dont l'importance dépasse de beaucoup celle d'une simple mise à jour, est la conséquence logique des plus récentes prescriptions sur la matière.

Elle a été opérée avec la préoccupation de sauvegarder dans leur intégralité les droits de l'Etat.

En outre des décrets régissant les marchés, la réglementation ancienne comprenait environ 150 instructions, circulaires, lettres collectives et notes ministérielles. De ces documents, les uns étaient insérés au volume n° 25 de l'édition méthodique du *Bulletin officiel*, les autres postérieurs à la dernière publication de ce volume (20 juillet 1903). avaient paru, à leur date, à l'édition chronologique du même recueil.

Une partie des prescriptions en vigueur émanaient d'ailleurs de l'initiative propre des diverses directions de l'administration centrale et étaient applicables uniquement dans les services ressortissant à ces directions.

Cette situation avait de grands inconvénients.

Il était difficile aux représentants de l'administration militaire, comme aux fournisseurs, d'embrasser l'ensemble des dispositions concernant la passation et l'exécution des marchés ; il était également difficile de justifier, aux yeux du public, la multiplicité des règles, parfois divergentes, adoptées par les différents services.

Conformément aux prescriptions du Sous-Secrétaire d'Etat, la commission des cahiers des charges et marchés a fait tous ses efforts pour mettre fin à cet état de choses. Ses travaux aboutissent à une codification nouvelle tenant compte à la fois des nécessités des services administratifs et des *desiderata* légitimes des groupements professionnels de l'industrie et du commerce. Cette codification comporte l'abrogation de la presque totalité des circulaires antérieures et comprend quatre parties, savoir :

1° Des dispositions générales édictées par les décrets relatifs aux marchés de l'Etat et les circulaires du Sous-Secrétaire d'Etat concernant l'application desdits décrets ;

2° Un cahier des clauses et conditions générales imposées pour les travaux de constructions militaires et une instruction pour l'application dudit cahier ;

3° Un cahier des clauses et conditions générales imposées pour les marchés de fournitures ;

4° Une instruction relative aux marchés de la guerre, présentant sous une forme synthétique, avec les subdivisions méthodique nécessaires, les règles visant les divers modes de marchés, les prix-limites, les cautionnements, les conditions du travail, les commissions d'appel, etc...

L'instruction, ainsi que les cahiers des clauses et conditions générales, portent les timbres des Directions du Contrôle et du Contentieux. Ces documents ne devront être modifiés que sur la proposition de ces deux directions, après avis de la commission des cahiers des charges et marchés. La réglementation des marchés offrira ainsi, désormais, les caractères d'uniformité, de stabilité et de simplicité relative qu'il est nécessaire de lui imprimer.

Dans son ensemble, la nouvelle réglementation des marchés représente un progrès notable. Elle aura pour effet de condenser de nombreuses prescriptions éparses dans les éditions méthodique et chronologique du *Bulletin officiel*, de les simplifier, de les codifier et, par cela même, de faciliter, dans toute la mesure possible, la tâche des chefs de service appelés à passer des marchés pour le compte du Département de la guerre, comme aussi de présenter aux entrepreneurs et fournisseurs, sous une forme relativement simple, toutes les dispositions contractuelles d'ordre général qui peuvent les intéresser.

Le Sous-Secrétaire d'Etat au ministère de la guerre,

HENRY CHÉRON.

PREMIÈRE PARTIE

DISPOSITIONS GÉNÉRALES CONCERNANT LES MARCHÉS DE TOUTE NATURE.

Décret relatif à l'établissement, à Vincennes et au Vésinet, de deux asiles pour les ouvriers convalescents. (Extrait du)

Paris, le 8 mars 1855.

. . . .

Art. 5. A la dotation de l'asile sont affectés : 1° un prélèvement de 1 p. 100 sur les travaux publics adjugés dans la ville de Paris et sa banlieue; 2° les abonnements pris par les chefs d'usine et les sociétés de secours mutuels, suivant les conditions réglées par la commission administrative; 3°. . . . . .

. . . .

Loi concernant les droits d'enregistrement (Extrait de la).

Versailles, le 28 février 1872.

L'Assemblée nationale a adopté,

Le Président de la République promulgue la loi dont la teneur suit :

Art. 1er. La quotité du droit fixe d'enregistrement auquel sont assujettis, par la loi du 22 frimaire an VII et par les lois subséquentes, les actes ci-après, sera déterminée ainsi qu'il suit, savoir :

. . . .

9° Les adjudications et marchés pour constructions, réparations, entretien, approvisionnements et fournitures dont le prix doit être payé directement par le Trésor public, et les cautionnements relatifs à ces adjudications et marchés, par le prix exprimé ou par l'évaluation des objets.

L'article 73 de la loi du 15 mai 1818 est abrogé;

10° Les titres nouvels et reconnaissances de rentes dont les actes constitutifs ont été enregistrés, par le capital des rentes.

Art. 2. Le taux du droit établi par l'article précédent est fixé ainsi qu'il suit :

A 5 francs pour les sommes ou valeurs de 5.000 francs et au-dessous et pour les actes ne contenant aucune énonciation de sommes et valeurs, ni dispositions susceptibles d'évaluations ;

A 10 francs pour les sommes ou valeurs supérieures à 5.000 francs, mais n'excédant pas 10.000 francs ;

A 20 francs pour les sommes ou valeurs supérieures à 10.000 francs, mais n'excédant pas 20.000 francs;

Et ensuite à raison de 20 francs par chaque somme ou valeur de 20.000 francs ou fraction de 20.000 francs.

Si les sommes ou valeurs ne sont pas déterminées dans l'acte, il y sera suppléé conformément à l'article 16 de la loi du 22 frimaire an VII.

Art. 3. Si dans le délai de deux années, à partir de l'enregistrement des actes spécifiés à l'article 1er ci-dessus, la dissimulation des sommes ou valeurs ayant servi de base à la perception du droit est établie par des actes ou écrits émanés des parties ou par des jugements, il sera perçu indépendamment des droits simples supplémentaires, un droit en sus, lequel ne peut être inférieur à 50 francs.

* *

———————◆———————

*Décret relatif aux adjudications et aux marchés passés
au nom de l'État.*

Paris, le 18 novembre 1882.

Le Président de la République française,

Sur le rapport du Ministre des finances,

Vu l'avis de la commission instituée par le décret du 31 janvier

1878, pour la revision du règlement général sur la comptabilité publique ;

Vu la loi du 31 janvier 1833, portant : « Art. 12. Une ordonnance royale réglera les formalités à suivre, à l'avenir, dans tous les marchés passés au nom du Gouvernement » ;

Vu l'ordonnance du 4 décembre 1836 ;

Vu le décret du 31 mai 1862, portant règlement sur la comptabilité publique ;

Le Conseil d'Etat entendu,

Décrète :

Art. 1er. Les marchés de travaux, fournitures ou transports au compte de l'Etat sont faits avec concurrence et publicité, sauf les exceptions mentionnées à l'article 18 ci-après.

Art. 2. L'avis des adjudications à passer est publié, sauf les cas d'urgence, au moins vingt jours à l'avance, par la voie des affiches et par tous les moyens ordinaires de publicité.

Cet avis fait connaître : 1° le lieu où l'on peut prendre connaissance du cahier des charges ; 2° les autorités chargées de procéder à l'adjudication ; 3° le lieu, le jour et l'heure fixés pour l'adjudication.

Il est procédé à l'adjudication en séance publique.

Art. 3. Les adjudications publiques relatives à des fournitures, travaux, transports, exploitations ou fabrications qui ne peuvent être, sans inconvénient, livrés à une concurrence illimitée, sont soumises à des restrictions permettant de n'admettre que les soumissions qui émanent de personnes reconnues capables par l'administration au vu des titres exigés par le cahier des charges et préalablement à l'ouverture des plis renfermant les soumissions.

Art. 4. Les cahiers des charges déterminent l'importance des garanties pécuniaires à produire :

Par les soumissionnaires, à titre de cautionnements provisoires, pour être admis aux adjudications ;

Par les adjudicataires, à titre de cautionnements définitifs, pour répondre de leurs engagements.

Les cahiers des charges peuvent, s'il y a lieu, dispenser de l'obligation de déposer un cautionnement provisoire ou définitif.

Ils peuvent disposer que le cautionnement réalisé avant l'adjudication, à titre provisoire, servira de cautionnement définitif.

Les cahiers des charges déterminent les autres garanties, telles que cautions personnelles et solidaires, affectations hypothécaires, dépôts de matières dans les magasins de l'Etat, qui peuvent être demandées, à titre exceptionnel, aux fournisseurs et entrepreneurs, pour assurer l'exécution de leurs engagements. Ils déterminent l'action que l'administration peut exercer sur ces garanties.

Art. 5. Les garanties pécuniaires peuvent consister, au choix des soumissionnaires et adjudicataires : 1° en numéraire ; 2° en rentes sur l'Etat et valeurs du Trésor au porteur ; 3° en rentes sur l'Etat, nominatives ou mixtes. Les valeurs du Trésor transmissibles par voie d'endossement, endossées en blanc, sont considérées comme valeurs au porteur.

Après la réalisation du cautionnement, aucun changement ne peut être apporté à sa composition, sauf le cas prévu à l'article 9 (1)

Art. 6. La valeur en capital des rentes à affecter aux cautionnements est calculée : pour les cautionnements provisoires, au cours moyen du jour de la veille du dépôt ; pour les cautionnements définitifs, au cours moyen du jour de l'approbation de l'adjudication.

Les bons du Trésor à l'échéance d'un an ou de moins d'un an sont acceptés pour le montant de leur valeur en capital et intérêts.

Les autres valeurs déposées pour cautionnement sont calculées d'après le dernier cours publié au *Journal officiel*.

Art. 7. Les cautionnements, quelle qu'en soit la nature, sont reçus par la Caisse des dépôts et consignations ou par ses préposés ; ils sont soumis aux règlements spéciaux à cet établissement.

Les oppositions sur les cautionnements provisoires ou définitifs doivent avoir lieu entre les mains du comptable qui a reçu lesdits

---

(1) Les articles 5 à 9 du présent décret sont applicables à la Tunisie en vertu du décret du 11 décembre 1900 ci-après.

cautionnements. Toutes autres oppositions sont nulles et non avenues (1).

Art. 8. Lorsque le cautionnement consiste en rente nominative, le titulaire de l'inscription de rente souscrit une déclaration d'affectation de la rente et donne à la Caisse des dépôts et consignations un pouvoir irrévocable à l'effet de l'aliéner s'il y a lieu.

L'affectation de la rente au cautionnement définitif est mentionnée au grand livre de la Dette publique.

Art. 9. Lorsque des rentes ou valeurs affectées à un cautionnement définitif donnent lieu à un remboursement par le Trésor, la somme remboursée est touchée par la Caisse des dépôts et consignations, et cette somme demeure affectée au cautionnement jusqu'à due concurrence, à moins que le cautionnement ne soit reconstitué en valeurs semblables.

Art. 10. La Caisse des dépôts et consignations restitue les cautionnements provisoires au vu de la mainlevée donnée par le fonctionnaire chargé de l'adjudication ou d'office aussitôt après la réalisation du cautionnement définitif de l'adjudicataire.

Les cautionnements définitifs ne peuvent être restitués en totalité ou en partie qu'en vertu d'une mainlevée donnée par le Ministre ou le fonctionnaire délégué à cet effet (1).

Art. 11. Sont acquis à l'Etat, d'après le mode déterminé à l'article suivant, les cautionnements provisoires des soumissionnaires qui, déclarés adjudicataires, n'ont pas réalisé leurs cautionnements définitifs dans les délais fixés par les cahiers des charges.

Art. 12. L'application des cautionnements définitifs à l'extinction des débets liquidés par les Ministres compétents a lieu aux poursuites et diligences de l'agent judiciaire du Trésor public, en vertu d'une contrainte délivrée par le Ministre des finances.

Art. 13. Les soumissions, placées sous enveloppes cachetées, sont remises en séance publique.

---

(1) Article 62 du règlement du 3 avril 1869.

Toutefois, les cahiers des charges peuvent autoriser ou prescrire l'envoi des soumissions par lettres recommandées ou leur dépôt dans une boîte à ce destinée ; ils fixent le délai pour cet envoi ou ce dépôt.

Lorsqu'un maximum de prix ou un minimum de rabais a été arrêté d'avance par le Ministre ou par le fonctionnaire qu'il a délégué, le montant de ce maximum ou de ce minimum est indiqué dans un pli cacheté déposé sur le bureau à l'ouverture de la séance.

Les plis renfermant les soumissions sont ouverts en présence du public ; il en est donné lecture à haute voix.

Art. 14. Dans le cas où plusieurs soumissionnaires offriraient le même prix et où ce prix serait le plus bas de ceux portés dans les soumissions, il est procédé à une réadjudication, soit sur de nouvelles soumissions, soit à l'extinction des feux, entre ces soumissionnaires seulement.

Si les soumissionnaires se refusaient à faire de nouvelles offres ou si les prix demandés ne différaient pas encore, le sort en déciderait.

Art. 15. Les résultats de chaque adjudication sont constatés par un procès-verbal relatant toutes les circonstances de l'opération.

Art. 16. Il peut être fixé par le cahier des charges un délai pour recevoir des offres de rabais sur le prix de l'adjudication. Si, pendant ce délai, qui ne doit pas dépasser vingt jours, il est fait une ou plusieurs offres de rabais d'au moins 10 p. 100, il est procédé à une réadjudication entre le premier adjudicataire et l'auteur ou les auteurs des offres de rabais, pourvu qu'ils aient, préalablement à leurs offres, satisfait aux conditions imposées par le cahier des charges pour pouvoir se présenter aux adjudications.

Art. 17. Sauf les exceptions spécialement autorisées ou résultant des dispositions particulières à certains services, les adjudications et réadjudications sont subordonnées à l'approbation du Ministre et ne sont valables et définitives qu'après cette approbation. Les exceptions spécialement autorisées doivent être relatées dans le cahier des charges.

Art. 18. Il peut être passé des marchés de gré à gré :

1° Pour les fournitures, transports et travaux dont la dépense totale n'excède pas 20,000 francs, ou, s'il s'agit d'un marché passé pour plusieurs années, dont la dépense annuelle n'excède pas 5.000 francs ;

2° Pour toute espèce de fournitures, de transports ou de travaux, lorsque les circonstances exigent que les opérations du Gouvernement soient tenues secrètes ; ces marchés doivent préalablement avoir été autorisés par le Président de la République, sur un rapport spécial du Ministre compétent ;

3° Pour les objets dont la fabrication est exclusivement attribuée à des porteurs de brevets d'invention ;

4° Pour les objets qui n'auraient qu'un possesseur unique ;

5° Pour les ouvrages et objets d'art et de précision dont l'exécution ne peut être confiée qu'à des artistes ou industriels éprouvés ;

6° Pour les travaux, exploitations, fabrications et fournitures qui ne sont faits qu'à titre d'essai ou d'étude ;

7° Pour les travaux que des nécessités de sécurité publique empêchent de faire exécuter par voie d'adjudication ;

8° Pour les objets, matières ou denrées qui, à raison de leur nature particulière et de la spécialité de l'emploi auquel ils sont destinés, doivent être achetés et choisis aux lieux de production ;

9° Pour les fournitures, transports ou travaux qui n'ont été l'objet d'aucune offre aux adjudications, ou à l'égard desquels il n'a été proposé que des prix inacceptables ; toutefois, lorsque l'administration a cru devoir arrêter et faire connaître un maximum de prix, elle ne doit pas dépasser ce maximum ;

10° Pour les fournitures, transports ou travaux qui, dans les cas d'urgence évidente amenée par des circonstances imprévues, ne peuvent pas subir les délais des adjudications ;

11° Pour les fournitures, transports ou travaux que l'Administration doit faire exécuter aux lieu et place des adjudicataires défaillants et à leurs risques et périls ;

12° Pour les affrètements et pour les assurances sur les chargements qui s'ensuivent ;

13° Pour les transports confiés aux administrations de chemins de fer ;

14° Pour les achats de tabac et de salpêtres indigènes, dont le mode est réglé par une législation spéciale ;

15° Pour les transports de fonds du Trésor.

Art. 19. Les marchés de gré à gré sont passés par les Ministres ou par les fonctionnaires qu'ils ont délégués à cet effet. Ils ont lieu :

1° Soit sur un engagement souscrit à la suite du cahier des charges ;

2° Soit sur une soumission souscrite par celui qui propose de traiter ;

3° Soit sur correspondance, suivant les usages du commerce.

Tout marché de gré à gré doit rappeler celui des paragraphes de l'article précédent dont il est fait application. Les marchés passés par les délégués du Ministre sont subordonnés à son approbation, si ce n'est en cas de force majeure ou sauf les dispositions particulières à certains services et les exceptions spécialement autorisées.

Les cas de force majeure ou les autorisations spéciales doivent être relatés dans lesdits marchés.

Les dispositions des articles 4 à 12 du présent décret sont applicables aux garanties stipulées dans les marchés de gré à gré.

Art. 20. A l'égard des ouvrages d'art et de précision dont le prix ne peut être fixé qu'après l'entière exécution du travail, une clause spéciale du marché détermine les bases d'après lesquelles le prix sera liquidé ultérieurement.

Art. 21. Les droits de timbre et d'enregistrement auxquels donnent lieu les marchés, soit par adjudication, soit de gré à gré, sont à la charge de ceux qui contractent avec l'Etat.

Les frais de publicité restent à la charge de l'administration.

Art. 22. Il peut être suppléé aux marchés écrits par des achats sur simple facture, pour les objets qui doivent être livrés immédiatement, quand la valeur de chacun de ces achats n'excède pas 1,500 francs.

La dispense de marché s'étend aux travaux ou transports dont la valeur présumée n'excède pas 1,500 francs. et qui peuvent être exécutés sur simple mémoire.

Art. 23. Les dispositions du présent décret, concernant les adjudications publiques, et les marchés de gré à gré, ne sont pas applicables aux travaux que l'administration est dans la nécessité d'exécuter en régie, soit à la journée, soit à la tâche.

L'exécution en régie est autorisée par le Ministre ou par son délégué.

Les fournitures de matériaux nécessaires à l'exécution en régie sont néanmoins soumises, sauf les cas de force majeure, aux dispositions des articles 1er à 22.

Art. 24. Les travaux neufs exécutés par voie d'entreprise pour les bâtiments de l'Etat ne peuvent avoir lieu qu'après l'approbation des devis qui en déterminent la nature et l'importance.

Art. 25. Conformément aux dispositions de l'article 9 de la loi du 15 mai 1850, il ne sera accordé aucun honoraire ni indemnité aux architectes chargés de travaux au compte de l'Etat pour les dépenses qui excéderaient les devis approuvés.

Art. 26. Le mode d'approvisionnement des tabacs exotiques employés par l'Administration est déterminé par un règlement spécial.

Art. 27. Les cahiers des charges, marchés, traités ou conventions à passer pour les services du matériel doivent toujours exprimer l'obligation, pour tout entrepreneur ou fournisseur, de produire les titres justificatifs de ses travaux, fournitures et transports, dans un délai déterminé, sous peine de déchéance.

Art. 28. Les dispositions des articles 1 à 25 ne sont pas applicables aux marchés passés aux colonies ou hors du territoire de la France ou de l'Algérie.

A partir de l'ordre de mobilisation, les dispositions du présent décret cessent d'être obligatoires pour les Départements de la guerre et de la marine.

Art. 29. Sont et demeurent abrogés l'ordonnance du 4 décembre 1836 et les articles 68 à 81 du décret du 31 mai 1862, portant règlement sur la comptabilité publique, ainsi que toutes les dispositions contraires au présent décret.

Art. 30. Le Ministre des finances et tous les autres Ministres sont chargés, chacun en ce qui le concerne, de l'exécution du présent décret, qui sera inséré au *Journal officiel* et au *Bulletin des lois.*

Décret fixant les conditions exigées des sociétés d'ouvriers français pour pouvoir soumissionner les travaux ou fournitures faisant l'objet des adjudications de l'Etat.

Paris, le 4 juin 1888.

Le Président de la République française,

Sur les rapports des Ministres des finances et de l'intérieur,

Vu l'avis de la commission instituée, à la date du 20 mars 1883, pour l'étude de diverses questions relatives aux sociétés d'ouvriers;

Vu l'article 12 de la loi du 31 janvier 1833;

Vu le décret du 31 mai 1862, portant règlement sur la comptabilité publique;

Vu le décret du 18 novembre 1882, relatif aux adjudications et aux marchés passés au nom de l'Etat;

Le Conseil d'Etat entendu,

Décrète :

Art. 1er. Les adjudications et marchés de gré à gré passés au nom de l'Etat sont, autant que possible, divisés en plusieurs lots, selon l'importance des travaux ou des fournitures, ou en tenant compte de la nature des professions intéressées.

Dans le cas où tous les lots ne seraient pas adjugés, l'administration aura la faculté soit de traiter à l'amiable pour les lots non adjugés, soit de remettre en adjudication l'ensemble de l'entreprise ou les lots non adjugés, en les groupant s'il y a lieu.

Art. 2. Les sociétés d'ouvriers français, constituées dans l'une des formes prévues par l'article 19 du Code de commerce ou par la loi du 24 juillet 1867, peuvent soumissionner dans les conditions ci-après déterminées, les travaux ou fournitures faisant l'objet des adjudications de l'Etat.

Des marchés de gré à gré peuvent également être passés avec ces sociétés pour les travaux ou fournitures dont la dépense totale n'excède pas vingt mille francs (20.000 francs).

Art. 3. Pour être admises à soumissionner, soit par voie d'adjudication publique, soit par voie de marché de gré à gré, les entreprises de travaux publics ou de fournitures, les sociétés devront préalablement produire :

1° La liste nominative de leurs membres;

2° L'acte de société;

3° Des certificats de capacité délivrés aux gérants, administrateurs ou autres associés spécialement délégués pour diriger l'exécution des travaux ou fournitures qui font l'objet du marché, assister aux opérations destinées à constater les quantités d'ouvrages effectués ou de fournitures livrées.

Les sociétés indiqueront, en outre, le nombre maximum de sociétaires qu'elles s'engagent à employer à l'exécution du marché.

En cas d'adjudication, les pièces justificatives exigées par le présent article seront produites dix jours au moins avant celui de l'adjudication.

Art. 4. Les sociétés d'ouvriers sont dispensées de fournir un cautionnement, lorsque le montant prévu des travaux ou fournitures faisant l'objet du marché ne dépasse pas 50.000 francs.

Art. 5. A égalité de rabais entre une soumission d'entrepreneur ou fournisseur et une soumission de société d'ouvriers, cette dernière sera préférée.

Dans le cas où plusieurs sociétés d'ouvriers offriraient le même rabais, il sera procédé à une réadjudication entre ces sociétés sur de nouvelles soumissions.

Si les sociétés se refusaient à faire de nouvelles offres, ou si les nouveaux rabais ne différaient pas, le sort en déciderait.

Art. 6. Des acomptes sur les ouvrages exécutés ou les fournitures livrées sont payés tous les quinze jours aux sociétés d'ouvriers, sauf les retenues prévues par les cahiers des charges.

Art. 7. Les sociétés d'ouvriers sont soumises aux clauses et conditions générales imposées aux entrepreneurs de travaux ou fournitures par les différents Départements ministériels en tout ce qu'elles n'ont pas de contraire au présent décret.

Art. 8. Les dispositions du présent décret ne sont pas applicables aux marchés ou adjudications qui concernent les travaux ou fournitures de la guerre et de la marine, lorsque l'application de ces dispositions paraîtra au Ministre préjudiciable aux intérêts du service.

Décret sur les conditions du travail dans les marchés passés au nom de l'Etat.

(Direction du Contentieux et de la Justice militaire; Service spécial.)

Paris, le 10 août 1899.

Le Président de la République française,

Sur le rapport du Ministre des finances et du Ministre du commerce, de l'industrie, des postes et des télégraphes,

Vu la loi du 31 janvier 1833, en son article 12 : « Une ordonnance royale réglera les formalités à suivre à l'avenir dans tous les marchés passés au nom de l'Etat »;

Vu le décret du 18 novembre 1882, relatif aux adjudications et aux marchés passés au nom de l'Etat;

Le Conseil d'Etat entendu,

Décrète :

Art. 1er. Les cahiers des charges des marchés de travaux publics ou de fournitures passés au nom de l'Etat, par adjudication ou de gré à gré, devront contenir des clauses par lesquelles l'entrepreneur s'engagera à observer les conditions suivantes, en ce qui concerne la main-d'œuvre de ces travaux ou fournitures, dans les chantiers ou ateliers organisés ou fonctionnant en vue de l'exécution du marché :

1° Assurer aux ouvriers et employés un jour de repos par semaine;

2° N'employer d'ouvriers étrangers que dans une proportion fixée par l'administration selon la nature des travaux et la région où ils sont exécutés;

3° Payer aux ouvriers un salaire normal égal, pour chaque profession et, dans chaque profession, pour chaque catégorie d'ouvriers, au taux couramment appliqué dans la ville ou la région où le travail est exécuté;

4° Limiter la durée du travail journalier à la durée normale du travail en usage, pour chaque catégorie, dans ladite ville ou région.

En cas de nécessité absolue, l'entrepreneur pourra, avec l'autorisation expresse et spéciale de l'administration, déroger aux clauses prévues aux paragraphes 1° et 4° du présent article. Les heures supplémentaires de travail ainsi faites par les ouvriers donneront lieu à une majoration de salaire dont le taux sera fixé par le cahier des charges.

Dans les cas prévus à l'article 18, paragraphes 3 et 5, du décret du 18 novembre 1882, l'insertion des clauses et conditions ci-dessus énoncées sera facultative.

Art. 2. L'entrepreneur ne pourra céder à des sous-traitants aucune partie de son entreprise, à moins d'obtenir l'autorisation expresse de l'administration et sous la condition de rester personnellement responsable, tant envers l'administration que vis-à-vis des ouvriers et des tiers.

Une clause du cahier des charges rappellera l'interdiction du marchandage telle qu'elle résulte du décret du 2 mars 1848 et de l'arrêté du gouvernement du 21 mars 1848.

Art. 3. La constatation ou la vérification du taux normal et courant des salaires et de la durée normale et courante de la journée de travail sera faite par les soins de l'administration qui devra :

1° Se référer, autant que possible, aux accords entre les syndicats patronaux et ouvriers de la localité ou de la région;

2° A défaut de cette entente, provoquer l'avis de commissions mixtes composées en nombre égal de patrons et d'ouvriers et, en outre, se munir de tous renseignements utiles auprès des syndicats professionnels, conseils de prud'hommes, ingénieurs, architectes départementaux et communaux et autres personnes compétentes.

Les bordereaux résultant de cette constatation devront être joints à chaque cahier des charges, sauf dans les cas d'impossibilité matérielle. Ils seront affichés dans les chantiers ou ateliers où les travaux sont exécutés. Ils pourront être revisés, sur la demande des patrons ou des ouvriers, lorsque des variations dans le taux des salaires ou la durée du travail journalier auront reçu une application générale dans l'industrie en cause.

Cette revision sera faite dans les conditions indiquées sous les numéros 1° et 2° du présent article. Une revision correspondante des prix du marché pourra être réclamée par l'entrepreneur ou effectuée d'office par l'administration, quand les variations ainsi constatées dans le taux des salaires ou la durée du travail journalier dépasseront les limites déterminées par le cahier des charges.

Lorsque l'entrepreneur aura à employer des ouvriers que leurs aptitudes physiques mettent dans une condition d'infériorité notoire sur les ouvriers de la même catégorie, il pourra leur appliquer exceptionnellement un salaire inférieur au salaire normal. La proportion maxima de ces ouvriers par rapport au total des ouvriers de la catégorie et le maximum de la réduction possible de leurs salaires seront fixés par le cahier des charges.

Art. 4. Le cahier des charges stipulera que l'administration, si elle constate une différence entre le salaire payé aux ouvriers et le salaire courant déterminé conformément à l'article précédent, indemnisera directement les ouvriers lésés au moyen de retenues opérées sur les sommes dues à l'entrepreneur et sur son cautionnement.

Art. 5. Lorsque des infractions réitérées aux conditions du travail auront été relevées à la charge d'un entrepreneur, le Ministre pourra, sans préjudice de l'application des sanctions habituelles prévues au cahier des charges, décider, par voie de mesure générale, de l'exclure, pour un temps déterminé ou définitivement, des marchés de son Département.

Art. 6. Le Ministre des finances, le Ministre du commerce, de l'industrie, des postes et des télégraphes et tous les autres Ministres sont chargés, chacun en ce qui le concerne, de l'exécution du présent décret, qui sera publié au *Journal officiel* et inséré au *Bulletin des lois.*

Décret rendant applicables à la Tunisie les dispositions des articles 5 à 9 du décret du 18 novembre 1882, relatif aux adjudications et marchés passés au nom de l'Etat.

Paris, le 11 décembre 1900.

Le Président de la République française,

Sur le rapport du Ministre des finances ;

Vu le décret du 18 novembre 1882 relatif aux adjudications et marchés passés au nom de l'Etat,

Décrète :

Art. 1er. Les articles 5 à 9 du décret du 18 novembre 1882 sont applicables aux adjudications et marchés passés en Tunisie au nom de l'Etat.

Art. 2. Toutefois, par dérogation aux dispositions de l'article 6 du décret précité, la valeur en capital des rentes sur l'Etat à affecter aux cautionnements provisoires, est calculée d'après le cours moyen de la Bourse de Paris mentionné sur le dernier numéro du *Journal officiel* parvenu dans la régence, sans que cette valeur puisse dépasser le pair.

Art. 3. Le Ministre des finances et les autres Ministres sont chargés, chacun en ce qui le concerne, de l'exécution du présent décret, qui sera inséré au *Journal officiel* et au *Bulletin des lois.*

Décret relatif à l'application, en Algérie, de dispositions concernant les conditions du travail dans les marchés de travaux publics ou de fournitures passés au nom de l'Etat.

(Direction du Contentieux et de la Justice militaire ; Service spécial.)

Paris, le 21 mars 1902.

Le Président de la République française,

Sur le rapport du Président du Conseil, Ministre de l'intérieur et des cultes, et du Ministre du commerce, de l'industrie des postes et des télégraphes;

Vu le décret du 23 août 1898 sur le gouvernement et la haute administration de l'Algérie;

Vu les propositions du gouverneur général de l'Algérie,

Décrète :

Art. 1er. Les cahiers des charges des marchés de travaux publics ou de fournitures passés en Algérie, au nom de l'Etat ou de l'Algérie, par adjudication ou de gré à gré, devront contenir des clauses par lesquelles l'entrepreneur s'engagera à observer les conditions suivantes en ce qui concerne la main-d'œuvre de ces travaux ou fournitures, dans les chantiers ou ateliers organisés ou fonctionnant en vue de l'exécution du marché :

1° Assurer aux ouvriers et employés un jour de repos par semaine;

2° N'employer d'ouvriers étrangers que dans une proportion fixée par l'administration selon la nature des travaux et la région où ils sont exécutés;

3° Limiter la durée du travail journalier à la durée normale du travail en usage, pour chaque catégorie, dans la ville ou région, suivant la saison.

En cas de nécessité absolue, l'entrepreneur pourra, avec l'autorisation expresse et spéciale de l'administration, déroger aux clauses prévues aux paragraphes 1° et 3° du présent article. Les heures supplémentaires de travail ainsi faites par les ouvriers donneront lieu à une majoration de salaire dont le taux sera fixé par le cahier des charges.

Dans les cas prévus à l'article 18, paragraphes 3 et 5, du décret du 18 novembre 1882, l'insertion des clauses et conditions ci-dessus énoncées sera facultative.

Art. 2. L'entrepreneur ne pourra céder à des sous-traitants aucune partie de son entreprise, à moins d'obtenir l'autorisation expresse de l'administration et sous la condition de rester personnellement responsable, tant envers l'administration que vis-à-vis des ouvriers et des tiers.

Une clause du cahier des charges rappellera l'interdiction

du marchandage telle qu'elle résulte du décret du 2 mars 1848 et de l'arrêté du gouvernement du 21 mars 1848.

Art. 3. La constatation ou la vérification de la durée normale et courante de la journée de travail sera faite par les soins de l'administration.

Art. 4. Lorsque des infractions réitérées aux conditions du travail auront été relevées à la charge d'un entrepreneur, le Ministre, pour les marchés passés au nom de l'Etat ou le gouverneur général pour ceux passés au nom de l'Algérie, pourra, sans préjudice de l'application des sanctions habituelles prévues au cahier des charges, décider, par voie de mesure générale, de l'exclure, pour un temps déterminé ou définitivement, des marchés de son Département.

Art. 5. Le Président du Conseil, Ministre de l'intérieur et des cultes, le Ministre des finances, le Ministre du commerce, de l'industrie, des postes et des télégraphes, et tous les autres Ministres sont chargés, chacun en ce qui le concerne, de l'exécution du présent décret, qui sera publié au *Journal officiel* et inséré au *Bulletin des lois* et au *Bulletin officiel* du gouvernement général de l'Algérie.

Décret portant modifications au décret du 21 mars 1902, relatif à l'application, en Algérie, des dispositions concernant les conditions du travail dans les marchés de travaux publics ou de fournitures passés au nom de l'Etat ou de l'Algérie.

(Direction du Contentieux et de la Justice militaire ; Service spécial.)

Paris, le 11 août 1904.

Le Président de la République française,

Sur le rapport du Président du Conseil, Ministre de l'intérieur et des cultes, et du Ministre du commerce, de l'industrie, des postes et des télégraphes.

Vu le décret du 21 mars 1902 sur les conditions du travail dans les marchés de travaux publics ou de fournitures passés au nom de l'Etat ou de la colonie ;

Vu le décret du 23 août 1898 sur le gouvernement et la haute administration de l'Algérie ;

Vu les propositions du gouverneur général de l'Algérie,

Décrète :

Art. 1er. L'article 1er du décret du 21 mars 1902 concernant les conditions du travail dans les marchés de travaux ou de fournitures passés en Algérie, au nom de l'Etat ou de l'Algérie, est complété ainsi qu'il suit :

Art. 1er. Le cahier des charges, etc....................................

1° ....

2° ....

3° ....

4° Les cahiers des charges pourront, en outre, contenir des clauses par lesquelles l'entrepreneur s'engagera à payer aux ouvriers un salaire normal, égal pour chaque profession, et, dans chaque profession, pour chaque catégorie d'ouvriers, au taux couramment appliqué dans la ville ou la région où le travail est exécuté.

En cas de nécessité absolue, etc.

Art. 2. Le Président du Conseil, Ministre de l'intérieur et des cultes, le Ministre du commerce, de l'industrie, des postes et des télégraphes, et tous les autres Ministres sont chargés, chacun en ce qui le concerne, de l'exécution du présent décret qui sera publié au *Journal officiel* et inséré au *Bulletin officiel* du gouvernement général de l'Algérie.

◆

Loi portant fixation du budget général des dépenses et des recettes de l'exercice 1906 (Extrait de la).

Paris, le 17 avril 1906.

. . . .

Art. 69. Pour la liquidation de leurs dépenses de travaux publics et de fournitures, l'Etat, les départements et les communes pourront recourir à l'arbitrage tel qu'il est réglé par le livre III du Code de procédure civile.

En ce qui concerne l'Etat, il ne pourra être procédé à l'arbitrage qu'en vertu d'un décret rendu en Conseil des Ministres et contresigné par le Ministre compétent et le Ministre des finances.

Circulaire relative à la préparation des cahiers des charges.

(Cabinet du Sous-Secrétaire d'Etat.)

Paris, le 21 janvier 1907.

La conclusion et l'exécution de certains marchés souscrits par le Département de la guerre soulèvent de grandes difficultés qui peuvent être attribuées à deux causes :

1° L'époque tardive à laquelle les cahiers des charges sont rédigés et arrêtés ; ce qui empêche l'administration d'en faire une étude suffisamment serrée et amène les soumissionnaires à établir leurs offres sans en avoir pu calculer toutes les conséquences ;

2° L'ignorance des conditions du travail, et des particularités des branches du commerce ou de l'industrie auxquelles on fait appel.

Cet état de choses doit cesser.

Il est inadmissible que les dispositions d'un cahier des charges soient remaniées, que les bordereaux de salaires soient modifiés, ainsi que cela s'est passé, à la veille, en quelque sorte, des adjudications, que des clauses d'un contrat soient d'objet d'observations fondées, de la part des chambres syndicales qualifiées pour représenter les soumissionnaires.

J'ai arrêté, en conséquence, les dispositions suivantes :

Les cahiers des charges communes et les cahiers des charges spéciales applicables aux marchés de longue durée ou d'importance supérieure à 50.000 francs, sont rédigés, en projet, dix mois avant l'époque à laquelle les marchés doivent être passés.

Les directions de l'administration centrale qui ont à faire exécuter des travaux ou à assurer des fournitures similaires, se concertent en temps utile, pour adopter un projet unique.

La direction la plus intéressée prend l'initiative nécessaire. Elle est responsable de l'observation du délai fixé, sauf à indiquer les points sur lesquels l'accord n'aurait pu s'établir.

Cette même direction est chargée d'assurer la communication du projet de cahier des charges aux chambres syndicales compétentes, et de provoquer l'accord prévu par l'article 3 du décret du 10 août 1899 entre les syndicats patronaux et ouvriers pour la constatation du taux normal des salaires. Il lui appartient encore, à défaut de cette entente, de réclamer l'avis des commissions mixtes, syndicats professionnels, conseils de prud'hommes et personnes compétentes désignées au même article du décret.

Cette direction a enfin à transmettre à la commission des cahiers des charges et marchés, par l'intermédiaire de la direction du contrôle, huit mois au moins avant l'adjudication ou la signature du marché, le projet élaboré par ses soins, ainsi que toutes les observations énoncées par les représentants de l'industrie, du commerce, des chambres syndicales ouvrières et autres, à la suite des communications dont il vient d'être question.

La commission des cahiers des charges et marchés présente, dans le délai d'un mois, un avis tenant compte, à la fois, dans la mesure possible, des nécessités des services du Département de la guerre et des *desiderata* formulés par les divers organes consultés. Cet avis est accompagné de contre-propositions s'il y a lieu. Toutes les fois qu'elle n'est pas suffisamment éclairée, la commission fait d'ailleurs appel au concours d'un ou plusieurs membres des chambres syndicales compétentes.

L'avis émis par la commission des cahiers des charges est renvoyé à la direction intéressée qui le soumet au Sous-Secrétaire d'Etat, avec ses propres observations, de manière que le cahier des charges, les bordereaux de salaires, et toutes autres annexes, s'il y a lieu, soient complètement et définitivement arrêtés six mois avant la date de la passation des marchés.

Sauf les cas d'urgence et ceux où le secret est nécessaire, ces dispositions seront strictement observées. Elles sont de la plus haute importance et je n'hésiterai pas à réprimer toute infraction, soit à la procédure, soit aux délais prescrits.

Le Sous-Secrétaire d'Etat,
au ministère de la guerre,

HENRY CHÉRON.

Circulaire relative à la préparation et à la passation des marchés.

(Cabinet du Sous-Secrétaire d'Etat.)

Paris, le 21 janvier 1907.

De même que l'ordonnance du 4 décembre 1836 qui l'a précédé, le décret du 18 novembre 1882, rendu en exécution de la loi du 31 janvier 1833, pose nettement, en son article 1er, le principe que les marchés de l'Etat sont passés avec concurrence et publicité. Il n'admet l'usage des traités de gré à gré que dans certains cas exceptionnels prévus à l'article 18.

La règle tutélaire de l'adjudication publique ainsi établie a un triple objet. Elle entoure les opérations de l'administration du maximum de garanties et les soustrait à toute suspicion ; elle assure en général à l'Etat le bénéfice de prix correspondant à la valeur réelle des travaux ou fournitures ; elle diffuse enfin ces travaux ou fournitures, en permettant à chacun de prendre sa part des commandes faites pour l'exécution des services publics, c'est-à-dire, en définitive, pour l'emploi des ressources fournies par tous les contribuables.

Le Sous-Secrétaire d'Etat a pu constater cependant, dans divers services de la guerre, une tendance fâcheuse à soustraire les marchés à l'adjudication publique et à étendre d'une façon excessive l'application des dispositions permettant de traiter de gré à gré.

Or, il faut bien remarquer que si, dans certains des cas prévus par l'article 18 du décret du 18 novembre 1882, la tractation de gré à gré s'impose, dans d'autres, l'emploi de cette manière de procéder dépend essentiellement des circonstances.

On peut classer ainsi qu'il suit les quinze paragraphes de l'article 18. Les uns (12° à 15°) concernent des cas d'espèce ; le paragraphe 11° vise l'hypothèse où il y a lieu de passer un marché par défaut ; les paragraphes 2° à 10° s'appliquent dans les circonstances ou les conditions caractéristiques de l'adjudication (concurrence, publicité) ne peuvent être réalisées ; le premier paragraphe enfin, plus général en apparence, autorise à traiter de gré à gré lorsque le montant du marché n'atteint pas 20.000 francs au total, ou 5.000 francs par exercice.

Il y a obligation de déroger au principe de l'adjudication dans les cas prévus aux paragraphes 13° à 15° (transports par chemins de fer, achat de tabacs et salpêtres, transports de fonds) et la plupart du temps pour les marchés spéciaux que vise le paragraphe 12° (affrètements, assurances maritimes). S'il s'agit d'un marché par défaut (§ 11°), l'adjudication doit être la règle, ainsi que le spécifient l'instruction pour l'application du cahier des clauses et conditions générales (travaux) et le cahier des clauses et conditions générales (fournitures). D'autre part, dans les cas visés aux paragraphes 2° à 10°, la tractation de gré à gré ne s'impose pas toujours. Elle doit être justifiée par des circonstances spéciales dans les hypothèses définies aux paragraphes 2° (opérations tenues secrètes), 5° (objets d'art et de précision), 7° (nécessités de sécurité publique), 8° (objets ou matières achetés aux lieux de production), 9° (prix inacceptables), 10° (urgence). *A fortiori*, ne doit-on pas — comme le font trop souvent certains services — interpréter le paragraphe 1° comme permettant de se soustraire à l'adjudication, toutes les fois que l'importance des travaux ou des fournitures n'atteint pas la limite admise.

Interpréter ainsi le texte réglementaire, c'est en méconnaître complètement l'esprit. Dans les autres paragraphes, le décret a énuméré les cas particuliers les plus fréquents où une dérogation au système de l'adjudication peut être autorisée. Il n'a pas cherché à les prévoir tous et la disposition du premier paragraphe a simplement pour objet d'englober les autres cas pouvant résulter des modalités si diverses que comportent les opérations administratives. En d'autres termes, la condition que la dépense totale n'excède pas 20.000 francs, est *nécessaire* pour qu'on puisse traiter de gré à gré dans un cas non prévu aux paragraphes 2° à 15°, mais elle n'est pas *suffisante* : l'administration doit procéder à une adjudication si elle n'a pas de *raisons particulières probantes* pour s'en dispenser.

Ces raisons particulières n'existant que dans les cas tout à fait exceptionnels, le paragraphe 1° de l'article 18 du décret du 18 novembre 1882 ne devra plus être invoqué pour justifier la passation de marchés de gré à gré.

L'application de cette règle générale soustraira les services à la tentation de subdiviser une fourniture ou un ensemble de travaux en parties de valeur inférieure à 20.000 francs dans le but de traiter de gré à gré, pour gagner du temps dans certaines circonstances urgentes. D'ailleurs les services ne doivent pas perdre de vue qu'il y a un réel intérêt économique à grouper, au contraire, les travaux ou les fournitures en un nombre restreint de marchés, divisés en lots si l'importance totale du groupement le comporte.

Le Sous-Secrétaire d'Etat tient essentiellement à l'application stricte des dispositions ci-dessus développées et, pour en assurer l'exécution, il prescrit les mesures suivantes :

a) Il ne sera passé de marché de gré à gré que dans les cas où l'objet du traité à intervenir ou les circonstances de sa passation rendraient absolument nécessaire l'application de l'un des paragraphes 2° à 15° de l'article 18 du décret du 18 novembre 1882 ; en aucun cas, les services locaux ne pourront invoquer le paragraphe 1° dudit article.

b) Tous les marchés de gré à gré seront soumis à l'approbation du Sous-Secrétaire d'État, qui ne statuera qu'après examen préalable par la commission de revision des cahiers des charges, réorganisée sous le titre de « Commission des cahiers des charges et marchés », et par les directions du contrôle et du contentieux.

Toutefois, aucune modification n'est apportée aux dispositions réglementaires en ce qui concerne l'approbation des marchés de gré à gré, dits « concours de quarante-huit heures », passés par application du paragraphe 9° de l'article 18 du décret du 18 novembre 1882.

Le Sous-Secrétaire d'Etat,
au ministère de la guerre,
Henry Chéron.

Circulaire relative aux mesures à prendre, en application du décret du 4 juin 1888, pour faciliter aux sociétés d'ouvriers français l'accession aux marchés de travaux ou de fournitures du Département de la guerre.

(Cabinet du Sous-Secrétaire d'Etat.)

Paris, le 21 janvier 1907.

La multiplication et le développement des sociétés coopératives de production présentent, au point de vue social, un intérêt de premier ordre. L'entrée dans l'une de ces associations rehausse, en effet, la condition morale du travailleur ; elle améliore de plus sa situation matérielle puisqu'elle lui permet de joindre au salaire de l'ouvrier, le profit de l'entrepreneur, c'est-à-dire de recueillir intégralement le profit de son travail.

Le gouvernement de la République ne pouvait manquer de marquer sa sollicitude à des organisations aussi intéressantes et aussi fécondes en heureux résultats. Aussi par décret du 4 juin 1888 (1) a-t-il pris en faveur des sociétés d'ouvriers diverses mesures destinées à leur faciliter l'accession aux marchés de l'Etat :

1° Lotissement obligatoire des travaux ou fournitures, *en tenant compte de la nature des professions intéressées.*

2° Dispense de cautionnement pour les marchés dont l'importance ne dépasse pas 50.000 francs ;

3° Préférence acquise à la société dans le cas d'égalité de rabais avec un entrepreneur ou fournisseur ;

4° Payements d'acomptes tous les quinze jours.

Si, dans les marchés de la guerre, il a été tenu compte des prescriptions impératives concernant la dispense de cautionnement et le droit de préférence, par contre, le Sous-Secrétaire d'Etat a pu constater que les dispositions relatives au lotissement et à la délivrance des acomptes étaient ou mal observées ou interprétées d'une façon trop étroite.

Dans les associations ouvrières, le capital se produit, s'accroît,

____

(1) Voir page 16.

se renouvelle avec une extrême lenteur ; aussi, dans la plupart des cas, ne peuvent-elles se charger d'un marché de l'Etat que si le travail ou la fourniture dont il s'agit n'exige pas une mise de fonds trop considérable, et si des acomptes se rapprochant le plus possible des débours effectués sont délivrés régulièrement aux époques prévues.

Eu égard à ces considérations, lorsque des travaux ou fournitures susceptibles d'être soumissionnés par une société d'ouvriers seront mis en adjudication, le montant des lots devra être abaissé dans la mesure convenable, selon la nature des professions intéressées. D'autre part, au cours de l'exécution d'un marché passé avec une association ouvrière, on délivrera très exactement, toutes les quinzaines, à la société adjudicataire, des acomptes calculés aussi largement que le permettent les dispositions du décret du 31 mai 1862 portant règlement général sur la comptabilité publique (art. 13) et du règlement du 3 avril 1869 sur la comptabilité des dépenses du Département de la guerre (art. 143).

L'inexécution de cette dernière prescription engagerait la responsabilité disciplinaire des directeurs et chefs de service.

Le Sous-Secrétaire d'Etat,
au ministère de la guerre,
HENRY CHÉRON.

Instruction sur l'organisation et le fonctionnement de la commission des cahiers des charges et marchés.

(Direction du Contrôle ; Service spécial.)

Paris, le 15 mars 1907.

I. — DISPOSITIONS GÉNÉRALES.

Art. 1er. Aux termes de la circulaire du 21 janvier 1907 relative à la préparation et à la passation des marchés (1), tous les

---

(1) Voir page 25.

marchés de gré à gré sont soumis à l'approbation du Sous-Secrétaire d'État. qui ne statue qu'après examen préalable par la commission des cahiers des charges, réorganisée sous le titre de la « commission des cahiers des charges et marchés », et par les directions du contrôle et du contentieux.

La présente instruction a pour objet de déterminer la composition et les attributions de la commission susvisée et de régler les détails de son fonctionnement.

II. — COMPOSITION DE LA COMMISSION.

Art. 2. La commission des cahiers des charges et marchés a la composition suivante :

Président.

1 contrôleur général de l'administration de l'armée.

Vice-présidents.

2 contrôleurs de l'administration de l'armée.

Membres.

1 représentant du service contentieux.
1 officier d'infanterie .
1 officier de cavalerie.
1 officier d'artillerie.
1 officier du génie.
1 sous-intendant militaire.
1 représentant du service des poudres et salpêtres.
1 médecin militaire.
1 officier ou sous-intendant militaire des troupes coloniales.

Secrétaire.

1 fonctionnaire de l'administration centrale ayant le rang de chef ou de sous-chef de bureau.

Art. 3. En cas d'empêchement du président, la présidence de la commission ou des délégations prévues à l'article 17 ci-après est exercée par l'un des vice-présidents.

Le secrétaire est suppléé par un rédacteur de l'administration centrale, et chacun des autres membres par un officier, fonctionnaire ou ingénieur, appartenant à la même arme ou au même service. Ces suppléants sont désignés à l'avance.

Art. 4. Les membres de la commission et leurs suppléants, qui représentent respectivement l'infanterie, la cavalerie, l'artillerie, le génie, l'intendance, le service de santé et les troupes coloniales, sont choisis, en principe, parmi les officiers ou fonctionnaires attachés à la section technique de leur arme ou service. Toutefois, si des raisons spéciales le motivent, ces officiers ou fonctionnaires pourront être pris dans les établissements de Paris ou parmi le personnel de la direction correspondante au ministère de la guerre.

Le représentant du service des poudres et salpêtres et son suppléant sont choisis parmi les ingénieurs attachés au laboratoire central ou parmi le personnel de la direction des poudres et salpêtres.

Le représentant du service du contentieux et son suppléant sont choisis parmi les fonctionnaires attachés à ce service à l'administration centrale.

Art. 5. Le président, les vice-présidents, le secrétaire, les membres de la commission et leurs suppléants sont désignés par le Sous-Secrétaire d'Etat, sur le rapport de la direction du contrôle et la proposition des directions intéressées de l'administration centrale.

Art. 6. Les travaux à exécuter pour la commission priment tout autre service.

III. — ATTRIBUTIONS DE LA COMMISSION.

Art. 7. La commission des cahiers des charges et marchés émet un avis sur :

1° Les modifications proposées à la réglementation concernant les marchés ;

2° Les projets de cahier des charges communes et les propositions de modifications aux documents de cette nature déjà approuvés ;

3° Les cahiers des charges spéciales préparés en vue d'adjudications publiques que le Ministre juge utile de lui soumettre ;

4° Les marchés de gré à gré et les propositions tendant à la passation de marchés de gré à gré.

Elle peut être chargée de la revision et de la refonte périodiques des volumes de la collection du *Bulletin officiel* (édition méthodique) concernant les marchés, dans les conditions prévues par l'instruction du 2 octobre 1905 sur la correspondance collective (1).

Art. 8. Dans ses divers travaux, la commission s'efforce de faire prévaloir les doctrines de la commission extraparlementaire des marchés, instituée par le décret du 12 octobre 1895, et d'en assurer l'application dans la mesure du possible.

Art. 9. En ce qui concerne les cahiers des charges générales, la commision examine notamment :

S'ils s'appliquent bien à l'ensemble des marchés de même nature à passer par tous les services militaires ;

Si leur rédaction est claire, précise, méthodique et propre à prévenir toute difficulté d'interprétation ;

Si les dispositions qu'ils contiennent sauvegardent comme il convient les intérêts du Trésor et du Département de la guerre, sans imposer cependant aux fournisseurs et entrepreneurs des formalités compliquées ou des obligations excessives susceptibles de les écarter des adjudications ou d'entraîner une majoration des prix ;

Si les conditions d'exécution qui y sont stipulées se rapprochent dans toute la mesure du possible des usages du commerce et de la pratique industrielle, et ont été arrêtées en tenant un compte suffisant des *desiderata* exprimés par les groupements professionnels intéressés ; s'ils ne renferment pas des clauses en contradiction ou faisant double emploi avec celles des cahiers des clauses et conditions générales.

Art. 10. L'examen des cahiers des charges spéciales porte plus particulièrement sur les points indiqués aux 3ᵉ, 4ᵉ et 5ᵉ alinéas de l'article précédent.

La commission veille à ce que ces documents ne renferment aucune disposition faisant double emploi avec celles des cahiers

---

(1) É. M., vol. nᵒ 10, p. 25.

des clauses et conditions générales, ou des cahiers des charges communes s'il en existe pour la nature de fournitures et de travaux qu'ils concernent.

Par l'examen des justifications produites par le service intéressé, elle s'assure que les dérogations aux dispositions d'ordre général que peuvent contenir les cahiers des charges spéciales sont fondées et peuvent être admises.

Art. 11. Tout projet de cahier des charges générales ou spéciales soumis à la commission mentionne le nom de l'officier ou du fonctionnaire de l'administration centrale qui a été plus particulièrement chargé de sa préparation ou de son examen.

Cet officier ou fonctionnaire peut être convoqué à la séance où le projet est discuté pour produire toutes explications de nature à justifier les dispositions adoptées.

Art. 12. Dans l'examen des marchés de gré à gré, l'attention de la commission se porte sur les points mentionnés aux articles 9 et 10 ci-dessus.

La commission s'assure en outre que des circonstances particulières justifient le mode employé ou proposé pour la passation du contrat et que ces circonstances sont comprises parmi celles énumérées aux paragraphes 2 à 15 de l'article 18 du décret du 18 novembre 1882 (1).

Enfin la commission examine si les prix souscrits sont acceptables, ayant égard, s'il y a lieu, aux cours du commerce.

A ce point de vue, les pouvoirs de la commission sont aussi étendus que possible et elle doit, notamment, donner un avis défavorable à tout marché de gré à gré dont les conditions sont onéreuses pour l'Etat et dépassent les cours réels des matières ou fabrications.

Il lui appartient par suite de recueillir tous renseignements nécessaires, de se tenir au courant des statistiques des cours commerciaux et de contrôler les prix offerts par les fournisseurs avec la plus rigoureuse sévérité.

En vue d'éclairer complètement la commission sur ces divers points, les services intéressés doivent toujours joindre aux dossiers concernant les marchés de gré à gré des pièces faisant con-

---

(1) Voir p. 13 à 14.

naître les circonstances qui obligent à renoncer à l'adjudication
publique et les motifs qui conduisent à accepter les offres faites
par les fournisseurs ou entrepreneurs.

Art. 13. Pour faciliter les études définies par les articles 7 à
12 qui précèdent, la commission a la faculté de faire appel au
concours de la chambre de commerce de Paris ou du groupement
professionnel qui lui sera désigné par cette assemblée.

Art. 14. Lors de la revision et de la refonte des volumes de
l'édition méthodique du *Bulletin officiel* concernant les marchés,
la commission fait toutes propositions utiles pour réduire autant
que possible le nombre des dispositions particulières à certains
services et pour assurer l'uniformité des règles suivies en matière de marchés.

IV. — FONCTIONNEMENT DE LA COMMISSION.

Art. 15. La commission des cahiers des charges et marchés
est administrée par la direction du contrôle. C'est à cette direction qu'elle adresse ses rapports,. avis, demandes de renseignements et en général toute sa correspondance. Toutefois elle cor-
respond directement avec des groupements professionnels auxquels elle a recours pour ses études par application de l'article
13 ci-dessus.

Elle tient ses séances au ministère de la guerre.

Art. 16. Les modifications proposées à la réglementation, les
cahiers des charges communes, les cahiers des charges spéciales
préparés en vue d'adjudications publiques, la revision périodi-
que de la partie de l'édition méthodique du *Bulletin officiel*
concernant les marchés sont examinés en séance plénière de la
commission, sur le rapport d'un de ses membres ou d'une sous-
commission.

Art. 17. Sauf circonstances spéciales dont le président est
juge, l'examen des marchés de gré à gré est confié à une délégation de la commission comprenant :

a) S'il s'agit de marchés de fournitures ou de travaux autres
que ceux de construction :

Le président ou l'un des vice-présidents ;

Le représentant du service de l'intendance ;
Le représentant du service dont émane le marché ;
Le représentant du service du contentieux ;
Le secrétaire.

b) S'il s'agit de marchés de travaux de construction :

Le président ou l'un des vice-présidents ;
Le représentant du service du génie ;
Le représentant du service dont émane le marché ;
Le représentant du service du contentieux ;
Le secrétaire.

Le président peut d'ailleurs adjoindre à cette délégation tel membre de la commission dont le concours lui paraît utile.

Art. 18. L'examen de tous les documents et questions autres que les marchés de gré à gré donne lieu, de la part de la commission, à des avis exposant en tous détails les questions dont il s'agit et les solutions proposées. Ces avis sont signés par le président et par le rapporteur.

L'examen des marchés de gré à gré ne donne lieu qu'à l'établissement, *pour chacun d'eux*, d'un bordereau de renvoi sur lequel sont consignés, sous une forme concise, les observations de la commission. Le secrétaire peut signer ces bordereaux par délégation.

Art. 19. En soumettant à l'approbation du Sous-Secrétaire d'Etat les cahiers des charges et les marchés de gré à gré, les directions et services lui signalent particulièrement les points sur lesquels l'accord n'a pu s'établir entre eux et la commission des cahiers des charges et marchés.

Le Sous-Secrétaire d'Etat
au ministère de la guerre,
HENRY CHÉRON.

Circulaire relative aux conditions générales d'application du décret du 18 novembre 1882 par le Département de la guerre.

(Direction du Contrôle ; Service spécial.)

Paris, le 25 avril 1908.

I. — UTILITÉ DE LA RÉGLEMENTATION APPLICABLE AUX MARCHÉS DE L'ÉTAT.

Le décret du 18 novembre 1882 qui a fixé les principes essentiels à observer dans les marchés passés au nom de l'Etat, a laissé de côté les questions d'application, entre autres : les qualités requises pour être admis à traiter ; la provenance des fournitures à livrer, la forme des adjudications et les conditions générales des contrats.

Sur tous ces points, les solutions pouvaient, à l'origine, différer d'un service à un autre et les dissemblances plus ou moins profondes des cahiers des charges étaient de nature à susciter des difficultés aux personnes appelées à traiter avec l'Etat. C'est ainsi que les chambres de commerce, les associations corporatives représentant les intérêts des soumissionnaires, ont été amenées à demander l'unification des clauses générales des marchés, la modification de certaines conditions de réception, l'atténuation des stipulations pénales, etc...

II. — TRAVAUX DE LA COMMISSION EXTRAPARLEMENTAIRE DES MARCHÉS.

Pour satisfaire à ces vœux, le gouvernement a institué, en 1895, sous la présidence du premier président de la Cour des comptes, une commission comprenant des membres du Parlement, des délégués des principales administrations publiques et des représentants des branches les plus importantes de l'agriculture, de l'industrie et du commerce, avec mission de codifier et simplifier les conditions des marchés de l'Etat. Les avis de la commission sont résumés dans des procès-verbaux et des rapports où se trouvent, à propos de chaque question traitée, les arguments développés dans un sens ou dans l'autre et les conclusions adoptées.

III. — INSTITUTION DE LA COMMISSION DE REVISION DES CAHIERS DES CHARGES.

L'administration militaire a eu, de suite, l'intention de s'assimiler les doctrines de la commission extraparlementaire. Le Ministre de la guerre a, dans ce but, chargé de la revision des cahiers des charges une commission composée de représentants de toutes les directions de l'administration centrale.

IV. — CLASSIFICATION DES CLAUSES DES CONTRATS.

Cette commission s'est donné pour première tâche de tracer pour la rédaction des cahiers des charges une méthode susceptible d'être admise par tous les services. Il a fallu, pour cela, chercher à grouper rationnellement les clauses à insérer dans les contrats. Le classement qui paraît le plus conforme à la réalité consiste à distinguer :

a) Les clauses applicables à la totalité des marchés de travaux d'une part, des marchés de fournitures de l'autre ;

b) Les conditions communes à des travaux ou fournitures de même nature ;

c) Enfin les spécifications fixant le mode particulier d'exécution de chaque contrat considéré isolément : quantités, lieux et délais de livraison, dérogations aux clauses générales; prix de base, s'il y a lieu, prix définitifs, etc.

V. — DOCUMENTS ENTRE LESQUELS PEUVENT SE RÉPARTIR LES STIPULATIONS DES MARCHÉS.

A cette classification correspondent, en principe, des documents d'ordres divers : les premiers, d'un caractère général, sont les cahiers des clauses et conditions générales et les dispositions relatives aux cautionnements et aux commissions d'appel; les autres énoncent les conditions communes à un groupe déterminé de travaux ou de fournitures. Ils ont été désignés, jusqu'à ce jour, sous le nom de *cahiers des charges générales ;* il semble préférable de les appeler dorénavant *cahiers des charges communes*, afin de les distinguer nettement des cahiers des clauses et conditions générales ; les documents de la dernière catégorie sont les cahiers des charges spéciales et les actes même par lesquels se forment les contrats : soumission dans le cas de marché par adjudication publique ; marché proprement dit, convention ou engagement écrit dans le cas de marché de gré à gré.

VI. — CARACTÈRE RELATIF DE CETTE DIVISION.

Cette division n'a cependant rien d'absolu. Il n'est pas indispensable que la série des documents énumérés soit au complet.

Quand les marchés de même nature à prévoir sont en petit nombre, quand les conditions communes à une même sorte de fourniture sont restreintes, il est superflu d'établir les documents de la deuxième catégorie ; les conditions communes sont simplement répétées dans chaque cahier des charges spéciales.

Quand les stipulations spéciales à un marché sont peu nombreuses, elles peuvent être portées à la connaissance des soumissionnaires par un simple avis et trouver place dans le projet d'acte destiné à constater le contrat même : marché proprement dit, convention, etc. L'énonciation des conditions spéciales ne fait pas alors l'objet d'un document distinct.

Bref, seuls, le premier et le dernier terme indiqués sont nécessaires dans tous les cas, savoir : les documents généraux, l'acte constitutif du contrat. On peut, pour certains marchés, se dispenser du cahier des charges communes ou de cahiers des charges spéciales, voire même des deux à la fois.

VII. — INTÉRÊT DE LA DISTINCTION ADMISE.

La distinction admise, tout en souffrant des exceptions, reste néanmoins la règle et offre un grand intérêt.

Pour les personnes traitant habituellement avec le Département de la guerre, elle présente l'avantage de réunir dans les documents généraux et les cahiers des charges communes, des clauses, en quelque sorte permanentes, qu'il est inutile d'étudier à nouveau, lorsqu'on a soumissionné une première fois.

Pour l'administration militaire, il y a également, de ce chef, une grande simplification du travail de préparation des marchés. Les documents généraux, les cahiers des charges communes une fois élaborés, il ne reste qu'à arrêter les stipulations particulières nécessaires pour définir complètement les travaux ou fournitures à exécuter. Les cahiers des charges spéciales de certaines entreprises peuvent même être dressés sur des formules uniformes dans lesquelles il n'y a plus qu'à inscrire quelques données caractéristiques du marché à intervenir.

VIII. — ATTRIBUTIONS RESPECTIVES DE L'ADMINISTRATION CENTRALE
ET DES SERVICES LOCAUX.

La nature des choses exige que les documents généraux, ainsi que les cahiers des charges communes, soient élaborés par l'administration centrale. Il en est de même, le cas échéant, des formules-types de cahiers des charges spéciales. Les cahiers des charges spéciales sont établis ou complétés par les directeurs d'établissements ou les chefs des services locaux chargés, de toute façon, de définir les conditions concrètes des marchés.

Le cahier des charges spéciales ou, s'il n'en est pas dressé, le projet de contrat même, doit viser les documents généraux et le cahier des charges communes régissant le marché.

Les cahiers des charges communes et les cahiers des charges spéciales soumis à la procédure édictée par la circulaire du 21 janvier 1907, sont approuvées par le Sous-Secrétaire d'Etat. Les autres cahiers des charges spéciales sont arrêtés par les directeurs de l'administration centrale.

IX. — OBJET DE LA PROCÉDURE ÉTABLIE POUR LA RÉDACTION
DES CAHIERS DES CHARGES.

Les règles relatives à la préparation des cahiers des charges ont été posées par la circulaire du 21 janvier 1907. Elles sont basées sur les considérations suivantes :

L'intérêt bien entendu de l'Etat commande de tenir compte, autant que possible, des desiderata des représentants de l'industrie et du commerce appelés à traiter avec le Département de la guerre. Les projets de cahiers des charges communes, les cahiers des charges spéciales des entreprises importantes sont, en conséquence, communiqués aux chambres syndicales compétentes et reçoivent les modifications demandées par ces associations, dans la mesure compatible avec les nécessités des services de l'armée.

La commission de revision des cahiers des charges, réorganisée par l'instruction ministérielle du 15 mars 1907 sous le nom de commission des cahiers des charges et marchés, a pour devoir d'étudier, à ce point de vue, les cahiers des charges soumis à l'approbation ministérielle. Elle a également pour mission d'assurer l'application des solutions indiquées par la commission extraparlementaire des marchés et, d'une manière générale, d'apporter dans la réglementation et la préparation des marchés, l'unité et la continuité de vues désirables.

X. — ESPRIT DE LA RÉGLEMENTATION CONCERNANT LES MARCHÉS.

Les mesures que l'administration militaire met en œuvre pour la passation et l'exécution de ses marchés ont, en somme, pour objet, de pourvoir aux besoins de l'armée et aux intérêts de la défense nationale, dans les conditions les plus avantageuses pour l'Etat.

A cet effet, l'administration s'efforce de provoquer une concurrence étendue en simplifiant les formalités d'admission aux concours ; en répartissant les travaux et fournitures par spécialités, de manière à supprimer la nécessité de recourir à des intermédiaires ; en facilitant l'étude des cahiers des charges par un groupement méthodique des clauses des marchés ; en évitant, autant que possible, les aléas, les conditions trop rigoureuses et les stipulations susceptibles de soulever les critiques de l'industrie et du commerce ; en réalisant, quand faire se peut, l'uniformité des conditions applicables aux fournitures de même nature nécessaires aux divers services.

En conciliant ainsi, dans un esprit libéral, les intérêts de l'Etat avec ceux des particuliers, l'administration militaire a pour but de confier ses travaux et fournitures à des industriels et commerçants présentant toutes garanties de moralité et de capacité. Elle est autorisée, par cela même, à user, en cas de besoin, de tous les moyens dont elle dispose pour assurer l'exécution intégrale des engagements souscrits.

XI. — Stabilité a assurer a la réglementation des marchés.

Les conditions générales des contrats à passer par le Département de la guerre doivent pouvoir être étudiées, sans difficulté, dans leurs moindres détails, non seulement par les autorités administratives, mais par toute personne ayant l'intention de traiter. Pour cela, il est nécessaire que la réglementation des marchés présente la plus grande stabilité. Il ne faut pas que les chefs de service ou les soumissionnaires soient mis dans l'obligation de consulter toute une série de dispositions additionnelles, complétant ou modifiant les textes primitifs.

En conséquence, aucun changement ne doit être apporté aux documents insérés au volume n° 25¹ du *Bulletin officiel* dans l'intervalle des réimpressions, hors le cas de nécessité absolue et d'urgence évidente. Ces modifications tout exceptionnelles ne seront soumises à l'approbation du Ministre que sur le rapport motivé du service intéressé, après avis de la commission des cahiers des charges et marchés, des directions du contrôle et du contentieux.

XII. — Publication des cahiers des charges communes.

La liste des cahiers des charges communes en vigueur est publiée au commencement de chaque année au *Bulletin officiel* (partie supplémentaire). Les cahiers des charges communes sont dans le domaine public. Ils sont édités par la Librairie militaire chargée de la publication du *Bulletin officiel*.

*Le Sous-Secrétaire d'Etat
au ministère de la guerre,*

Henry Chéron.

DEUXIÈME PARTIE

MARCHÉS CONCERNANT LES TRAVAUX DE CONSTRUCTIONS MILITAIRES.

Cahier des clauses et conditions générales applicables aux marchés de travaux de constructions militaires.

(Direction du Contrôle et du Contentieux.)

Paris, le 6 juillet 1909.

Art. 1er.

Dispositions générales.

Tous les marchés relatifs à l'exécution des travaux de constructions dépendant du Département de la guerre, qu'ils soient passés dans la forme d'adjudication publique, ou qu'ils résultent de conventions faites de gré à gré, sont soumis, en tout ce qui leur est applicable, aux dispositions ci-après.

TITRE Ier.

Passation des marchés.

Art. 2.

Mode de passation des marchés par adjudication.

Les adjudications sont passées par des commissions d'adjudications, dans les formes et avec les garanties prévues dans le document ayant pour titre : « Instruction relative aux marchés du Département de la guerre ».

Les conditions à remplir pour être admis à concourir à ces adjudications sont indiquées dans cette même instruction.

Art. 3.

Cautionnements.

Le cahier des charges spéciales de chaque entreprise détermine l'importance des cautionnements à produire :

Par chaque soumissionnaire, à titre provisoire ;

Par l'adjudicataire, à titre définitif.

Ces cautionnements sont réalisés dans les conditions fixées par le décret relatif aux adjudications et aux marchés passés au nom de l'Etat (1) et par le titre V de l'instruction relative aux marchés du Département de la guerre.

Le cautionnement définitif est constitué dans le département où se fait l'adjudication, et doit être réalisé dans les quinze jours qui suivent la notification de l'approbation du marché.

Il reste affecté à la garantie des engagements contractés par l'adjudicataire jusqu'à la réception définitive des travaux. Toutefois, le Ministre peut, dans le cours de l'entreprise, autoriser la restitution de tout ou partie du cautionnement.

Art. 4.

Approbation de l'adjudication.

L'adjudication n'est valable qu'après l'approbation de l'autorité compétente. L'entrepreneur ne peut prétendre à aucune indemnité dans le cas où l'adjudication n'est point approuvée.

Si l'approbation du marché n'a pas été notifiée à l'adjudicataire à partir de la date du procès-verbal d'adjudication dans un délai de trente jours, lorsque l'approbation est réservée au Ministre, dans un délai de dix jours lorsque l'approbation est donnée par délégation, l'adjudicataire sera libre de renoncer à l'entreprise et, sur la déclaration écrite de cette renonciation, il lui sera donné mainlevée de son cautionnement.

Mais s'il n'a pas usé de cette faculté avant d'avoir reçu la

---

(1) Décret du 18 novembre 1882.

notification de l'approbation du marché, il sera engagé irrévocablement vis-à-vis de l'Etat par cette notification.

Art. 5.

Pièces à délivrer à l'entrepreneur.

Aussitôt après l'approbation de l'adjudication, le chef du service délivre sans frais, à l'entrepreneur, sur son récépissé, une copie. certifiée conforme, du procès-verbal d'adjudication, un exemplaire imprimé des présentes clauses et conditions générales et une copie, certifiée conforme, du cahier des charges spéciales, ainsi que des autres pièces expressément désignées dans ledit cahier comme servant de base au marché, qui ne seraient pas dans le domaine public.

Art. 6.

Marchés de gré à gré.

I. — GARANTIES A EXIGER DES ENTREPRENEURS.

Toutes les garanties exigées des concurrents pour être admis aux adjudications peuvent l'être également de ceux avec lesquels il est passé des marchés de gré à gré.

II. — MODE DE PASSATION DES MARCHÉS DE GRÉ A GRÉ.

Les marchés de gré à gré sont passés par le Ministre ou par ses délégués dans les formes prévues dans l'instruction relative aux marchés du Département de la guerre (1).

III. — APPROBATION DES MARCHÉS.

Les dispositions de l'article 4 ci-dessus relatives au délai d'approbation des adjudications publiques sont applicables aux marchés de gré à gré.

Art. 7.

Frais auxquels donne lieu la passation des marchés.

L'entrepreneur acquitte les droits de timbre et d'enregistre-

---

(1) Titre II.

ment auxquels donne lieu son marché, tels que ces droits résultent des lois et règlements en vigueur.

Les pièces expressément désignées dans le cahier des charges spéciales, qui n'ont pas le caractère d'un document administratif d'une application générale, doivent être considérées comme des annexes spéciales du marché et être soumises à la formalité du timbre·

Les frais d'impression et de publicité restent à la charge de l'administration.

Art. 8.

Domicile de l'entrepreneur.

L'entrepreneur est tenu d'élire domicile à proximité des travaux et de faire connaître le lieu de ce domicile au chef du service. Faute par lui de remplir cette obligation dans un délai de quinze jours à partir de la notification de l'approbation de l'adjudication, toutes les notifications qui se rattachent à son entreprise sont valables, lorsqu'elles ont été faites à la mairie de la commune désignée à cet effet par le cahier des charges spéciales.

Après la réception définitive des travaux, l'entrepreneur est relevé de l'obligation d'avoir un domicile à proximité des travaux. S'il ne fait pas connaître son nouveau domicile au chef du service, les notifications relatives à son entreprise sont valablement faites à la mairie ci-dessus désignée.

TITRE II.

Exécution des travaux.

Art. 9.

Défense de sous-traiter sans autorisation.

L'entrepreneur ne peut céder à des sous-traitants aucune partie de son entreprise sans l'autorisation du Ministre.

Dans tous les cas, il demeure personnellement responsable, tant envers l'administration qu'envers les ouvriers et les tiers.

Si un sous-traité est passé sans autorisation, le Ministre

peut, soit prononcer la résiliation pure et simple de l'entreprise, soit procéder à une nouvelle adjudication aux risques et périls de l'entrepreneur.

Art. 10.

Ordres de service pour l'exécution des travaux.

Un registre spécial, dit registre d'ordres, est destiné à recevoir l'inscription de tous les ordres, instructions, délivrances de tracés et communications de toute nature qui doivent être notifiés à l'entrepreneur. Ce registre est déposé dans les bureaux du service.

Chaque nouvel ordre, daté et signé, est aussitôt présenté à l'entrepreneur ou à son représentant dûment accrédité qui est également tenu de le dater et de le signer. En cas de refus ou d'absence, l'ordre est notifié à l'entrepreneur à son domicile, par un agent assermenté qui en dresse procès-verbal.

Lorsque l'entrepreneur ne signe le registre d'ordres qu'avec réserve ou refuse de le signer, il doit formuler ses observations par écrit dans un délai de dix jours francs à partir de la signature de l'ordre ou de la notification administrative ci-dessus prévue.

Passé ce délai, l'entrepreneur est réputé avoir accepté l'ordre avec toutes ses conséquences.

L'entrepreneur doit se conformer aux prescriptions des ordres de service, quelles que soient les réclamations qu'il ait à présenter. En cas de contestation, l'état des choses et des lieux doit être préalablement constaté, par procès-verbal, en présence de l'entrepreneur ou lui dûment appelé par écrit, si l'exécution de l'ordre donné doit avoir pour effet de le modifier ou de le faire disparaître.

Le chef du service règle l'ordre de succession des travaux et l'époque de leur exécution, à moins de dispositions particulières du cahier des charges spéciales.

Il détermine également, s'il le juge nécessaire, l'importance des moyens à employer en hommes, en matériaux et en approvisionnements, sans que l'entrepreneur puisse se prévaloir des conséquences de la direction ainsi donnée aux chantiers pour réclamer une indemnité, sauf le cas de fausse manœuvre provenant du fait de l'administration.

L'entrepreneur reçoit gratuitement du chef du service, au

cours de l'entreprise, une expédition certifiée conforme de chacun des dessins de détail et autres documents nécessaires à l'exécution des travaux. Ces dessins et documents seront rendus à l'administration aussitôt après l'achèvement des travaux.

L'entrepreneur se conforme strictement aux plans, profils, tracés, ordres de service, et, s'il y a lieu, aux types et modèles qui lui sont donnés par le chef du service pour les travaux.

Il se conforme également aux changements qui lui sont prescrits, en cours d'exécution des travaux. par la voie du registre d'ordres.

Le règlement des dépenses n'est fait que conformément aux ordres ainsi donnés par écrit, et, dans aucun cas, l'entrepreneur n'est admis à invoquer des ordres verbaux pour réclamer le payement des travaux exécutés par lui.

Art. 11.

Police des chantiers.

Le personnel de l'entreprise est soumis, sur les chantiers, à la police des agents de l'administration.

L'entrepreneur est tenu d'observer et de faire observer les consignes établies par le chef du service pour le bon ordre des travaux et la police des chantiers.

Dans les cas graves motivant une arrestation, l'individu, appréhendé par qui de droit, est remis entre les mains de l'autorité judiciaire, conformément aux dispositions des articles 22 et 23 du titre VI de la loi du 10 juillet 1791.

Il est interdit à l'entrepreneur de faire travailler les ouvriers les dimanches et jours fériés.

Art. 12.

Présence de l'entrepreneur sur les lieux des travaux.

Pendant la durée de l'entreprise, l'adjudicataire ne peut s'éloigner du lieu des travaux qu'après avoir fait agréer, par le chef du service, un représentant capable de le remplacer, de manière qu'aucune opération ne puisse être retardée ou suspendue à raison de son absence.

L'entrepreneur se rend dans les bureaux du service et se

trouve sur les chantiers de travaux ou dans les ateliers, toutes les fois qu'il en est requis par le chef du service.

Art. 13.

Choix des commis, chefs d'ateliers et ouvriers.

L'entrepreneur ne peut prendre comme commis et chefs d'ateliers que des hommes capables de l'aider et de le remplacer, au besoin, dans la conduite et le métrage des travaux.

Le chef du service a le droit d'exiger le changement ou le renvoi des agents et ouvriers de l'entrepreneur pour insubordination, incapacité ou défaut de probité.

L'entrepreneur demeure d'ailleurs responsable des fraudes ou malfaçons qui seraient commises par ses agents et ouvriers dans la fourniture et l'emploi des matériaux.

Art. 14.

Liste nominative des ouvriers.

Le nombre des ouvriers de chaque profession est toujours proportionné à la quantité d'ouvrages à faire. Pour mettre le chef du service à même d'assurer l'accomplissement de cette condition, il lui est remis périodiquement, et aux époques par lui fixées, une liste nominative des ouvriers indiquant, s'il y a lieu, leur nationalité.

Art. 15.

Payement des ouvriers.

L'entrepreneur paye ses ouvriers tous les mois ou à des époques plus rapprochées, si l'administration le juge nécessaire.

En cas de retard régulièrement constaté, l'administration, par application des lois des 26 pluviôse an II et 25 juillet 1891, se réserve la faculté de faire payer d'office les salaires arriérés sur les sommes dues à l'entrepreneur.

Art. 16.

Secours aux ouvriers victimes d'accidents.

Sont à la charge de l'entrepreneur toutes les dépenses du service médical de l'entreprise, les soins et secours à donner aux ouvriers victimes d'accidents survenus sur les chantiers et les indemnités à allouer à ces ouvriers, à leurs veuves et à leurs enfants.

Art. 17.

Outils, équipages et faux frais de l'entreprise.

L'entrepreneur est tenu de fournir, à ses frais, tous les locaux, équipages, voitures, apparaux, ustensiles et outils de toute espèce nécessaires à l'exécution des travaux, sauf les exceptions stipulées au cahier des charges spéciales.

Sont également à sa charge l'établissement des chantiers et chemins de service et les indemnités y relatives, les frais de pesage, de tracé et de métré des ouvrages, ceux résultant des mesures de police et de voirie édictées par les autorités civile et militaire, et généralement toutes les dépenses et tous les faux frais relatifs à son entreprise.

Art. 18.

Carrières désignées au devis.

Les matériaux sont pris dans les lieux indiqués au devis ou au cahier des charges spéciales.

L'entrepreneur y ouvre, au besoin, des carrières à ses frais.

Il est tenu, avant de commencer les extractions, de prévenir les propriétaires, suivant les formes déterminées par les lois et règlements.

Il paye, sans recours contre l'administration et en se conformant aux lois et règlements sur la matière, tous les dommages qu'ont pu occasionner la prise ou l'extraction, le transport et le dépôt des matériaux.

Dans le cas où le devis ou le cahier des charges spéciales prescrit d'extraire des matériaux dans des bois soumis au régime forestier, l'entrepreneur doit se conformer, en outre, aux prescriptions de l'article 145 du Code forestier, ainsi que des articles 172, 173 et 175 de l'ordonnance du 1er août 1827 concernant l'exécution de ce code.

L'entrepreneur doit justifier, toutes les fois qu'il en est requis, de l'accomplissement des obligations énoncées dans le présent article ainsi que du payement des indemnités pour l'établissement de chantiers et de chemins de service.

Art. 19.

Carrières proposées par l'entrepreneur.

Si l'entrepreneur demande à substituer aux carrières indiquées dans le devis ou le cahier des charges spéciales d'autres carrières fournissant des matériaux d'une qualité que le chef du service reconnaît au moins égale, il reçoit l'autorisation d'employer ces matériaux et ne subit, sur les prix de l'adjudication, aucune réduction pour cause de diminution des frais d'extraction, de transport et de taille des matériaux ; mais il n'a droit non plus, de ce chef, à aucune indemnité.

A défaut d'accord avec les propriétaires des nouvelles carrières, il peut aussi obtenir l'autorisation de les exploiter.

Art. 20.

Défense de livrer au commerce les matériaux extraits des carrières désignées.

L'entrepreneur ne peut livrer au commerce, sans l'autorisation écrite du propriétaire, les matériaux qu'il a fait extraire dans les carrières exploitées par lui, en vertu du droit qui lui a été conféré par l'administration.

Art. 21.

Spécifications relatives aux matériaux et objets à fournir ou à employer.

I. — QUALITÉ DES MATÉRIAUX.

Les matériaux doivent être de la meilleure qualité dans chaque espèce, être parfaitement travaillés et mis en œuvre conformément aux règles de l'art ; ils ne peuvent être employés qu'après avoir été vérifiés et provisoirement acceptés par le chef du service ou par ses délégués. Nonobstant cette acceptation et jusqu'à la réception définitive des travaux, ils peuvent, en cas de surprise, de mauvaise qualité ou de malfaçons, être rebutés par le chef du service et ils sont alors remplacés par l'entrepreneur.

II. — PROVENANCE DES MATÉRIAUX.

Sauf les exceptions prévues au cahier des charges spéciales, les matériaux et matières doivent être d'origine française ou provenir des colonies françaises ou des pays de protectorat. Les objets doivent être de fabrication française ou bien avoir été fabriqués, soit dans les colonies françaises, soit dans les pays de protectorat.

L'entrepreneur sera tenu de justifier de l'origine (par la production des plombs, lettres de voitures, etc.), toutes les fois qu'il en sera requis.

Les matériaux dont la provenance est stipulée au marché pourront être remplacés par des matériaux similaires d'une autre provenance, mais remplissant les conditions spécifiées ci-dessus, lorsqu'ils auront été agréés par le chef du service.

III. — ÉCHANTILLONS-TYPES.

Chaque entrepreneur pourra être requis, par l'ordre lui notifiant un travail à mettre en chantier, de déposer au bureau du service, aux frais de l'Etat, un échantillon-type des matériaux et objets de toute nature usinés ou non, à mettre en œuvre dans le travail prescrit.

Si les matériaux et objets mis en place n'étaient pas conformes à l'échantillon, l'administration aurait le droit d'en exiger le remplacement aux frais de l'entrepreneur.

IV. — TRAVAUX COMPORTANT L'APPLICATION DE SYSTÈMES BREVETÉS.

Lorsque le travail comporte l'application de systèmes brevetés appartenant à l'adjudicataire, celui-ci agit en la double qualité d'architecte et d'entrepreneur, au point de vue des responsabilités prévues par la loi.

L'entrepreneur garantit notamment l'Etat contre toute action qui pourrait lui être intentée au sujet de la propriété industrielle du système qu'il emploie.

Art. 22.

Enlèvement des matériaux et objets sans emploi.

L'entrepreneur doit enlever des chantiers, dans un délai déterminé par le chef du service, le matériel de l'entreprise et les matériaux refusés ou en excédent après la construction ou en fin de marché, faute de quoi ces objets peuvent être, trente jours après mise en demeure d'enlever, déposés sur des terrains pris en location, ou vendus aux enchères par le ministère d'un officier public, le tout au frais de l'entrepreneur et sans qu'il puisse élever aucune réclamation.

En cas de vente aux enchères, le produit net de la vente est versé, au nom de l'entrepreneur, à la Caisse des dépôts et consignations.

Art. 23.

Dimensions et dispositions des ouvrages.

L'entrepreneur ne peut, de lui-même, apporter aucun changement au projet.

Il est tenu de faire immédiatement, sur l'ordre écrit du chef du service, remplacer les matériaux ou reconstruire les ouvrages dont les dimensions ou les dispositions ne sont pas conformes aux ordres de service ou aux dessins d'exécution.

Toutefois, si le chef du service reconnaît que les changements faits par l'entrepreneur ne sont pas contraires aux règles de l'art, les nouvelles dispositions peuvent être maintenues ; mais alors l'entrepreneur n'a droit à aucune augmentation de prix, à raison des dimensions plus fortes ou de la valeur plus considérable que peuvent avoir les matériaux ou les ouvrages. Dans ce cas, les métrages sont basés sur les dimensions prescrites par les ordres de service ou les dessins d'exécution. Si, au contraire, les dimensions sont plus faibles ou la valeur des matériaux moindre, les métrés ou les prix sont établis d'après le travail réellement fait.

Art. 24.

Démolition d'anciens ouvrages.

Lorsque l'exécution des travaux comporte la démolition d'anciens ouvrages, les matériaux doivent être déplacés avec soin pour qu'ils puissent être façonnés de nouveau et employés, s'il y a lieu.

Art. 25.

Objets trouvés dans les fouilles.

L'administration se réserve la propriété des matériaux, ainsi que des objets d'art et de toute nature qui se trouvent dans les fouilles et démolitions faites dans les terrains appartenant à l'Etat, sauf à indemniser l'entrepreneur de ses soins particuliers.

Art. 26.

Emploi des matières neuves ou de démolition appartenant à l'Etat.

Lorsque, en dehors des prévisions du marché, le chef du service juge à propos d'employer des matières neuves ou de démolition appartenant à l'Etat, l'entrepreneur n'est payé que des frais de main-d'œuvre et d'emploi, conformément aux indications de l'article 29 ci-après.

Art. 27.

Vices de construction.

Lorsque le chef du service présume qu'il existe, dans les ouvrages, des vices de construction, il ordonne, soit en cours d'exécution, soit avant la réception définitive, la démolition et la reconstruction des ouvrages présumés vicieux.

Les dépenses résultant de cette opération sont à la charge de l'entrepreneur lorsque les vices de construction sont constatés et reconnus.

Art. 28.

Pertes et avaries en cas de force majeure.

Il n'est alloué à l'entrepreneur aucune indemnité à raison des pertes, avaries ou dommages occasionnés par négligence, retard, dans l'exécution, imprévoyance, défaut de moyens ou fausses manœuvres provenant de son fait. L'entrepreneur est d'ailleurs responsable des dommages causés aux tiers par suite de retards dans l'exécution.

Ne sont pas compris toutefois dans les dispositions précédentes les cas de force majeure qui, dans le délai de cinq jours au plus après l'événement, ont été signalés par écrit, par l'entrepreneur, au chef du service ; dans ce cas, néanmoins, il ne peut rien être alloué sans l'approbation du Ministre. Passé le délai de cinq jours, l'entrepreneur n'est plus admis à réclamer.

Sous la même condition d'être signalés par écrit dans le délai de cinq jours, les événements fortuits susceptibles d'entraver l'exécution des travaux peuvent, le cas échéant, donner lieu à la concession de sursis.

Mention est portée au registre d'ordres des communications faites par l'entrepreneur au sujet des événements ci-dessus.

Art. 29.

Règlement du prix des ouvrages non prévus.

Lorsqu'il est jugé nécessaire d'exécuter des ouvrages non prévus ou de modifier la provenance de matériaux, telle qu'elle est indiquée par le devis ou le cahier des charges spéciales, l'entrepreneur se conforme immédiatement aux ordres écrits qu'il reçoit à ce sujet ; les prix sont réglés à l'estimation d'après ceux du marché ou par assimilation aux ouvrages les plus analogues. Dans le cas d'une impossibilité absolue d'assimilation, on prend pour terme de comparaison les prix courants du pays.

Les prix à l'estimation, calculés de manière à être passibles du rabais ou de la surenchère de l'adjudication, après avoir été débattus par le chef du service avec l'entrepreneur, sont soumis à l'approbation du directeur.

Ces prix ne servent que pour le règlement des ordres qui ont motivé leur établissement. En cas de nouvelles commandes, il y aurait lieu à nouvelle fixation.

Si l'entrepreneur n'accepte pas les décisions du directeur, il est statué par le Conseil de préfecture.

En attendant la solution du litige, l'entrepreneur est payé provisoirement. aux prix fixés par le directeur.

Art. 30.

Augmentation dans la masse des travaux.

En cas d'augmentation dans la masse des travaux, l'entrepreneur ne peut élever aucune réclamation tant que cette augmentation n'excède pas, savoir :

‹1° Pour les marchés sur devis et pour les marchés sur série de prix passés spécialement pour l'exécution de travaux de **création**, de grosses réparations ou d'améliorations, le sixième du montant total de la dépense indiquée dans le cahier des charges spéciales ;

2° Pour les marchés sur série de prix pour travaux de réparations et entretien, dans lesquels peuvent éventuellement rentrer certains travaux de création, de grosses réparations ou d'améliorations, dans les limites prévues au cahier des charges spéciales, le quart de l'évaluation des dépenses par exercice indiquée audit cahier.

Si l'augmentation est supérieure aux limites précitées, l'entrepreneur a droit à la résiliation de son marché, sans indemnité, à condition de l'avoir demandée par lettre adressée au directeur, dans un délai de deux mois, à partir de la notification de l'ordre de service dont l'exécution entraînerait cette augmentation de plus du sixième ou du quart selon le cas.

Nonobstant les dispositions qui précèdent, s'il s'agit d'un marché rentrant dans la catégorie définie à l'alinéa 2° ci-dessus, l'entrepreneur peut être tenu de continuer l'exécution du marché, sans indemnité, pendant un délai de trois mois au maximum, à dater du jour où il a formulé sa demande de résiliation.

Art. 31.

Diminution dans la masse des travaux.

I. — Marchés sur devis et marchés sur série de prix passés spécialement pour travaux de création, de grosses réparations ou d'améliorations.

Lorsqu'en fin de marché il est constaté que le montant total de la dépense est resté inférieur de plus du sixième à l'évaluation donnée dans le cahier des charges spéciales, l'entrepreneur a droit à une indemnité ; il doit la demander dans un délai de deux mois, qui court du jour de la notification de l'arrêté du décompte définitif afférent à l'exercice dans lequel les travaux ont été terminés. En cas de contestation, l'indemnité est fixée par le conseil de préfecture.

II. — MARCHÉS SUR SÉRIE DE PRIX POUR TRAVAUX DE RÉPARATIONS
ET ENTRETIEN.

Dans le cas de ces marchés, dans lesquels peuvent rentrer
éventuellement certains travaux de création, de grosses réparations ou d'améliorations, dans les limites prévues au cahier des
charges spéciales, lorsque le décompte définitif d'un exercice
fait ressortir que le montant total de la dépense est resté inférieur de plus d'un quart à l'évaluation donnée au cahier des
charges spéciales, l'entrepreneur n'a droit à aucune indemnité,
mais il peut obtenir la résiliation de son marché en en faisant
la demande par lettre adressée au directeur dans les deux mois
qui suivent le jour de la notification de l'arrêté du décompte
définitif.

Nonobstant la disposition précédente, l'entrepreneur peut
être tenu de continuer l'exécution de son marché, sans indemnité, pendant un délai de trois mois, à partir du jour où il a
formulé sa demande de résiliation.

Art. 32.

**Changement dans l'importance des diverses natures d'ouvrages
des marchés sur devis.**

Dans les marchés sur devis, lorsque les changements ordonnés
ont pour résultat de modifier l'importance de certaines natures
d'ouvrages, de telle sorte que les quantités prescrites diffèrent de
plus d'un quart en plus ou en moins des quantités portées au
devis estimatif, l'entrepreneur peut présenter, en fin de compte,
une demande en indemnité basée sur le préjudice que lui auraient causé les modifications apportées à cet égard dans les prévisions du projet.

Cette disposition est applicable même dans le cas où l'entrepreneur demande soit la résiliation de son marché, soit une
indemnité par application des articles 30 et 31 ci-dessus.

Art. 33.

Variations dans les prix.

I. — MARCHÉS SUR DEVIS.

Si au cours de l'exécution de travaux ayant donné lieu à la

passation d'un marché sur devis, les prix subissent une augmentation telle que la dépense totale des ouvrages restant à exécuter, d'après le devis, se trouve augmentée d'un sixième comparativement aux estimations du projet, l'entrepreneur a droit à la résiliation de son marché sans indemnité.

La résiliation doit être demandée par lettre adressée au directeur, appuyée de toutes justifications nécessaires.

II. — Marchés sur série de prix (quelle que soit la nature des travaux).

Dans le cas d'un marché sur série de prix, l'entrepreneur a droit à la résiliation de son marché, après l'arrêté du décompte définitif de l'un quelconque des exercices pour lesquels il est passé, si, en appliquant à ce décompte définitif les prix réellement pratiqués dans les transactions courantes, on arrive à un total supérieur d'au moins un sixième au montant brut dudit décompte, calculé d'après les prix de la série, sans tenir compte du rabais ou de la surenchère du marché.

La résiliation doit être demandée par lettre adressée au directeur, dans le délai de deux mois à partir de l'arrêté du décompte définitif ; cette lettre est appuyée de toutes les justifications nécessaires.

S'il s'agit d'un marché pour travaux de réparations et entretien, dans lequel peuvent rentrer certains travaux de création, de grosses réparations ou d'améliorations dans les limites prévues au cahier des charges spéciales, l'entrepreneur pourra d'ailleurs être tenu de continuer l'exécution de son marché, sans indemnité, pendant un délai de trois mois au maximum, à partir du jour où il a formulé sa demande de résiliation.

Cette dernière disposition est applicable aux travaux de vidanges.

Art. 34.

Marchés sur série de prix auxquels ne sont pas applicables les dispositions des articles 30, 31 et 33.

Dans les cas exceptionnels où il est passé des marchés sur série de prix pour lesquels le montant des travaux n'est pas indiqué au cahier des charges spéciales, l'entrepreneur ne peut revendiquer le bénéfice des articles 30, 31 et 33 ci-dessus. Aucune demande de résiliation ou d'indemnité basée sur les quantités ou la nature des ouvrages ordonnés, ou encore sur le prix des matériaux à employer, ne peut être admise par l'administration.

Art. 35.

Cessation absolue ou ajournement des travaux.

Lorsque le Ministre ordonne la cessation absolue des travaux, l'entreprise est immédiatement résiliée. Lorsqu'il prescrit leur ajournement pour plus d'une année, soit avant, soit après un commencement d'exécution, l'entrepreneur a droit à la résiliation de son marché, s'il la demande, sans préjudice de l'indemnité qui, dans un cas comme dans l'autre, peut lui être allouée s'il y a lieu.

Lorsque les travaux sont ajournés pour moins d'une année, l'entrepreneur a droit seulement à une indemnité, en cas de préjudice dûment constaté.

Si les travaux ont reçu un commencement d'exécution, l'entrepreneur peut requérir qu'il soit procédé immédiatement à la réception provisoire des ouvrages exécutés, puis à leur réception définitive après l'expiration du délai de garantie.

Art. 36.

Mesures coercitives.

I. — RETARD DANS L'EXÉCUTION DES OUVRAGES.

Lorsqu'un délai est imposé pour l'exécution de tout ou partie d'un ouvrage, soit par le contrat, soit par un ordre de service accepté par l'entrepreneur, celui-ci est passible, sans mise en demeure, en cas de retard, d'une pénalité basée sur le montant des travaux ou de la fourniture non exécutés à l'échéance du terme.

Cette pénalité est décomptée à raison de :

Cinquante centimes pour mille francs (0 fr. 50 p. 1.000) pour chaque jour de retard depuis le premier jour jusqu'au 30ᵉ jour inclus ;

Et un franc pour mille (1 fr. p. 1.000) pour chacun des jours suivants, à partir du 31ᵉ ;

Sans, toutefois, que le montant total de la pénalité encourue puisse dépasser le dixième de l'évaluation des travaux ou de la fourniture non exécutés au premier jour de retard.

Dans aucun cas le montant des pénalités de retard ne sera compris dans les retenues de garantie prévues à l'article 45 ci-après.

II. — DEMANDE D'EXONÉRATION DES PÉNALITÉS.

L'application des dispositions du paragraphe I, ci-dessus, donne lieu, dans chaque cas d'espèce, à l'établissement d'un « état de pénalités » qui est communiqué à l'entrepreneur, en même temps qu'une « feuille de propositions » adressée au Ministre et sur laquelle l'intéressé est autorisé à consigner ses observations ou réclamations.

Si l'entrepreneur n'accepte pas purement et simplement la pénalité et formule une demande d'exonération, totale ou partielle, le montant de la pénalité est défalqué des mandats d'acomptes établis en sa faveur et le mandat de solde ne peut lui être délivré tant que le Ministre n'a pas statué sur la demande d'exonération.

III. — INEXÉCUTION DES OBLIGATIONS DE L'ENTREPRENEUR.

Lorsque l'entrepreneur ne se conforme pas, soit aux dispositions du marché, soit aux ordres de service écrits qui lui sont donnés, un ordre du directeur, sur la proposition du chef du service, le met en demeure d'y satisfaire dans un délai déterminé. Ce délai, sauf le cas d'urgence, n'est pas de moins de dix jours, à dater de la notification de l'ordre de mise en demeure.

Passé ce délai, si l'entrepreneur n'a pas exécuté les dispositions prescrites, le directeur, par un second ordre, ordonne l'établissement d'une régie aux frais de l'entrepreneur. Dans ce cas, il est procédé immédiatement, en sa présence ou lui dûment appelé, à l'inventaire descriptif du matériel de l'entreprise.

Il en est aussitôt rendu compte au Ministre, qui peut, selon les circonstances, soit ordonner une nouvelle adjudication aux risques et périls de l'entrepreneur, soit prononcer la résiliation pure et simple du marché, soit prescrire la continuation de la régie.

Pendant la durée de la régie, l'entrepreneur est autorisé à suivre les opérations, sans qu'il puisse toutefois entraver l'exécution des ordres du chef du service.

Il peut d'ailleurs être relevé de la régie s'il justifie des moyens nécessaires pour reprendre les travaux et les mener à bonne fin.

Les excédents de dépenses qui résultent de la régie ou de l'adjudication aux risques et périls sont prélevés, par voie de précompte, sur les sommes qui peuvent être dues à l'entrepreneur, sans préjudice des droits à exercer contre lui en cas d'insuffisance.

Si la régie ou l'adjudication aux risques et périls amène au contraire une diminution dans les dépenses, l'entrepreneur ne peut réclamer aucune part de ce bénéfice, qui reste acquis à l'administration.

Les actes frauduleux peuvent, indépendamment des poursuites judiciaires prévues par l'article 70 ci-après, faire exclure l'entrepreneur de toute participation aux marchés de la guerre. Cette exclusion est prononcée par le Ministre de la guerre, qui peut, d'ailleurs, appliquer également cette mesure aux entrepreneurs contre lesquels sont relevés des manquements graves aux engagements pris, sans qu'il soit nécessaire que ces manquements présentent le caractère frauduleux.

Art. 37.

Cas de guerre.

Dans un délai de quinze jours à compter du jour de la notification de l'approbation du marché à l'adjudicataire, celui-ci doit faire connaître au chef du service s'il est susceptible d'être appelé sous les drapeaux.

Dans le cas de l'affirmative, l'entrepreneur est tenu de désigner le fondé de pouvoir qui sera chargé de le suppléer dans l'exécution du marché pendant la durée des hostilités.

Art. 38.

Décès, faillite ou liquidation judiciaire de l'entrepreneur.

En cas de décès de l'entrepreneur, le contrat est résilié de droit, sauf à l'administration à accepter, s'il y a lieu, les offres qui peuvent être faites par les héritiers pour la continuation des travaux.

En cas de faillite de l'entrepreneur, le contrat est également résilié de plein droit, sauf à l'administration à accepter, s'il y a lieu, les offres qui peuvent être faites par les créanciers, pour la continuation de l'entreprise.

Si l'entrepreneur suspend ses payements et s'il est admis au bénéfice de la liquidation judiciaire telle qu'elle est réglée par la loi du 4 mars 1889, l'entrepreneur peut continuer l'exécution de son marché s'il est autorisé par le tribunal à poursuivre l'exploitation de son industrie.

S'il n'est pas autorisé par le tribunal, il est procédé comme pour la faillite.

TITRE III.

Règlement des dépenses.

Art. 39.

Bases du réglement des comptes.

I. — TRAVAUX.

A défaut de stipulations spéciales dans le marché, les comptes sont établis d'après les quantités et ouvrages réellement effectués, suivant les dimensions et les poids constatés par des métrés et des pesages faits en cours ou en fin d'exécution, sauf dans les cas prévus par l'article 23, et les dépenses sont réglées d'après les prix indiqués au marché (1).

L'entrepreneur ne peut, dans aucun cas, pour les métrés et pesages, invoquer en sa faveur les us et les coutumes.

II. — FOURNITURE D'OBJETS MOBILIERS.

Lorsque le marché comporte par exception la fourniture de matériaux ou d'objets destinés à constituer des approvisionne-

---

(1) Les calculs sont poussés jusqu'aux centimes en négligeant toute fraction inférieure.

ments, les dépenses relatives à ces matériaux et à ces objets donnent lieu à l'établissement de factures spéciales, conformément aux dispositions réglementaires qui concernent la comptabilité-matières, et ne sont pas comprises dans le décompte des travaux.

Art. 40.

Attachements.

Les attachements sont pris au fur et à mesure des travaux, par l'agent chargé de la surveillance, en présence de l'entrepreneur et contradictoirement avec lui ; celui-ci doit les signer au moment de la présentation qui lui en est faite.

Lorsque l'entrepreneur refuse de signer ces attachements ou ne les signe qu'avec réserves, il lui est accordé un délai de dix jours, à dater de la présentation des pièces, pour formuler par écrit ses observations. Passé ce délai, les attachements sont censés être acceptés par lui, comme s'ils étaient signés sans réserves.

Dans le cas de refus de signature ou de signature avec réserves, il est dressé procès-verbal de la présentation et des circonstances qui l'ont accompagnée. Le procès-verbal est annexé aux pièces non acceptées.

Les résultats des attachements inscrits sur les carnets ne sont portés en compte qu'autant qu'ils ont été admis par le chef du service.

Art. 41.

Décomptes provisoires.

En principe, il est dressé tous les deux mois un décompte provisoire des ouvrages exécutés et des dépenses faites, pour servir de base aux payements d'acomptes à faire à l'entrepreneur.

Cet intervalle entre deux décomptes successifs peut être réduit, si des règlements spéciaux à certaines catégories d'entrepreneurs le prescrivent, ou si l'administration le juge utile.

Art. 42.

Décomptes définitifs en fin d'exercice ou d'entreprise.

En fin d'entreprise et à la fin de chaque exercice, il est dressé par le chef du service, un décompte des travaux éxécutés pendant l'exercice.

L'entrepreneur est invité, par un ordre de service dûment notifié, à venir prendre connaissance, dans les bureaux du chef du service, de ce décompte, auquel sont joints les carnets et les pièces à l'appui, et à le signer pour acceptation ; procès-verbal est dressé de la présentation qui lui en est faite et des circonstances qui l'ont accompagnée.

L'entrepreneur, indépendamment de la communication qui lui est faite de ces pièces sans déplacement, est en outre autorisé à faire transcrire par ses commis, dans les bureaux du chef de service, celles dont il veut se procurer des expéditions.

S'il refuse d'accepter, ou s'il ne signe qu'avec réserves, il doit, dans les trente jours qui suivent la notification de l'ordre de service mentionné au deuxième alinéa du présent article, formuler par écrit les réclamations qu'il croit devoir faire en dehors de celles périmées par application des articles 10 et 40 ci-dessus.

Il est expressément stipulé que l'entrepreneur n'est point admis à élever de réclamations au sujet des pièces ci-dessus indiquées, après ledit délai de trente jours, et que, passé ce délai, le décompte est censé accepté par lui, quand bien même il ne l'aurait signé qu'avec des réserves dont les motifs ne seraient pas spécifiés.

Le procès-verbal de présentation doit toujours être annexé aux pièces non acceptées.

Art. 43.

Revision des prix.

Lorsque, par suite de variation dans le taux des salaires ou la durée de la journée de travail, la revision du bordereau des salaires normaux aura été effectuée et que les nouvelles fixations du bordereau revisé dépasseront en plus ou en moins la limite de 33 p. 100, soit desdits salaires, soit de la durée de la journée de travail, une revision correspondante des prix du marché autres que les prix de fourniture des matériaux ou de location des machines pourra être réclamée par l'entrepreneur ou effectuée d'office par l'administration.

Il est également tenu compte à l'entrepreneur, en plus ou en moins, des augmentations ou des diminutions apportées après la passation du marché, aux droits perçus par l'Etat, les départements ou les communes, et frappant directement les matériaux entrant dans les ouvrages qui font l'objet du marché, à l'exception des droits de douane, lesquels ne donnent jamais lieu à compensation.

En dehors de ces cas, l'entrepreneur n'est jamais admis à discuter les prix du marché qui ont été consentis par lui.

Art. 44.

Reprise du matériel en cas de résiliation.

Dans les cas de résiliation prévus par les articles 9, 30. 31, 33, 35, 36 et 38, l'administration n'est pas tenue d'acquérir le matériel existant sur les chantiers et pouvant servir à l'achèvement des travaux ; d'autre part, cette cession ne peut jamais être imposée à l'entrepreneur ou à ses ayants droit. La reprise du matériel ne pourra résulter que de conventions amiables.

Dans tous les cas de résiliation, l'entrepreneur est tenu d'évacuer les chantiers, magasins et emplacements utiles à l'achèvement des travaux et situés sur les terrains appartenant à l'Etat dans le délai qui est fixé par l'administration.

Les matériaux approvisionnés par ordre et déposés sur les chantiers, s'ils remplissent les conditions du marché, sont acquis par l'Etat au prix de l'adjudication ou à dire d'experts, à défaut d'entente amiable.

Les matériaux qui ne sont pas déposés sur les chantiers ne sont pas portés en compte à moins de stipulations spéciales inscrites dans le cahier des charges spéciales ou le devis de l'entreprise.

TITRE IV.

Payements.

Art. 45.

Payement d'acomptes.

Tous les deux mois, en principe, et le plus souvent, si des règlements spéciaux à certaines catégories d'entrepreneurs le prescrivent ou si l'administration le juge utile, l'entrepreneur reçoit des acomptes, sur la production de certificats dans lesquels le chef du service évalue l'importance des travaux exécutés et des approvisionnements réalisés.

Ces acomptes ne doivent pas excéder, soit les 5/6, soit les 11/12 des droits constatés par le chef du service, suivant qu'il s'agit de travaux ordinaires ou de travaux extraordinaires (1). ce qui est indiqué au cahier des charges spéciales.

Les sommes dont les entrepreneurs pourraient être débiteurs envers l'Etat sont déduites des mandats d'acompte. La délivrance des acomptes n'est pas retardée lorsque les dates d'achèvement des travaux ou des livraisons donneraient lieu à des pénalités sur lesquelles il resterait à se prononcer ; réserve est faite du montant de ces pénalités par la retenue opérée sur les droits constatés.

Art. 46.

Réception provisoire.

Immédiatement après l'achèvement des travaux, il est procédé à l'examen et, à moins d'impossibilité, à une réception provisoire par le chef du service, en présence de l'entrepreneur, ou lui dûment appelé par écrit. Cette opération fait l'objet d'une inscription au registre d'ordres.

Si l'entrepreneur fait défaut, cette circonstance est mentionnée au registre ; il ne peut, en aucun cas, se prévaloir de son absence.

Art. 47.

Réception définitive.

Il est procédé de la même manière à la réception définitive après l'expiration du délai de garantie.

A défaut de stipulation expresse dans le cahier des charges spéciales ou le devis, ce délai est d'un an pour les gros ouvrages à partir de la réception provisoire.

Pendant la durée de ce délai, l'entrepreneur reste responsable de ses ouvrages et est tenu de les entretenir, sans préju-

---

(1) Article 143 du décret du 3 avril 1869.

dice de l'action en garantie prévue par les articles 1792 et 2270
du Code civil.

Art. 48.

Payement pour solde.

Le payement pour solde des travaux exécutés pendant l'exercice est effectué au plus tard dans un délai de trois mois après
leur réception provisoire, sans attendre l'expiration du délai de
garantie qui peut être stipulé au marché, et seulement lorsque
l'entrepreneur a justifié de l'accomplissement des obligations
énoncées dans les articles 17 et 18.

Si l'entrepreneur n'a pas fourni ces justifications en temps
utile, le montant du solde est déposé, en tout ou en partie, à la
Caisse des dépôts et consignations, pour n'être ensuite délivré
à l'entrepreneur que sur le vu d'un certificat du directeur du
service constatant que les prescriptions énoncées au paragraphe précédent ont été remplies.

Si, en raison de contestations sur le montant du solde, l'entrepreneur refuse de le recevoir, le versement à la Caisse des
dépôts et consignations libérera l'Etat de toute obligation relative aux délais de payement.

Les mandats de payement intégral ou pour solde sont appuyés des justifications prescrites par le règlement du 3 avril
1869 (1).

La prise en charge mentionnée sur les factures tient lieu de
certificat d'exécution du service.

Art. 49.

Intérêts pour retard de payement.

Les payements ne pouvant être faits qu'au fur et à mesure
des fonds disponibles, il ne sera jamais alloué d'indemnité, sous
aucune dénomination, pour retard de payement pendant l'exécution des travaux.

Toutefois, si l'entrepreneur ne peut être entièrement soldé
dans les trois mois qui suivent la réception provisoire régulièrement constatée, il a droit à des intérêts calculés d'après le

---

(1) É. M., vol. n° 24 *ter.*

taux légal, pour la somme qui lui est due. Mais ces intérêts ne seront payés que sur sa demande et à partir du jour de cette demande.

TITRE V.

Contestations.

Art. 50.

Réclamations au sujet de contestations.

Toute réclamation autre que celles périmées dans les délais fixés par les articles 10, 40 et 42 ci-dessus, y compris les demandes de rétablissement de chiffres omis et de redressement d'erreur de calcul, doivent être produites dans un délai de six mois, à dater de la notification faite, conformément aux dispositions de l'article 42, du dernier décompte définitif de l'entreprise.

Le mémoire de l'entrepreneur doit être adressé au Ministre par l'intermédiaire du directeur, qui inscrit la date de sa production sur le registre des titres de créance et en donne récépissé à l'intéressé. Ce mémoire indique les motifs et le montant de chaque réclamation.

Lorsque la décision du Ministre ne donne pas satisfaction à l'entrepreneur, celui-ci peut recourir soit à la voie de l'arbitrage ouverte par la loi du 17 avril 1906, soit à la juridiction contentieuse ; si dans le délai de six mois à dater de la notification ci-dessus, l'entrepreneur n'a fait aucune demande de transaction ou d'arbitrage, ou s'il n'a pas porté ses réclamations devant le conseil de préfecture, il sera considéré comme ayant adhéré à ladite décision et toute réclamation se trouvera éteinte.

Il peut également suivre les mêmes voies que ci-dessus dans le cas où le Ministre n'aurait pas répondu dans un délai de trois mois aux réclamations à lui adressées.

Art. 51.

Jugement des contestations.

Conformément aux dispositions légales (1), toute difficulté entre l'administration et l'entrepreneur, concernant le sens ou l'exécution des clauses du marché, est portée devant le conseil de préfecture, qui statue, sauf recours au Conseil d'Etat.

TITRE VI.

Conditions du travail.

Art. 52.

Emploi des ouvriers étrangers.

A moins d'une dérogation expresse et formelle insérée au cahier des charges spéciales, et résultant d'une décision prise personnellement par le Ministre, l'emploi des ouvriers étrangers est interdit sur les chantiers des ouvrages de fortifications, y compris les bâtiments militaires situés dans l'intérieur de ces ouvrages.

Pour les travaux afférents aux bâtiments militaires autres que ceux situés dans l'intérieur des ouvrages de fortification, l'emploi de ces ouvriers peut être toléré dans une proportion fixée, dans chaque cas particulier, au cahier des charges spéciales.

Art. 53.

Interdiction du marchandage.

Le marchandage est interdit à l'entrepreneur, conformément aux dispositions légales (2).

Art. 54.

Salaires.

Les salaires que l'entrepreneur s'engage à payer à ses ou-

---

(1) Loi du 28 pluviôse an VIII.
(2) Décret du 2 mars 1848 et arrêté du gouvernement du 21 mars 1848.

vriers ne pourront être inférieurs aux taux indiqués dans un bordereau, dit bordereau des salaires normaux, inséré au cahier des charges spéciales et affiché, aux frais de l'entreprise, en des points du chantier à déterminer par le chef du service. Ce bordereau indique également la durée du travail journalier par profession.

Les salaires des ouvriers seront payés sur les chantiers ou dans leur voisinage lorsque le chef du service estimera que leur importance le justifie.

Un agent de l'administration pourra assister à la paye des ouvriers toutes les fois que le chef du service le jugera utile. Cet agent recevra, s'il y a lieu, les réclamations et les transmettra, pour examen, à l'administration.

L'entrepreneur devra, à toute réquisition, communiquer au chef du service ou à son délégué, les feuilles de paye des ouvriers, indiquant pour chacun d'eux les heures de travail qui lui ont été attribuées ainsi que le salaire payé.

Art. 55.

Durée du travail des jeunes ouvriers et des femmes.

La durée du travail journalier des enfants âgés de moins de 18 ans, des filles mineures et des femmes ne pourra pas excéder dix heures. Cette disposition s'applique, d'ailleurs, aux ouvriers adultes travaillant sur les mêmes chantiers que des femmes, des filles mineures ou des enfants (1).

Art. 56.

Heures supplémentaires de travail.

En cas de nécessité absolue, résultant de l'urgence dûment constatée et de l'impossibilité d'augmenter le nombre des ouvriers, l'entrepreneur pourra, avec l'autorisation écrite du chef du service, déroger aux prescriptions du cahier des charges spéciales relatives à la durée normale du travail journalier et du présent cahier des clauses et conditions générales, sauf en ce qui concerne les ouvriers âgés de moins de 18 ans, les filles

---

(1) Loi du 30 mars 1900.

mineures et les femmes pour lesquels le travail journalier ne devra jamais dépasser dix heures.

Les salaires des heures supplémentaires de travail sont passibles d'une majoration dont le quantum est fixé au bordereau des salaires normaux.

Art. 57.

Salaires réduits.

Lorsque l'entrepreneur aura à employer des ouvriers que leurs aptitudes physiques met dans une condition d'infériorité notoire sur les ouvriers de la même catégorie, il pourra leur appliquer, exceptionnellement, un salaire inférieur au salaire normal.

La proportion maxima de ces ouvriers et le maximum de réduction à faire subir aux salaires normaux sont indiqués au cahier des charges spéciales.

Art. 58.

Travail à l'heure.

Lorsque, sur l'ordre écrit du chef du service, les travaux devront être décomptés à l'heure, les heures de travail des ouvriers seront payées à l'entrepreneur aux prix du bordereau des salaires normaux, après que ces prix auront été majorés de vingt pour cent (20 p. 100) pour tenir compte des faux frais et bénéfices.

Moyennant cette majoration, l'entrepreneur sera tenu de fournir et d'entretenir tous les outils, apparaux, engins et échafaudages nécessaires pour l'exécution du travail et d'assurer l'éclairage en cas de travail de nuit.

Les sommes ainsi payées à l'entrepreneur pour travaux à l'heure ne seront pas passibles soit du rabais, soit de la surenchère résultant du contrat.

Art. 59.

Payement de salaires insuffisants.

S'il est dûment constaté qu'un ouvrier a été payé à un taux inférieur à celui indiqué dans le bordereau des salaires normaux, l'entrepreneur sera mis en demeure, par la voie de l'ordre, de s'acquitter immédiatement de ce qui reste dû à l'ouvrier.

Si l'entrepreneur ne se conforme pas à cette mise en demeure, les différences de salaires dues à l'ouvrier lui seront payées directement par l'administration et seront précomptées sur les sommes qui peuvent être dues à l'entrepreneur, sans préjudice des droits à exercer contre lui en cas d'insuffisance.

Art. 60.

Infractions aux conditions du travail.

Si l'entrepreneur contrevient aux dispositions ci-dessus, le Ministre a le droit, après une simple constatation du chef du service, de prononcer la résiliation du marché. Cette résiliation pourra être, soit pure et simple, soit accompagnée de la passation d'un nouveau marché aux risques et périls de l'entrepreneur.

Art. 61.

Revision des salaires.

Le bordereau des salaires normaux pourra être revisé sur la demande de l'entrepreneur ou des ouvriers lorsque des variations dans les taux des salaires ou dans la durée du travail journalier auront reçu une application générale dans l'industrie en cause.

Cette revision sera faite par les soins du chef du service qui devra :

1° Se référer, autant que possible, aux accords entre les syndicats patronaux et les ouvriers de la localité ;

2° A défaut de cette entente, provoquer l'avis de commissions mixtes composées en nombre égal de patrons et d'ouvriers et, en outre, se munir de tous renseignements utiles auprès des syndicats professionnels, conseils de prud'hommes, ingénieurs, architectes départementaux et communaux et autres personnes compétentes.

La décision prise par le chef du service ne pourra pas avoir d'effet rétroactif. Toutefois, les nouveaux salaires seront en général payés à partir du jour de la demande de revision.

Art. 62.

Interdiction d'employer les composés plombiques.

L'emploi des composés plombiques est formellement interdit pour la préparation des peintures et des mastics.

Art. 63.

Algérie (1).

L'application de la réglementation relative à l'établissement des salaires normaux étant facultative en Algérie, il peut être dérogé, par les cahiers des charges spéciales des marchés de travaux passés par l'administration de la guerre dans la colonie, aux clauses des articles 43, 54, 57, 58, 59 et 61 ci-dessus.

Art. 64.

Tunisie.

Les entrepreneurs des travaux de construction militaires en Tunisie sont soumis aux dispositions en vigueur dans la régence, en ce qui concerne les conditions du travail.

TITRE VII.

Clauses diverses.

Art. 65.

Représentants du service militaire.

Le représentant du service militaire vis-à-vis de l'entrepreneur est le chef du service (2), qui peut déléguer tout ou par-

---

(1) Décret du 21 mars 1902 modifié par le décret du 11 août 1904.

(2) Le chef du service désigné dans le présent cahier est :
Dans le service de l'artillerie, l'officier désigné par le Ministre ou par le directeur pour le service des bâtiments dans l'établissement ou dans l'arrondissement ;
Dans le service du génie, le chef du génie ;
Dans le service des poudres et salpêtres, l'ingénieur directeur de l'établissement.

tie de ses pouvoirs aux officiers, ingénieurs ou agents sous ses ordres. Cette délégation est notifiée à l'entrepreneur.

Art. 66.

Personnel de l'entreprise.

Les commis et chefs d'atelier doivent être de nationalité française.

Art. 67.

Conservations des plans, croquis d'exécution et documents écrits.

Conformément aux dispositions de la loi qui établit des pénalités contre l'espionnage (1), l'entrepreneur est personnellement responsable de la conservation des plans, croquis d'exécution ou documents écrits divers qui lui sont remis par l'administration en vue de l'exécution des travaux ou pour toute autre cause.

Art. 68.

Hospitalisation des ouvriers civils victimes d'accidents.

Les ouvriers civils, victimes d'accidents, peuvent être traités dans les hôpitaux militaires.

L'entrepreneur est tenu d'acquitter le montant des journées de traitement d'après les décomptes établis.

En cas de non-payement dans les huit jours qui suivent la notification administrative de ce décompte, le montant en est retenu sur le premier mandat à délivrer à l'entrepreneur.

Art. 69.

Emploi de la main d'œuvre militaire.

Les soldats et les prisonniers de guerre, ainsi que les condamnés militaires, peuvent être employés à l'exécution des travaux.

Ils sont alors payés directement par l'administration militaire.

L'entrepreneur est tenu de leur fournir le matériel aux prix fixés au marché.

---

(1) Loi du 18 avril 1886 (articles 1, 4 et 5).

Il ne pourra élever aucune réclamation au sujet de l'emploi de la main-d'œuvre militaire, et il aura seulement le droit d'invoquer, le cas échéant. le bénéfice des articles 30 à 33 ci-dessus.

Art. 70.

Application des articles 430, 431 et 433 du Code pénal.

L'entrepreneur et ses agents sont passibles des peines prononcées par les articles 430, 431 et 433 du Code pénal, dans les cas prévus par ces articles.

Art. 71.

Droits de timbre et d'enregistrement.

L'entrepreneur est soumis, notamment en ce qui concerne les droits de timbre et d'enregistrement des comptes et pièces justificatives, aux dispositions du règlement sur la comptabilité des dépenses du Département de la guerre, ainsi qu'aux dispositions du décret portant règlement sur les travaux de constructions militaires.

Art. 72.

Prorogation facultative des marchés d'entretien et de vidanges.

L'administration se réserve la faculté de proroger les marchés d'entretien et de vidanges pendant un délai qui ne pourra pas dépasser trois mois.

Notification de cette prorogation et de sa durée sera adressée à l'entrepreneur quinze jours au moins avant l'expiration de son marché.

Le Sous-Secrétaire d'Etat
au ministère de la guerre,

Henry Chéron.

TABLE DES MATIÈRES

DU CAHIER DES CLAUSES ET CONDITIONS GÉNÉRALES APPLI-
CABLES AUX MARCHÉS DE TRAVAUX DE CONSTRUCTIONS
MILITAIRES.

———

TITRE III.

RÈGLEMENT DES DÉPENSES.

TITRE IV.

PAYEMENTS.

TITRE V.

CONTESTATIONS.

TITRE VI.

CONDITIONS DU TRAVAIL.

TITRE VII.

CLAUSES DIVERSES.

Instruction pour l'application du cahier des clauses et conditions générales des marchés de travaux de constructions militaires.

(Direction du Contrôle et du Contentieux.)

Paris, le 1er juillet 1909.

Art. 1er.

Dispositions générales.

Les marchés de travaux de constructions militaires doivent être, en principe, passés dans la forme d'adjudications restreintes. sauf les exceptions prévues à l'article 18 du décret du 18 novembre 1882.

TITRE Ier.

Passation des marchés.

Art. 5.

Pièces à délivrer à l'entrepreneur.

Le chef du service doit procéder à la remise des pièces énoncées à cet article à l'entrepreneur, sans attendre que celui-ci en fasse la demande.

Toutefois, l'adjudicataire ne peut être admis à se prévaloir d'une omission de l'administration à cet égard pour se soustraire aux obligations du contrat et, notamment, à celles qui sont relatives aux délais stipulés par le marché (1).

Il devra être délivré à tout entrepreneur de travaux militaires, lorsqu'il en fera la demande, un certificat constatant le lieu, la date, la nature, et l'importance des travaux exécutés, à l'exclusion de toute appréciation sur la manière dont il s'est acquitté de ses obligations.

---

(1) (Conseil d'Etat, 14 janvier 1898, *Bosc et Lombreuil*, recueil Lebon. p. 19.)

Art. 7.

Frais auxquels donne lieu la passation des marchés.

Bien que cet article mette à la charge de l'entrepreneur la totalité des droits auxquels peut donner lieu l'enregistrement de son contrat, il est indispensable, lorsqu'il s'agit d'un marché de travaux exécutés au moyen de fonds de concours, d'insérer, au cahier des charges spéciales, la clause ci-après :

« Les droits d'enregistrement seront entièrement à la charge des adjudicataires, ainsi, d'ailleurs, qu'il est stipulé à l'article 7 du cahier des clauses et conditions générales, alors même que les droits à percevoir seraient calculés en tenant compte de ce que les travaux, objet du présent marché, doivent être payés en partie (ou en totalité) au moyen de fonds de concours fournis par la ville de   (ou département, etc...) et dont le montant s'élève à la somme de   (indiquer le montant de la partie des fonds de concours qui s'applique aux travaux). »

Art. 8.

Domicile de l'entrepreneur.

Après l'achèvement des travaux, les notifications relatives à l'entreprise peuvent être faites, régulièrement, à la mairie de la commune désignée par le cahier des charges ; mais il convient d'user de cette faculté seulement dans le cas où l'entrepreneur n'aurait pas fait connaître son nouveau domicile au chef du service.

Dans tous les autres cas, il est procédé à ces notifications par les soins du service local dans la circonscription duquel se trouve situé le nouveau domicile de l'adjudicataire sortant.

TITRE II.

Exécution des travaux.

Art. 9.

Défense de sous-traiter sans autorisation.

Au regard de l'administration, et à moins de stipulations contraires du cahier des charges spéciales, la situation du sous-traitant autorisé n'est autre que celle d'un fondé de pouvoir.

Cette clause doit être stipulée, explicitement, dans l'autorisation de sous-traiter.

Art. 10.

Ordres de service pour l'exécution des travaux.

Il importe de distinguer, dans les ordres de service notifiés à l'entrepreneur par la voie du registre d'ordres :

1° Ceux qui, ayant pour objet l'exécution proprement dite des travaux, visent les règles techniques à suivre, ou le mode de décompte, ou bien, enfin, les prix à appliquer aux ouvrages commandés ;

2° Les ordres qui n'ont d'autre but que de constater la réalité et la date de la notification, faite à l'entrepreneur, de communications susceptibles de l'intéresser, telles que les mesures de police concernant le chantier, les décisions prises au sujet des réclamations auxquelles peuvent donner lieu les contestations qui naissent de l'exécution du contrat, etc...

Les ordres qui ont pour objet l'exécution des travaux constituent, lorsqu'ils ont été acceptés sans réserves par l'adjudicataire, de véritables conventions qui lient définitivement l'entrepreneur, et auxquelles l'Etat, de son côté, ne peut déroger qu'à la condition de prescrire, par écrit, les modifications apportées à l'ordre primitif et de dédommager, le cas échéant, l'entrepreneur des fausses manœuvres, dûment justifiées, qui peuvent résulter d'un commencement d'exécution dudit ordre.

A moins de clauses particulières du cahier des charges spéciales, l'évaluation de ce préjudice est exclusive de toute considération relative aux avantages que l'entrepreneur aurait pu retirer des conditions prescrites primitivement pour l'exécution du travail.

Le droit pour l'administration de changer, même par écrit, les stipulations des ordres de service, est d'ailleurs limité aux modifications qui ne sont pas susceptibles d'atteindre les bases essentielles du contrat.

Il ne saurait, non plus, s'étendre à des ordres de service qui ont pour objet de régler des conventions ayant une portée générale. Telles sont, par exemple, celles qui ont pour but de

constater l'établissement du mode de décompte forfaitaire d'un
travail de terrassement ou du prix d'un ouvrage non prévu
au marché ou bien encore de la nature d'une fouille, etc...

Il s'agit là de véritables avenants au marché, qui lient également les parties contractantes, et sur lesquelles ni l'une, ni
l'autre, ne peuvent être admises à revenir.

L'entrepreneur doit commencer tout travail qui lui est ordonné
dans les délais, d'après les dessins ou modèles et suivant l'ordre de succession des ouvrages qui lui sont prescrits par le chef
du service.

A moins de dispositions spéciales du marché, il ne peut réclamer aucune indemnité pour les sujétions qu'entraînent
pour lui ces obligations, qui ne font que préciser, du reste,
les dispositions de l'article 16 du décret du 27 avril 1889.

Mais c'est à la condition expresse que les délais impartis
par le chef du service soient en rapport avec la nature et l'importance des travaux à entreprendre et que les croquis et les
modèles d'exécution soient notifiés en temps utile à qui de
droit.

L'article 10 réserve, d'ailleurs, à l'adjudicataire le droit de
protester contre les ordres de service ; mais, l'administration
ne pouvant rester indéfiniment sous le coup d'une réclamation, celui-ci est tenu de produire sa protestation dans un délai fixé à dix jours.

L'entrepreneur n'est d'ailleurs pas tenu de faire connaître,
dans ce délai, le montant de sa réclamation ; mais il est obligé
de préciser suffisamment la nature de celle-ci, pour que l'administration puisse prendre une décision en connaissance de
cause (1).

L'inobservation de ces prescriptions emporte déchéance pour
l'entrepreneur (2).

Cette conséquence ne s'applique du reste qu'aux ordres de
service relatifs à l'exécution des travaux, à l'exclusion des ordres qui ont pour objet la notification de communications
d'une autre nature, notamment de celles relatives aux décisions qui concernent les réclamations.

Les ordres de service, quels qu'ils soient, peuvent être pré-

---

(1) (C. E., 28 décembre 1883, *Demerlé*, Lebon, p. 979 ; 22 février 1886,
Astier, Lebon, p. 133.)

(2) (C. E., 10 mai 1878, *Chêne*, **Lebon, p. 439**).

sentés à la signature de l'entrepreneur ou de son représentant, soit dans les bureaux du service, soit dans les bureaux de l'entreprise.

En cas de refus de signer ou d'absence, la notification de l'ordre est faite sans retard au domicile de l'entrepreneur qui doit être invité à signer le procès-verbal de notification (1), dont il lui est d'ailleurs toujours délivré copie (voir modèle n° 1)·

En cas de refus ou d'absence, le procès-verbal est notifié, affirmé et enregistré dans les conditions prévues par la loi du 29 mars 1806.

L'entrepreneur est tenu de dater les ordres qu'il signe. S'il néglige cette formalité, la date de la signature est réputée celle à laquelle l'ordre a été établi par le chef du service ou son délégué (2).

Art. 11.

Police des chantiers.

Il appartiendra au chef du service, dans les cas de force majeure où un travail devrait être continué sans interruption, de donner les ordres que les circonstances peuvent rendre nécessaires.

Si, exceptionnellement, le jour de repos hebdomadaire n'avait pu être assuré au personnel civil employé, un rapport sommaire serait envoyé au Ministre (Direction intéressée) pour rendre compte de cette dérogation aux conditions du travail.

Art. 12.

Présence de l'entrepreneur sur les lieux des travaux.

Le représentant de l'entrepreneur sur les chantiers doit être muni d'une procuration en règle, dont un double est remis au chef du service.

Cette procuration comporte, obligatoirement, pour le mandataire de l'entrepreneur, tous pouvoirs pour l'acceptation des

---

(1) Lorsque l'agent assermenté appartient à l'administration, cette notification est dite « administrative », pour la distinguer des significations par huissier.

(2) (C. E., 2 mai 1884, *Mourier*, Lebon, p. 345).

croquis d'exécution, attachements, ordres de service et décomptes de toute nature.

Comme contre-partie, ce mandataire est admis, par l'administration, à représenter l'entrepreneur en toute circonstance relative à l'exécution du contrat, notamment pour la présentation et la poursuite des réclamations.

Art. 14.

Liste nominative des ouvriers.

Le chef du service peut exiger, toutes les fois qu'il le juge utile, la justification de l'accomplissement par les ouvriers de nationalité étrangère, employés sur les chantiers, des formalités imposées par la loi du 8 août 1893 aux étrangers résidant en France.

Art. 18.

Carrières désignées au devis.

Lorsque l'exploitation, par l'entrepreneur, des carrières prévues au devis donne lieu à des difficultés de la part des propriétaires, il est procédé à l'occupation temporaire des terrains nécessitée par cette exploitation, dans les conditions indiquées par la loi du 29 décembre 1892, relative aux dommages causés à la propriété privée par l'exécution des travaux publics.

Art. 25.

Objets trouvés dans les fouilles.

Cet article a pour objet de déroger expressément aux dispositions de l'article 716 du Code civil, en réservant à l'Etat, seul, la propriété intégrale des objets de toute nature, matériaux, trésors, etc., découverts au cours des travaux.

L'indemnité dont il est question audit article ne doit être que la compensation du travail spécial fourni par l'inventeur du trésor, quand la mise à jour, ou l'extraction de l'objet découvert, a nécessité une perte de temps ou des soins particuliers tels, par exemple, que ceux qu'exige l'exhumation d'une statue fragile, le dégagement d'une mosaïque, etc.

Il appartient, du reste, à l'entrepreneur, d'aviser les ouvriers qu'il embauche du droit que se réserve ainsi l'Etat, afin d'éviter, le cas échéant, de leur part, toute réclamation à ce sujet (1).

Art. 28.

Pertes et avaries en cas de force majeure.

I. — Les cas de force majeure sont ceux qu'il n'est pas au pouvoir des parties contractantes de prévoir ou d'éviter. Ils peuvent provenir du fait des éléments, du fait de l'homme ou du fait de la loi.

En principe (art. 1788 du Code civil) les conséquences des événements ci-dessus sont à la charge de l'entrepreneur, sauf pour les ouvrages reçus ou en état de l'être (art. 46 et 47 du cahier des clauses et conditions générales).

Aux dérogations à ce principe qui résultent déjà des articles 33 (résiliation pour cause de variation des prix) et 43 (revision des prix), l'article 28 en ajoute deux nouvelles qui permettent à l'entrepreneur de solliciter un sursis, dans le cas où la force majeure a entravé l'exécution des travaux, ou une indemnité si le dommage éprouvé par lui est de nature à motiver, par raison d'équité ou d'intérêt, une intervention de l'administration en sa faveur.

Quant au délai imparti pour signaler l'événement survenu, il doit s'entendre de cinq jours francs·

II. — L'article considéré rend l'entrepreneur responsable des dommages causés aux tiers par suite de retards dans l'exécution des travaux.

Toutefois, l'entrepreneur de l'un des lots d'un marché ne peut réclamer directement aucune indemnité à l'entrepreneur d'un autre lot, pour un dommage provenant du retard apporté aux travaux par ce dernier, car les différents entrepreneurs ne peuvent pas être liés les uns envers les autres par un acte qui a été passé directement entre l'administration et chacun d'eux et qui est pour eux *res inter alios acta*.

Ils ne peuvent donc pas recourir l'un contre l'autre pour des

---

(1) Circulaires du Ministre des travaux publics, en date des 21 novembre 1866 et 19 février 1892.

retards ou dommages résultant de leur travail commun et ils ne peuvent, dans ce cas, s'adresser qu'à l'administration à qui incombe la direction de ses divers entrepreneurs, sauf, pour celle-ci à se retourner contre l'entrepreneur, cause première du dommage, qui est responsable vis-à-vis d'elle.

Ce n'est que dans le cas où un entrepreneur commettrait un délit ou un quasi-délit à l'égard d'un de ses coentrepreneurs, ou bien dans le cas où il causerait un dommage à un tiers étranger à l'entreprise, qu'il pourrait être mis directement en cause.

Art. 29.

Règlement du prix des ouvrages non prévus.

L'adjudicataire d'un marché de travaux de constructions militaires a un droit acquis à l'exécution intégrale des ouvrages qui font l'objet du contrat, que leurs éléments y soient, ou non, explicitement prévus.

En conséquence, il importe de mentionner énonciativement, au cahier des charges spéciales, les éléments (travaux et fournitures) que l'État entend distraire du marché.

Les prix des travaux et fournitures non prévus sont fixés, à l'estimation, par le directeur, pour chaque cas particulier.

Ils ne feront en aucun cas l'objet d'additions de prix supplémentaires aux séries de prix ou aux devis des marchés.

Art. 30 à 34 inclus.

Modifications apportées aux prévisions du contrat.

Le cahier des clauses et conditions générales distingue, au point de vue des droits et obligations des parties contractantes, en cas de modifications aux prévisions du contrat, quatre catégories de marchés, savoir :

1° Les marchés sur devis;

2° Les marchés passés sur série de prix pour l'exécution de travaux de constructions neuves, dont la masse totale est spécifiée au contrat;

3° Les marchés passés sur série de prix en vue de l'exécution des travaux d'entretien, pour lesquels la dépense est indiquée, par exercice, au cahier des charges spéciales;

4° Les marchés sur série de prix proprement dits, passés dans des circonstances exceptionnelles, en vue de l'exécution de travaux dont l'importance n'est susceptible, par avance, d'aucune évaluation.

1° *Marchés sur devis.* — L'entrepreneur a droit à la résiliation de son contrat lorsque l'importance de l'ensemble des ouvrages exécutés dépasse de un sixième la masse totale des travaux prévus (art. 30). Il a droit à une indemnité en cas de diminution de plus de un sixième de la masse totale des travaux (art. 31).

L'entrepreneur peut présenter une demande d'indemnité lorsque les changements ordonnés ont modifié de plus de un quart les quantités prévues par le devis (art. 32).

Les indemnités susceptibles d'être accordées en vertu des articles 31 et 32 susvisés, sont calculées en tenant compte des préjudices de toute nature, dûment justifiés, qui ont pu être causés à l'entrepreneur à raison des modifications apportées par l'administration aux prévisions de contrat, y compris les pertes de bénéfice, en cas de diminution de l'importance de chaque nature d'ouvrages ou de l'ensemble des travaux (1).

Enfin, ce calcul doit porter, le cas échéant, sur les différences réelles constatées en fin de marché, et non pas seulement sur ces différences diminuées de l'écart autorisé par le contrat (2).

2° et 3° *Marchés sur série de prix passés spécialement pour les travaux neufs ou d'entretien.* — Les cahiers des charges spéciales de ces marchés doivent stipuler un chiffre ferme, soit pour la masse totale s'il s'agit de travaux neufs, soit pour l'importance de la dépense par exercice, s'il s'agit de travaux d'entretien.

Il importe d'observer, en ce qui concerne les marchés sur série de cette nature qui se rapportent à des travaux neufs, que l'obligation d'indiquer au contrat un chiffre ferme pour la masse des travaux, implique la nécessité d'avant-métrés suffisamment approchés pour rester dans la limite du sixième prévue aux articles 30 et 31.

Pour les marchés d'entretien, l'importance de la masse des travaux, est nécessairement basée sur l'importance des décomptes des exercices précédents.

---

(1) (C. E., 13 mai 1887, *Brun*, Lebon, p. 401).
(2) (C. E., 16 mars 1883, *Chabanel*, Lebon, p. 294).

Il s'ensuit que les contrats sur série avec indication de la dépense, qui constituent la règle pour les marchés d'entretien, ne doivent être employés en fait de travaux neufs, *que dans le cas où la divulgation du détail des quantités d'ouvrages pourrait offrir des inconvénients.*

4° *Marchés sur série de prix proprement dits.* — L'application de ce mode de marché est limitée aux circonstances *tout à fait exceptionnelles*, où l'administration de la guerre se trouve dans l'impossibilité de prévoir l'importance des éléments du marché.

Art. 35.

Cessation absolue ou ajournement des travaux.

L'article 35 ouvre droit à indemnité pour l'entrepreneur lorsque les travaux sont suspendus ou ajournés.

L'indemnité, en pareil cas, tient compte à l'entrepreneur du préjudice, dûment justifié, qu'il a pu éprouver par la suite de la fausse manœuvre résultant, du fait de l'administration, soit de la cessation ou suspension, par ordre, d'un travail commencé, soit de l'ajournement d'un travail prescrit, lorsque l'entrepreneur aura déjà pris des dispositions en vue de son exécution.

D'autre part, en raison de cette disposition, il importe de toujours spécifier, dans le cahier des charges spéciales, le délai que se réserve l'administration pour notifier, à l'entrepreneur. l'ordre de commencer les travaux.

Ce délai qui doit courir de la date de la notification, à l'entrepreneur, de la décision approuvant l'adjudication, est supputé d'après l'importance des travaux en tenant compte de la double condition de laisser d'une part, à l'entrepreneur, le temps suffisant pour réunir son matériel et pour recruter son personnel et, de lui permettre, d'autre part, de commencer le travail, aussitôt ces opérations préliminaires terminées.

Art. 36.

Mesures coercitives.

I. — RETARD DANS L'EXÉCUTION DES OUVRAGES.

En cas de marché par forfait, notification dés travaux restés en souffrance à l'échéance du terme est faite au registre d'ordres et un procès-verbal d'état de lieux est dressé dans les conditions prévues pour le cas de contestation à l'article 10 du cahier des clauses et conditions générales. Le calcul des pénalités est fait en appliquant aux quantités (surfaces, volumes, poids, etc...) de travaux non exécutés les prix unitaires correspondants de la série d'entretien de la place, affectés du rabais ou de la surenchère du marché en cours, le jour de l'échéance.

S'il n'existe pas dans la place de marché d'entretien, il sera fait emploi de la série de la place la plus voisine du lieu du marché.

II. — Inexécution des obligations de l'entrepreneur.

Lorsque, en cas d'inexécution du service, il est nécessaire de recourir soit à la régie aux frais de l'entrepreneur, soit à la passation d'un nouveau marché aux risques et périls de celui-ci, les propositions concernant les mesures propres à assurer la continuation des travaux sont adressées au Ministre dans le moindre délai.

S'il y a lieu de passer un marché aux risques et périls de l'entrepreneur, l'adjudication publique doit être la règle générale, et le marché de gré à gré l'exception. Dans ce dernier cas et à moins d'urgence dûment constatée, le marché de gré à gré fait l'objet d'un appel à la concurrence.

Les frais occasionnés soit par la mise en régie, soit par l'exécution du marché aux risques et périls, sont précomptés sur les mandats des sommes dues à l'adjudicataire défaillant.

En cas d'insuffisance et lorsque l'entrepreneur, ayant été mis régulièrement en demeure, se refuse à verser au Trésor l'excédent des frais, le service local prépare et soumet, en projet, au Ministre, une requête à adresser au conseil de préfecture compétent en vue de faire constater le débet (1).

Une copie de chacun des deux décomptes faisant ressortir, l'un les dépenses réellement faites, l'autre le montant des travaux, calculé d'après les prix du marché, est mise à l'appui de cette requête.

Dès que la juridiction saisie a fait connaître sa décision,

____

(1) (C. E., 19 février 1886, *Bigle*, Lebon, p. 154).

celle-ci est notifiée, à l'intéressé, dans les formes légales par le préfet représentant l'Etat (1) et une expédition en est adressée, le cas échéant, par les soins du Ministre à l'agent judiciaire du Trésor chargé de la poursuite du recouvrement des sommes reconnues dues par l'entrepreneur.

Art. 37.

Cas de guerre.

Pour les marchés intéressant les places de guerre, le nom du fondé de pouvoirs désigné pour remplacer l'entrepreneur susceptible d'être appelé sous les drapeaux doit être mentionné au journal de mobilisation.

TITRE III.

Règlement des dépenses.

Art. 40.

Attachements.

Les attachements comprennent tous les éléments, dessins ou inscriptions aux carnets-journaux destinés à établir l'état des travaux, contradictoirement entre le service constructeur et l'entrepreneur.

Celui-ci est tenu, de la manière la plus étroite, de faire constater, à l'occasion de la prise des attachements, dans le délai de dix jours qui lui est imparti par le présent article, tous les faits qu'il estime de nature à lui porter préjudice, surtout lorsqu'il s'agit de faits dont la vérification peut devenir impossible par la suite (2).

Faute de produire ses réserves dans le délai prévu par le contrat, l'entrepreneur est déchu de tout droit à réclamation, et les attachements font foi, à son encontre, en cas de règlement contentieux (3).

---

(1) Loi du 22 juillet 1889, article 51.
(2) (*C. E.*, 11 février 1898, *Mottet*, Lebon, p. 108.)
(3) (*C. E.*, 1ᵉʳ juillet 1898, *Commune de Bellefontaine*, Lebon, p. 516.)

Ces réserves doivent, d'ailleurs, préciser exactement les points litigieux. Elles ne peuvent se borner à des allégations vagues et générales à l'égard desquelles le service intéressé ne pourrait se prononcer (1)·

En cas de nécessité absolue, s'il s'agit, par exemple, de la vérification matérielle d'un état de choses ou de lieux que la poursuite des travaux doit faire disparaître, le directeur peut, sauf à en rendre compte au Ministre, demander par l'intermédiaire du préfet, représentant l'Etat, au président du conseil de préfecture un constat d'urgence, dans les conditions prévues à l'article 24 de la loi du 22 juillet 1889.

Art. 42.

Décomptes définitifs en fin d'exercice ou d'entreprise.

De même que les réserves contre les ordres de service et contre les attachements, celles qui concernent les décomptes doivent préciser, d'une manière suffisamment nette, les éléments que l'entrepreneur entend contester, pour que les représentants de l'Etat et, en particulier, le chef du service, puissent prendre une décision à leur égard et redresser les décomptes en cas d'erreurs ou d'omissions.

Toutefois, s'il s'agit de travaux ou de fournitures se rapportant à un exercice clos, la décision du chef du service doit être préalablement soumise au Ministre, avec l'avis du directeur local.

Art. 43.

Revision des prix.

La revision des prix prévue à l'article 43 devant résulter non d'une entente avec l'entrepreneur, mais d'une constatation de fait, c'est au chef du service qu'il appartient d'établir les nouveaux prix sans en référer à l'autorité supérieure.

Quant à la revision des prix consécutive à une variation dans les salaires ayant atteint la limite de 33 p. 100 fixée audit article, elle n'est applicable qu'autant que la revision préalable

---

(1) (C. E., 28 décembre 1883, *Demerlé*, Lebon, p. 979; 22 février 1886, *Astier*, Lebon, p. 133.)

du bordereau des salaires normaux aura été prononcée dans les conditions de l'article 61 par le chef du service, qui est toujours juge de l'opportunité de cette mesure (1).

Au cas où des raisons spéciales imposeraient la modification de la limite de 33 p. 100 ci-dessus, il y aurait lieu d'en faire l'objet d'une stipulation particulière au cahier des charges spéciales, laquelle devrait être justifiée au mémoire de discussion dans le travail préparatoire au marché.

Quant aux modifications résultant des tarifs fiscaux, elles font l'objet soit de plus ou moins-values, soit de prix nouveaux à l'estimation, à établir dès la promulgation des lois qui mettent ces tarifs en vigueur, et non pas d'indemnités ou de retenues globales calculées en fin d'exercice ou de marché.

Les prix nouveaux sont portés à la connaissance de l'entrepreneur par la voie de l'ordre, et les contestations à ce sujet réglées dans les conditions stipulées à l'article 10.

Art. 44.

Reprise du matériel en cas de résiliation.

On doit entendre par matériaux approvisionnés par ordre, non seulement les matériaux dont la réunion sur le chantier a fait l'objet d'un ordre explicite, mais encore les approvisionnements constitués en vue de l'exécution des travaux commandés avant la résiliation.

TITRE IV.

Payements.

Art. 45.

Payements des acomptes.

Les dispositions de cet article astreignent l'administration à délivrer périodiquement des mandats d'acomptes aux entrepreneurs, en cours de travaux, mais seulement dans la limite des crédits disponibles.

---

(1) (C. E., 3 mai 1907, *Graveron et Allary*, Lebon, p. 418.)

Art. 46.

Réception provisoire.

Les travaux doivent être reçus provisoirement, dès leur achèvement.

Faute de procéder à cette réception en temps utile, l'administration se trouve exposée, de la part de l'entrepreneur, à une mise en demeure susceptible de faire courir le délai de garantie (1).

On doit entendre par travaux achevés ceux qui sont compris dans un même décompte définitif de fin d'exercice ou de travaux.

Toutefois, les ouvrages mis en service avant la fin d'un exercice ou avant l'expiration du marché, doivent faire l'objet d'une réception provisoire, à défaut de laquelle la date de la réception pourrait être réputée celle de l'occupation (2).

Art. 47.

Réception définitive.

Lorsqu'une entreprise est donnée dans le but spécial d'établir une construction qui doit servir de support à une autre (entreprise particulière pour les fondations d'un bâtiment, par exemple), il conviendra d'insérer, dans le cahier des charges spéciales de cette entreprise, une clause étendant la garantie des articles 1792 et 2270 du Code civil à la construction qui sera édifiée sur la première, au cas où les terrassements des fondations viendraient à faire périr la seconde en totalité ou en partie.

---

(1) (C. E., 30 avril 1880, *Vernaud*, Lebon, p. 424).
(2) (C. E., 14 novembre 1873, *Curière et Bonafc*, Lebon, p. 824.)

TITRE V.

Contestations.

Art. 50.

Réclamations au sujet des contestations.

Au point de vue du contentieux, le Ministre peut seul engager l'Etat.

En conséquence, aucune réclamation relative à l'exécution du marché ne peut être portée par l'entrepreneur devant le conseil de préfecture, sans avoir été préalablement soumise au Ministre (1).

On doit, d'ailleurs, entendre ici par réclamation toute demande susceptible d'une sanction, allocation d'indemnité, redressement de compte ou résiliation du contrat. Mais, s'il s'agit de la simple vérification d'un fait, indépendamment de l'action contentieuse à laquelle ce fait peut donner lieu ultérieurement, il est loisible à l'entrepreneur de s'adresser directement au président du conseil de préfecture, pour demander la constatation d'urgence de la situation litigieuse (art. 24 de la loi du 22 juillet 1889).

Toutes les réclamations concernant l'exécution du contrat doivent être adressées au Ministre par l'entrepreneur, en fin de marché, dans le délai de six mois qui suit la notification du dernier décompte définitif à l'entrepreneur.

Le mémoire de l'entrepreneur indique les motifs et le montant de chaque demande.

Il s'ensuit que ce mémoire doit, notamment, reproduire toutes les réclamations qui ont fait, en cours d'entreprise, l'objet de simples réserves, dans les conditions et délais prévus aux articles 10, 40 et 42.

La latitude ainsi laissée à l'entrepreneur par l'article 50,

---

(1) (C. E., 1er décembre 1899, *Hardy*, Lebon, p. 699).

d'attendre la fin du marché pour présenter ses réclamations, permet aux parties contractantes d'apprécier, en toute connaissance de cause, les conditions dans lesquelles le marché a été exécuté et la portée exacte des difficultés d'interprétation auxquelles il a donné lieu.

D'autre part, en impliquant le payement éventuel, à l'entrepreneur, d'indemnités ou de suppléments de prix se rapportant à des exercices clos, cette disposition nouvelle ne déroge en rien aux règles de la comptabilité publique relatives à la spécialisation des exercices.

La décision ministérielle qui statue en fin de marché sur l'ensemble des réclamations de l'entrepreneur est, en effet, une décision contentieuse, en sorte que les indemnités qu'elle peut accorder appartiennent à l'exercice correspondant à l'année pendant laquelle cette décision a été rendue (instruction sur la liquidation des dépenses du ministère de la guerre).

Le mémoire de réclamations de l'entrepreneur est transmis au Ministre par le directeur, accompagné de l'avis du service local, consigné sur un état conforme au modèle n° 2 annexé à la présente instruction.

Chacun des chefs du mémoire fait l'objet d'un avis distinct, au triple point de vue de la recevabilité, du bien fondé, en droit ou en fait, et de la justification de la demande de l'entrepreneur.

L'état modèle n° 2 est adressé au Ministre en double expédition, dont une est retournée au directeur avec la mention des décisions auxquelles ont donné lieu les réclamations de l'entrepreneur.

Ces décisions sont ensuite portées à la connaissance de l'intéressé par un ordre de service, notifié dans les formes indiquées à l'article 10.

Aussitôt après cette notification, le directeur procède, s'il y a lieu, à la liquidation des sommes accordées à l'entrepreneur, en ayant égard aux dispositions réglementaires en vigueur (instruction sur les travaux du service du génie ; instruction sur la liquidation des dépenses du ministère de la guerre).

Enfin les réclamations que l'entrepreneur adresse au Ministre, en cours de marché, sont instruites et transmises par le service local en se conformant aux indications qui précèdent.

Art. 51.

Jugement des contestations

Si la décision du Ministre ne donne pas satisfaction à l'entrepreneur, celui-ci peut, d'après l'article 50, saisir le conseil de préfecture compétent, c'est-à-dire le conseil de préfecture du département sur le territoire duquel les travaux sont exécutés.

La requête doit être déposée dans les trente jours qui suivent la notification de la décision du Ministre.

D'après l'article 50, le silence du Ministre au delà du délai de trois mois qui suit la date de la remise au directeur du mémoire de réclamation, peut être considéré, par l'entrepreneur, comme impliquant le rejet de ses réclamations; et il lui est alors loisible de saisir le conseil de préfecture.

Mais c'est là une pure faculté laissée par le contrat, qui ne fait aucunement obstacle à ce que l'adjudicataire attende la décision du Ministre, pour se pourvoir devant la juridiction administrative (1).

La requête déposée par l'entrepreneur au greffe est transmise par le préfet (circulaire du 18 mai 1899 à MM. les préfets) au directeur, qui donne immédiatement des instructions au chef du service en vue de la préparation d'un projet de mémoire en réponse pour l'Etat.

Ce mémoire, établi au nom du *préfet, représentant l'Etat* (Service du Génie militaire, de l'Artillerie ou des Poudres et Salpêtres) (2) doit être rédigé en s'inspirant toujours de la jurisprudence, des dispositions du contrat et des décisions déjà prises par le Ministre.

Il fait ressortir, suivant les cas, pour chacun des chefs de la requête, et, autant que possible, dans l'ordre ci-après, les divers moyens de rejet à invoquer par l'Etat, tirés :

1° De l'incompétence de la juridiction saisie;

2° De l'irrecevabilité (inobservation des formes édictées par la loi du 22 juillet 1889, déchéances encourues, etc...);

3° Du mal fondé, en droit ou en fait, de la réclamation;

---

(1) (C. E., 7 mai 1897, *Mercier*, Lebon, p. 362).
(2) (C. E., 9 décembre 1898, *Favril*, Lebon, p. 788).

4° Du défaut ou de l'insuffisance des justifications de l'entrepreneur, auquel il appartient de faire la preuve de ses allégations.

Ces divers moyens sont résumés à la fin du mémoire sous forme de conclusions.

Le projet de mémoire ainsi établi est transmis, avec l'avis du directeur, au Ministre, qui arrête, *ne varietur*, la teneur des conclusions pour l'Etat.

La minute du mémoire définitif est alors renvoyée au directeur, qui en fait établir une expédition pour le conseil de préfecture et une pour chacune des parties en cause. Ces expéditions sont exemptes du timbre (art. 2, 3 et 9 de l'instruction du 31 juillet 1890 sur l'application de la loi du 22 juillet 1889).

Elles sont adressées, par le directeur, au préfet, représentant l'Etat dans l'instance, auquel il appartient d'en assurer le dépôt au greffe du conseil de préfecture, conformément aux dispositions de la circulaire susvisée du 18 mai 1899.

La minute du mémoire est ensuite renvoyée au Ministre, avec la mention de la date du dépôt ainsi effectué.

Les règles ci-dessus sont, d'ailleurs, applicables à toutes les répliques et observations de toute nature produites par l'entrepreneur en cours d'instance.

Lorsque le conseil de préfecture décide de recourir à l'expertise, le directeur, après entente avec le préfet, adresse au Ministre, en même temps que la copie de l'arrêté préparatoire qui ordonne ce moyen d'instruction, des propositions au sujet de la désignation, soit de l'expert unique, soit de l'expert à désigner pour l'Etat, selon le cas (art. 14 et 15 de la loi du 22 juillet 1889).

La décision ministérielle arrêtant le choix de l'expert, est portée à la connaissance de l'intéressé par le directeur, qui en informe le préfet.

Le directeur désigne ensuite l'officier ou ingénieur chargé de suivre les opérations d'expertise.

Cet officier ou ingénieur doit fournir aux experts tous renseignements utiles pour l'accomplissement de leur mission, en répondant toujours par écrit aux questions qui lui sont posées, et en conservant copie de sa réponse.

Il s'inspire, pour ces réponses, des clauses du contrat et des décisions déjà prises par le Ministre au sujet des travaux litigieux.

La procédure devant les conseils de préfecture étant essentiellement écrite, il importe que les défenses de l'Etat, mémoires, requêtes, observations, etc., contiennent l'indication précise de tous les moyens de droit ou de fait que l'administration entend opposer à la partie adverse.

Lorsque, en raison de l'importance des moyens juridiques soulevés, le directeur estime qu'il est nécessaire d'avoir recours à un avocat, il adresse des propositions dans ce sens au Ministre, après entente avec le préfet représentant l'Etat et en ayant égard aux prescriptions de la circulaire du 21 mai 1900 (*B. O.*, P. R., p. 778).

Les décisions prises par le conseil de préfecture sont portées à la connaissance du Ministre et, le cas échéant, notifiées aux parties, conformément aux dispositions de la circulaire précitée du 18 mai 1899.

TITRE VI.

Conditions du travail.

Art. 54.

Salaires.

Afin d'être en mesure de contrôler l'application par l'adjudicataire des tarifs du bordereau des salaires et aussi la régularité de leur payement, le chef du service peut imposer à l'entrepreneur l'obligation de mentionner sur les listes nominatives prévues à l'article 14 ci-dessus le taux des salaires appliqué à chaque ouvrier.

Le Sous-Secrétaire d'Etat
au   ministère   de   la   guerre,

Henry Chéron.

Modèle n° 1.

Art. 10 de l'instruction pour l'application du cahier des clauses et conditions générales.

Format tellière :
0ᵐ,215 × 0ᵐ,325.
Les exemplaires à timbrer seront rognés au
format 0ᵐ,210 × 0ᵐ,297.

PROCÈS-VERBAL DE NOTIFICATION.

L'an mil neuf cent   le   à   heure .
Je soussigné (qualité) officier d'administration de   ᵉ classe
du service, employé dans la place de
dûment assermenté, ou garde assermenté, conformément à la
loi du 29 mars 1806, par-devant le Tribunal civil de   ,
et agissant en vertu de la commission que M. le Ministre de la
guerre m'a fait expédier le   , laquelle commission
a été, ainsi que ma prestation de serment, enregistrée le   ,
tant au greffe du tribunal qu'à la mairie du lieu actuel de
mon service ;

Conformément à l'ordre de M. (nom et grade) chef du service
à   , me suis transporté au domicile de M.
entrepreneur des travaux de
à l'effet de lui notifier administrativement l'ordre de service
n°   , en date du   , de M. (nom, grade et fonctions)
dont la teneur suit :

Ordre n°

Et j'ai, au susdit domicile et parlant à   laissé une
expédition de la présente notification.

(Signature.)

(Visa pour timbre et enregistrement.)

Modèle n° 2.

—

Art. 50 de l'instruction
pour l'application du
cahier des clauses et
conditions générales.

Format tellière :
0^m,215 × 0^m,325.

TRAVAUX D

———

AVIS du service local   *au sujet des réclamations
soumises à l'examen du Ministre par M.
entrepreneur.*

———

(Exercices 19 , 19 , 19 ,)

NUMÉROS DES CHEFS.	SOMMES RÉCLAMÉES.	EXERCICE pendant lequel LES TRAVAUX ont été exécutés.	DATE à laquelle l'ordre de service, l'attachement ou le décompte de l'exercice a été présenté à l'acceptation de l'entrepreneur.	DATE à laquelle l'entrepreneur a produit ses réserves en cours d'entreprise.	DATE de la réclamation au Ministre.	AVIS DU CHEF DU SERVICE.	AVIS DU DIRECTEUR.	DÉCISION DU MINISTRE.

[illegible]

[illegible]	[illegible]
[illegible]	[illegible]

TABLE DES MATIÈRES

DE L'INSTRUCTION POUR L'APPLICATION DU CAHIER DES CLAU-
SES ET CONDITIONS GÉNÉRALES DES MARCHÉS DE TRAVAUX
DE CONSTRUCTIONS MILITAIRES.

TITRE Iᵉʳ.

PASSATION DES MARCHÉS.

TITRE II.

EXÉCUTION DES TRAVAUX.

TITRE III.

RÈGLEMENT DES DÉPENSES.

TITRE IV.

PAYEMENTS.

TITRE V.

CONTESTATIONS.

TITRE VI.

CONDITIONS DU TRAVAIL.

TROISIÈME PARTIE
MARCHÉS DE FOURNITURES.

Cahier des clauses et conditions générales applicables aux marchés de fournitures du Département de la guerre (1).
(Directions du Contrôle et du Contentieux.)

Paris, le 16 février 1903.

Art 1er.

Dispositions générales.

Tous les marchés du Département de la guerre, sauf ceux relatifs aux travaux de constructions militaires, qu'ils soient passés dans la forme d'adjudication publique ou qu'ils résultent de conventions faites de gré à gré, sont soumises aux dispositions du présent cahier des clauses et conditions générales, lorsqu'il n'y est pas dérogé par des conditions spéciales.

Les garanties à exiger des entrepreneurs et fournisseurs sont déterminées par des instructions ministérielles.

TITRE Ier.

Passation des marchés.

§ 1er. — *Marchés par adjudication.*

Art. 2.

Mode de passation des marchés par adjudication.

Les adjudications sont passées, par des commissions d'adju-

---

(1) Mis à jour par l'introduction dans le texte des modifications qui y ont été apportées par la notification du 6 juillet 1909 et des notifications antérieures.

dication, dans les formes et avec les garanties prévues dans le document ayant pour titre : « Instruction relative aux marchés du Département de la guerre ».

Les conditions à remplir pour être admis à concourir aux adjudications sont indiquées dans la même instruction.

Art. 3.

Cautionnement provisoire et cautionnement définitif.

Les cahiers des charges spéciales font connaître l'importance des cautionnements à produire :

Par les soumissionnaires, à titre provisoire ;
Par les adjudicataires, à titre définitif.

Ces cautionnements sont réalisés conformément aux décrets, règlements et instructions en vigueur, et distinctement par lot soumissionné, lorsqu'il en est ainsi disposé par le cahier des charges spéciales.

Le cautionnement définitif reste affecté à la garantie des engagements contractés par l'adjudicataire jusqu'à la fin du marché. Toutefois, le Ministre peut, dans le cours de l'entreprise, autoriser la restitution de tout ou partie de ce cautionnement, si la réduction en a été prévue dans les cahiers des charges spéciales.

Art. 4.

Approbation de l'adjudication.

L'adjudication n'est valable qu'après l'approbation de l'autorité compétente. L'entrepreneur ne peut prétendre à aucune indemnité dans le cas où l'adjudication n'est point approuvée.

Cette approbation doit être expresse et notifiée aux intéressés dans les délais prévus par l'instruction relative aux marchés et rappelés dans les cahiers des charges spéciales.

Lorsque le membre technique est autorisé à approuver les résultats de l'adjudication, il peut prononcer l'approbation en séance, ce qui parfait le marché.

En dehors de ce cas, si l'approbation du marché n'a pas été notifiée à l'adjudicataire dans les délais prévus ci-dessus, l'adjudicataire sera libre de renoncer à l'exécution de son marché et, sur la déclaration écrite de cette renonciation, il lui sera donné mainlevée de son cautionnement provisoire. Mais s'il n'a pas usé de cette faculté avant d'avoir reçu la notification de l'approbation du marché, il sera engagé irrévocablement vis-à-vis de l'Etat par cette notification.

Art. 5.

Adjudications provisoires.

S'il y a lieu, le cahier des charges spéciales fait connaître que l'adjudication n'aura qu'un caractère provisoire. Dans ce cas, il pourra être déposé, pendant un temps qui ne dépassera jamais vingt jours, même par des personnes n'ayant pas pris part à l'adjudication, de nouvelles offres consistant en des rabais d'au moins 10 p. 100 sur les prix offerts par les adjudicataires provisoires.

Si des offres sont faites dans ces conditions, il est procédé à une nouvelle adjudication, dans les formes ordinaires, entre le ou les adjudicataires provisoires et le ou les nouveaux soumissionnaires qui doivent satisfaire à toutes les conditions qui sont imposées aux candidats à l'adjudication.

Art. 6.

Pièces à délivrer aux adjudicataires.

Aussitôt après l'approbation de l'adjudication, le chef du service intéressé délivre, sans frais et contre récépissé, à chacun des adjudicataires un extrait certifié conforme du procès-verbal d'adjudication, un exemplaire des présentes clauses et conditions générales, une copie certifiée conforme du cahier des charges spéciales ainsi que des autres pièces qui seraient expressément désignées dans ledit cahier comme servant de base à chacun des marchés ; il les autorise à prendre copie des pièces manuscrites désignées dans le cahier des charges spéciales.

§ 2. — *Marchés de gré à gré.*

Art. 7.

Garanties à exiger des fournisseurs et des entrepreneurs.

Toutes les garanties exigées des concurrents pour être admis aux adjudications peuvent l'être également de ceux avec lesquels il est passé des marchés de gré à gré.

Art. 8.

Mode de passation des marchés de gré à gré.

Les marchés de gré à gré sont passés par le Ministre ou par ses délégués dans les formes prévues dans l'instruction relative aux marchés.

§ 3. — *Frais auxquels donne lieu la passation des marchés.*

Art. 9.

Droits de timbre et d'enregistrement. — Frais d'impression et de publicité.

Les droits de timbre et d'enregistrement auxquels donnent lieu les marchés, dans quelque forme qu'ils soient passés, sont à la charge de leurs titulaires proportionnellement à l'importance des lots échus à chacun d'eux.

Les frais d'impression et de publicité sont à la charge de l'administration.

TITRE II.

Exécution des marchés.

Art. 10.

Domicile de l'entrepreneur.

Le cahier des charges spéciales fait connaître si l'entrepreneur est tenu de faire élection de domicile au lieu d'exécution du marché, ou de s'y faire représenter par un fondé de pouvoirs.

Dans le cas où l'entrepreneur ne remplirait pas cette obligation quand il y est tenu, et cela dans un délai de quinze jours après la notification de l'approbation du marché, toutes les communications seraient valablement adressées par l'administration à la mairie de la commune désignée à cet effet dans le cahier des charges spéciales.

Art. 11.

De la caution personnelle.

La caution personnelle, lorsqu'il en est exigé une, est engagée solidairement avec l'entrepreneur. Elle est tenue d'assurer le service dans les conditions imposées par le présent cahier des clauses et conditions générales, par les cahiers des charges communes et spéciales et par leurs annexes, dans le cas où, par suite d'inexécution ou de défaillance de l'entrepreneur, elle est mise en demeure de le faire.

Elle est alors substituée à l'entrepreneur et devient, vis-à-vis de l'administration, l'entrepreneur principal; les payements sont faits à son nom pour les fournitures qu'elle a effectuées.

Dans le cas de substitution, l'entrepreneur primitif reste néanmoins tenu pécuniairement à toutes les obligations résultant du marché.

Lorsque l'entrepreneur mis en état de liquidation judiciaire continue l'exécution de son marché comme il est prévu à l'article 43 ci-après, la caution reste engagée pour l'exécution du service.

Il en est de même jusqu'à l'expiration du marché si les héritiers, en cas de décès de l'entrepreneur, ou les créanciers, en cas de faillite, sont autorisés à prendre le marché à leur nom, à moins qu'ils ne préfèrent présenter une nouvelle caution, que l'administration demeure libre de refuser, en remplacement de la première.

En cas de décès, de faillite ou de mise en état de liquidation judiciaire de la caution, l'entrepreneur doit en informer l'administration de la guerre dans un délai de huit jours et, soit présenter à son acceptation une nouvelle caution, soit réaliser le cautionnement pécuniaire définitif prévu dans le cahier des charges spéciales.

Art. 12.

Préposés et représentants de l'entrepreneur.

Les préposés ou les représentants de l'entrepreneur doivent être Français et agréés par l'administration ; celle-ci a le droit d'exiger leur remplacement pour insubordination, incapacité ou défaut de probité.

Art. 13.

Conditions du travail.

L'entrepreneur est tenu de se conformer aux lois, décrets et règlements en vigueur sur les conditions du travail dans les marchés passés au nom de l'Etat, dont le cahier des charges spéciales réglera l'application.

Art. 14.

Défense de sous-traiter sans autorisation.

L'adjudicataire ne peut céder à des sous-traitants une ou plusieurs parties de son entreprise, ou contracter une association quelconque pour l'exécution de son marché sans le consentement écrit du Ministre. Dans tous les cas, il demeure responsable envers l'administration.

Sauf dans des cas tout à fait exceptionnels prévus au cahier des charges spéciales, l'entrepreneur est libre de s'adresser à tels fournisseurs qu'il agrée, pour l'achat des objets et matières nécessaires à l'exécution de son marché.

Art. 15.

Assurance contre l'incendie et la foudre.

A moins de stipulations spéciales contraires, l'entrepreneur fait assurer à ses frais, pendant toute la durée du marché, savoir:

Contre l'incendie, la foudre et le recours des voisins, tous les bâtiments et locaux appartenant à l'Etat et mis à sa disposition pour l'exécution du service;

Contre les risques locatifs et les recours des voisins, les bâtiments et locaux pris à loyer par l'administration et mis à sa disposition pour l'exécution du service;

Contre l'incendie, l'approvisionnement qu'il doit entretenir, les denrées et le matériel de toute nature appartenant à l'Etat qui lui sont remis par l'administration.

Pour l'assurance, la valeur des bâtiments et locaux, des approvisionnements, des denrées et du matériel est calculée conformément aux instructions ministérielles.

Ces assurances sont contractées avec des compagnies françaises agréées par l'administration. Toutefois, si des entrepreneurs font la preuve qu'ils ne peuvent contracter dans des conditions normales tout ou partie des assurances exigées avec des compagnies françaises, ils pourront être autorisés par le Ministre, à titre exceptionnel, à s'adresser à des compagnies étrangères agréées.

Les polices doivent stipuler expressément que l'administration a le droit, en cas de sinistre, de se substituer à l'entrepreneur vis-à-vis des compagnies.

L'entrepreneur justifie de l'accomplissement de cette obligation par la présentation des polices d'assurance au chef du service, dans les quinze jours qui suivent la notification de l'approbation du marché ou l'acceptation par le membre technique, dans le cas prévu à l'article 4.

Art. 16.

Convocations adressées à l'entrepreneur.

Pendant toute la durée du marché, l'entrepreneur est tenu de se rendre dans les bureaux du chef du service et d'accompagner celui-ci et les délégués du Ministre dans les ateliers et les magasins toutes les fois qu'il en est requis. L'entrepreneur peut être suppléé par son représentant dûment accrédité.

Art. 17.

Surveillance du travail dans les usines et les ateliers de l'entrepreneur.

L'administration de la guerre a le droit de faire surveiller tous les détails de la fabrication des matières ou objets et de la confection des effets.

Cette surveillance est exercée par les personnes que le Ministre commet à cet effet. Celles-ci ont libre accès de jour et de nuit dans les usines et les ateliers de l'entrepreneur; elles peuvent procéder à toutes les vérifications et à toutes les expériences qu'elles jugent nécessaires, prélever des échantillons, des objets fabriqués ou des effets confectionnés à quelque degré d'avancement que ceux-ci se trouvent.

Sauf lorsqu'il s'agit de produits brevetés, l'entrepreneur est tenu de fournir verbalement ou par écrit, aux autorités désignées dans l'alinéa précédent, tous les renseignements qu'elles lui demanderont au sujet de l'exécution du service.

Art. 18.

Vérification du matériel à mettre en service, des matières, des pièces séparées et des effets en cours de fabrication ou de confection.

Les matières, objets et accessoires servant à la confection des effets ou à la fabrication des objets et du matériel peuvent être soumis à des vérifications préalables à l'état, soit de matières premières, soit de pièces séparées, soit d'objets ou d'effets déjà montés mais non terminés, dans les conditions prévues dans les cahiers des charges communes ou spéciales.

De même les cahiers des charges spéciales feront connaître dans quelles conditions, les machines, les animaux, les voitures, harnais et accessoires requis ou loués seront soumis à un examen et à une estimation préalable avant leur mise en service.

Art. 19.

Des commandes.

Les commandes sont adressées directement au titulaire du marché qui est tenu d'en accuser réception. Elles font connaître le service à exécuter ou la nature et les quantités de fournitures à livrer, ainsi que les délais d'exécution ou de livraison. Si ces délais expirent un jour férié il est laissé jusqu'au lendemain pour l'exécution de la commande.

Les cahiers des charges spéciales règlent toutes les questions relatives au maximum et au minimum des fournitures à mettre en commande, ou les conditions du service à exécuter.

En principe, et sauf dérogation prévue par le cahier des charges spéciales, les quantités commandées ne doivent pas différer de plus de 10 p. 100 en plus ou en moins des quantités mises en adjudication.

Art. 20.

Variations dans les effectifs.

Les cahiers des charges spéciales font connaître dans quelles conditions peuvent être modifiées les quantités à fournir par les entrepreneurs dans les cas de variation d'effectif.

Art. 21.

Livraisons. — Exécution du service.

Les livraisons des fournitures sont faites dans les délais, au lieu et dans les formes indiquées au cahier des charges spéciales.

Dans le cas de fournitures de matières qui donnent lieu dans le commerce à des spéculations à terme, les cahiers des charges spéciales peuvent indiquer que les délais de livraison sont fixés par les affiches et avis d'adjudication, qui font alors connaître la date extrême à laquelle chacune des livraisons doit être effectuée.

Au moment même de la remise de la fourniture dans les établissements de l'administration, et sans préjuger de leur acceptation définitive, il est délivré à l'entrepreneur un récépissé provisoire constatant les quantités déposées, la nature et la date des livraisons.

S'il s'agit d'un marché dont l'exécution ne se traduit pas par un dépôt de matières dans les magasins de l'administration, des certificats d'exécution sont délivrés à l'entrepreneur pour être mis au soutien de sa facture.

Les cahiers des charges spéciales fixent le délai maximum imparti à l'administration pour procéder à l'examen et, en cas d'admission, à la prise en charge des fournitures, à partir du jour où elles sont présentées en livraison.

Art. 22.

Tolérances dans les quantités à livrer.

La proportion à admettre en plus ou en moins des quantités à livrer est déterminée, le cas échéant, par le cahier des charges spéciales.

Art. 23.

Responsabilité de l'administration à partir du dépôt dans ses magasins.

L'administration de la guerre est tenue de la responsabilité qui incombe au dépositaire pendant le temps qui s'écoule entre la date du dépôt des fournitures dans ses magasins et celle où une décision est prise au sujet de leur réception, de leur ajournement ou de leur rejet.

La valeur des détériorations est fixée, s'il y a lieu, comme il est dit à l'article 27.

Art. 24.

Avis à l'entrepreneur.

Les fournitures sont reçues, l'exécution des services est constatée au lieu et dans les formes prévues par les cahiers des charges spéciales.

L'entrepreneur est avisé en temps utile, des jour et heure fixés pour les réceptions et les constatations d'exécution afin qu'il puisse y assister ou s'y faire représenter.

Si l'entrepreneur ou son représentant n'assiste pas aux épreuves ou aux constatations, il est passé outre et procédé valablement en son absence, tous ses droits d'appel étant d'ailleurs réservés.

Art. 25.

Provenance des fournitures.

Sauf exceptions prévues dans les cahiers des charges spéciales, les matières et denrées livrées doivent être d'origine française ou provenir des colonies françaises ou des pays de protectorat. Les effets et objets doivent être de confection ou de fabrication française ou avoir été confectionnés ou fabriqués, soit dans les colonies françaises, soit dans les pays de protectorat.

Le titulaire du marché aura à justifier de l'origine toutes les fois qu'il en sera requis.

Art. 26.

Conditions d'exécution du service. — Conformité avec les croquis d'exécution, les descriptions, les modèles-types ou les échantillons.

Les marchés sont exécutés conformément aux dispositions prévues dans les cahiers des charges communes et spéciales.

Les fournitures doivent être entièrement conformes, pour la qualité et les détails d'exécution, aux descriptions et aux croquis annexés aux cahiers des charges spéciales ou visés dans ce document.

Lorsque l'entrepreneur a déposé, préalablement à la passation du marché, des échantillons acceptés, les matières, denrées et objets livrés doivent leur être conformes.

Il est remis aux titulaires des marchés, quand il y a lieu, des modèles-types pour les guider dans les menus détails de fabrication ou de confection qui ne peuvent être suffisamment précisés dans les documents indiqués au deuxième alinéa du présent article. En cas de différences entre les modèles-types et les descriptions, les indications de ces dernières sont seules valables.

Art. 27.

Réceptions, prélèvements, détériorations d'objets ou matières.

Les réceptions ont lieu soit dans les magasins de l'Etat, soit dans les usines, ateliers, magasins ou chantiers de l'entrepreneur. Les commissions de réception, les experts et les personnes que le Ministre commet à cet effet procèdent aux vérifications, conformément aux règlements et instructions en vigueur (1).

Pour les denrées ou matières, les cahiers des charges spéciales indiquent, dans chaque cas particulier, la nature des essais, des vérifications et les quantités maxima sur lesquelles peuvent porter les expériences sans que l'entrepreneur ait droit à indemnité pour les détériorations que subit de ce chef le matériel essayé.

Pour les effets confectionnés, les objets fabriqués et les accessoires, les quantités sur lesquelles peuvent porter les essais ne sont pas limitées, sauf indication contraire. Mais, si à la suite des essais ce matériel est détérioré, la perte est supportée par l'Etat si l'examen fait connaître que les effets ou objets auraient dû être acceptés; elle est à la charge de l'entrepre-

---

(1) En ce qui concerne les réceptions ayant lieu aux magasins de l'Etat, les commissions de réception procèdent à l'examen des matières et objets livrés dans le plus bref délai à partir de leur remise en magasin. Si les opérations de réception comportent des analyses chimiques, les échantillons prélevés sont adressés immédiatement au laboratoire chargé de procéder à l'analyse. La notification des décisions des commissions de réception est faite au fournisseur dès que les opérations de réception sont terminées.

neur dans le cas où la vérification démontre que la fourniture
doit être rejetée ou ajournée pour être réparée.

La valeur des détériorations provenant soit du service, soit
du fait de l'examen des effets, des objets fabriqués et des accessoires, soit du fait du dépôt dans les magasins de l'Etat
(art. 23) est réglée d'accord avec l'entrepreneur, sans pouvoir
dépasser celle des effets ou objets terminés d'après les prix du
marché, et pour les effets ou objets en cours de fabrication,
leur valeur réelle d'après les mêmes prix, en tenant compte de
leur prix de revient dans la valeur totale de l'effet ou de l'objet
terminé.

A défaut d'entente avec l'entrepreneur, le montant des détériorations imputables à l'Etat est fixé d'office par le Ministre
de la guerre, sauf recours de l'entrepreneur au Conseil d'Etat.

Art. 28.

Décisions au sujet des réceptions. — Pourvois. — Appels.

A moins de stipulations contraires contenues dans le cahier
des charges communes ou spéciales, le fournisseur peut former
appel des décisions relatives aux rejets, ajournements, réductions de poids ou de métrage pour tenir compte des défauts et
des tares, dans un délai de cinq jours qui court du jour où il en
a reçu la notification.

De son côté, sous la même restriction, le chef de service peut
se pourvoir contre ces mêmes décisions et dans le même délai
qui court, pour lui, du lendemain du jour où elles ont été
prises.

Les pourvois et appels sont portés devant des commissions
dites d'appel; en principe, ils sont suspensifs des décisions attaquées. Cependant, lorsqu'il s'agit de fournitures, de denrées
ou matières dont le remplacement, en cas de refus, ne saurait
souffrir aucun retard, les cahiers des charges spéciales font
connaître les droits et les obligations réciproques de l'administration et de l'entrepreneur.

Lorsque la valeur des objets en litige n'atteint pas le montant
des dépenses à prévoir pour les vacations des membres de la
commission d'appel, le fournisseur ou le chef du service, avec
l'assentiment du fournisseur, peut soumettre la question directement au Ministre.

Art. 29.

Rejet ou ajournement de pièces séparées, d'effets ou objets en cours de confection ou de fabrication.

Lorsque les cahiers des charges prescrivent l'examen des pièces séparées ou des objets et effets en cours de confection ou de fabrication, l'entrepreneur a le droit de se pourvoir auprès de la commission de réception ou de l'autorité chargée de la recette définitive, contre les avis des experts ou des agents qui auront conclu au rejet ou à l'ajournement. Si l'entrepreneur n'accepte pas la décision qui intervient, il peut, à moins que le cahier des charges n'en dispose autrement, porter le litige devant la commission d'appel. Dans tous les cas, le recours au Ministre est admis, mais dans les cas prévus au cahier des charges spéciales, il peut n'être pas suspensif des effets des décisions.

Art. 30.

Commissions d'appel.

Les commissions d'appel ont la composition prévue dans les instructions ministérielles ; elles opèrent conformément aux indications contenues dans ces instructions et, le cas échéant, dans les cahiers des charges spéciales.

Leurs décisions sont exécutoires, sauf recours au Ministre ; ce recours est suspensif sauf dans les cas particuliers prévus au cahier des charges spéciales.

Les recours au Ministre doivent être formulés par écrit et remis au chef de service dans les délais indiqués au cahier des charges spéciales.

Art. 31.

Frais d'appel.

Les indemnités de vacation des membres rétribués des commissions d'appel et, le cas échéant, les frais des expertises auxquelles ces commissions jugent nécessaire de faire procéder sont à la charge de l'administration et de l'entrepreneur proportionnellement à la valeur des quantités admises d'une part, et à celles des quantités rejetées ou ajournées d'autre part. Toutefois ces frais et indemnités restent, dans tous les cas, à la charge de l'enlrepreneur, lorsque la commission n'a pu délibérer par le fait du membre idoine désigné par lui.

La répartition faite suivant les règles ci-dessus est définitive et ne peut plus être modifiée, quelle que soit la décision ultérieure en cas de recours au Ministre formulé soit par l'administration, soit par l'entrepreneur.

Art. 32.

Examen des recours au Ministre. — Décisions.

Le Ministre fait procéder, par telle voie qu'il juge convenable, à l'examen des recours.

Quand il y a lieu et lorsque la nature de la fourniture le permet, les chefs du service prélèvent au hasard, en présence de l'entrepreneur ou de son représentant, dans le matériel faisant l'objet du recours, le nombre d'échantillons nécessaires pour faciliter cet examen, et les mettent sous scellés.

La décision qui intervient est notifiée administrativement à l'entrepreneur.

Art. 33.

Instruments de vérification.

L'administration se réserve le droit d'employer, pour les vérifications, tels instruments et tels procédés qu'elle juge convenables et de les changer en cours de marché sans que l'entrepreneur puisse formuler de réclamation ni demander d'indemnité.

L'entrepreneur a toujours le droit d'assister aux épreuves et de présenter des observations si les résultats donnés par les instruments lui paraissent contestables. Ces observations sont examinées d'abord par les commissions ou les autorités chargées des réceptions. Les décisions prises peuvent être l'objet d'un pourvoi auprès des commissions d'appel, à moins que les cahiers des charges communes ou spéciales ne suppriment le recours à ces commissions. Dans tous les cas, le pourvoi peut être porté devant le Ministre.

Art. 34.

Fournitures refusées ou ajournées.

Les cahiers des charges spéciales font connaître, dans chaque cas particulier, les marques et flétrissures dont l'administration se réserve le droit de frapper le matériel refusé, les délais d'enlèvement par l'entrepreneur des fournitures refusées ou ajournées et les mesures qui pourraient être prises si les ordres qu'il recevra à cet égard n'étaient pas suivis d'exécution.

Art. 35.

Remplacement des fournitures refusées et représentation de celles ajournées.

A l'exception des fournitures dont la livraison ne comporte aucun retard et qui, en cas de refus, doivent être remplacées sur l'heure ainsi qu'il est stipulé au cahier des charges spéciales, le remplacement des fournitures refusées ou la représentation de celles ajournées a lieu dans les délais prévus au même cahier.

Ces délais courent :

1° S'il n'y a pas eu d'appel, du lendemain du jour de la notification du refus ou de l'ajournement;

2° S'il y a eu appel ou pourvoi, du lendemain du jour de la notification à l'entrepreneur de la décision de la commission d'appel;

3° S'il y a eu recours au Ministre, du lendemain du jour de la notification à l'entrepreneur de la décision du Ministre.

Le recours au Conseil d'Etat n'est pas suspensif de l'effet des décisions prises par le Ministre.

Art. 36.

Imputation de la valeur des matières premières.

En cas de rejet d'objets ou d'effets fabriqués ou confectionnés avec des matières appartenant à l'Etat, la valeur de celles-ci reste à la charge de l'entrepreneur.

Cette somme lui est retenue par voie de précompte sur les mandats ou ordonnances relatifs aux sommes qui peuvent lui être dues. En cas d'insuffisance, la différence est versée directement par lui au Trésor.

La quantité de matières est calculée en prenant pour base les devis ou les tables de construction; les prix à appliquer sont ceux spécifiés, soit dans les tables de construction ou les devis soit dans les cahiers des charges spéciales et, à défaut, les prix de nomenclature.

Art. 37.

Cas d'événements de force majeure. — Sursis de livraison.

Les risques de la force majeure sont à la charge de l'entrepreneur conformément aux dispositions de l'article 1788 du Code civil.

Toutefois, les événements de force majeure de nature à entraver l'exécution du marché peuvent donner lieu à la concession de sursis de livraison ou d'exécution, à condition que les faits auront été signalés par l'entrepreneur au **chef du** service, au plus tard dans un délai de cinq jours après l'événement (1). Passé ce délai, l'entrepreneur sera passible de toutes les conséquences qui pourraient résulter pour lui de retards dans les livraisons ou dans l'exécution du service.

Si les événements de force majeure rendent absolument impossible l'exécution du contrat, celui-ci peut être résilié sur la demande de l'entrepreneur, après constatation régulière des faits par l'administration, à laquelle ils auront dû être signalés dans les délais ci-dessus impartis. Les décisions prises pourront faire, de la part de l'entrepreneur, l'objet d'un recours au Ministre, puis au Conseil d'Etat.

En cas de résiliation dans les cas prévus à l'alinéa précédent, l'entrepreneur ne pourra prétendre à aucune indemnité.

Il ne sera jamais donné suite aux demandes de sursis qui seront formulées après l'expiration des délais de livraison.

Art. 38.

Cas de guerre.

Sauf indications contraires contenues dans les cahiers des charges spéciales, le cas de guerre ne dégage pas l'entrepreneur des obligations qu'il a contractées. Toutefois, si les conditions du

---

(1) Les sursis sont accordés par le Ministre. Toutefois, dans le service de l'intendance, en ce qui concerne les subsistances, l'habillement, le campement et le harnachement de la cavalerie, les sursis sont accordés par les directeurs de l'intendance lorsque ces sursis, même cumulés pour un même marché, ne doivent pas excéder trente jours. Il en est immédiatement rendu compte au Ministre ainsi que des motifs qui les ont justifiés.

marché ont été profondément modifiées du fait de la guerre, l'entrepreneur est admis à réclamer au Ministre, sauf recours au Conseil d'Etat, soit la résiliation pure et simple du traité, soit le payement d'une indemnité équitable.

Art. 39.

Retards. — Clauses pénales.

L'entrepreneur étant en demeure sans qu'il soit besoin d'acte, et par la seule échéance du terme, toutes les livraisons non effectuées dans les délais prévus au marché, le rendent passible de retenues pour retard ; il en est de même quand des marchés de transport ou de main-d'œuvre ne sont pas exécutés dans les délais fixés.

Ces retenues sont toujours effectuées, alors même que le retard n'aurait causé aucun préjudice à l'Etat; elles ont lieu par voie de précompte sur les sommes dues à l'entrepreneur.

Leur taux en est fixé par le cahier des charges spéciales; leur montant total ne dépassera pas, en général, le dixième de la valeur des fournitures en retard comprises dans une même commande; mais, dans certains cas particuliers, les cahiers des charges spéciales pourront indiquer une limite de la retenue supérieure à celle qui vient d'être indiquée.

Dans les marchés par conversion, le décompte des pénalités encourues pour retards dans les livraisons de matières neuves est établi en prenant pour base la valeur totale des objets livrés en retard ou non livrés (et non cette valeur diminuée des vieilles matières).

Si, en cas de retard dans les livraisons, et après une mise en demeure dans la forme administrative, l'entrepreneur ne satisfait pas à ses obligations dans les nouveaux délais qui lui sont assignés, l'administration pourra passer, pour la fourniture en souffrance, un marché aux risques et périls de l'entrepreneur.

Les frais de manutention des fournitures rejetées ou ajournées sont mis à la charge de l'entrepreneur dans les conditions prévues au cahier des charges générales ou spéciales.

Art. 40.

Cas de résiliation du marché.

La résiliation du marché peut résulter des diverses circonstances prévues par les dispositions légales de droit commun (inexécution, fraudes, etc.). En dehors de ce cas, elle peut encore être prononcée par le Ministre, après une enquête administrative, au cours de laquelle l'entrepreneur est entendu en ses observations, sans qu'il soit nécessaire de recourir à un acte judiciaire ou extrajudiciaire et sans que l'entrepreneur puisse prétendre à aucune indemnité, dans les cas particuliers ci-après :

1° Si l'entrepreneur n'a pas réalisé son cautionnement ou fait agréer une caution personnelle, quand elle est admise, dans les délais fixés ;

2° Si l'entrepreneur, dans le cas de décès, de faillite ou de mise en liquidation judiciaire de la caution, n'en a pas prévenu l'administration et n'a pas présenté une nouvelle caution ou réalisé le cautionnement pécuniaire définitif dans le délai prévu à l'article 11 du présent cahier;

3° Si les retards apportés dans l'exécution du service ou dans les livraisons, ainsi que dans le remplacement ou la représentation du matériel, des objets, matières ou effets rejetés, ou ajournés, se prolongent au delà de la limite indiquée dans le cahier des charges communes ou spéciales ;

4° Si les rejets dépassent soit pour la totalité de la fourniture soit pour des parties bien définies de celle-ci, une limite fixée dans le marché;

5° Si, sans y avoir été autorisé par le Ministre, l'entrepreneur cède son marché en totalité ou en partie, ou contracte une association quelconque pour l'exécution du service ou de la fourniture;

6° Si une société adjudicataire modifie sa constitution sans autorisation du Ministre de la guerre;

7° S'il est présenté en livraison des effets ou objets dans la confection ou la fabrication desquels entrent des matières rejetées, ou si des fournitures précédemment refusées sont représentées à nouveau.

Si l'infraction relevée à la suite de l'enquête administrative visée au 1er alinéa est comprise dans la catégorie de celles indiquées sous les cotes 1°, 2° ou 3°, la résiliation du marché ne peut être prononcée qu'après une mise en demeure restée sans effet qui aura été adressée administrativement à l'entrepreneur et à sa caution, s'il y a lieu.

Cette mise en demeure n'est pas nécessaire, même en ce qui concerne la caution qui est alors dépossédée au même titre que l'entrepreneur, si l'infraction relevée est comprise parmi celles visées sous les cotes 4°, 5°, 6° et 7° ci-dessus.

Les actes frauduleux peuvent, indépendamment du prononcé de la résiliation du marché, faire exclure l'entrepreneur et, le cas échéant, sa caution, de toute participation aux marchés du Département de la guerre et être l'objet de poursuites judiciaires.

L'exclusion de l'entrepreneur et de sa caution de toute participation aux marchés du Département de la guerre peut d'ailleurs être prononcée par le Ministre pour manquements graves aux engagements pris sans qu'il soit nécessaire qu'ils aient le caractère frauduleux.

En ce qui concerne les marchés pour fourniture de denrées alimentaires, le Ministre peut, s'il le juge nécessaire, prononcer la résiliation du marché, dans le cas où l'entrepreneur est exclu de toute participation aux marchés de la guerre pour cause de condamnation pour fraude à l'occasion d'un autre marché de denrées alimentaires.

Art. 41.

Des marchés passés aux risques et périls de l'entrepreneur.

Dans les différents cas prévus à l'article précédent le Ministre peut, au lieu de prononcer la résiliation pure et simple, soit passer un nouveau marché, soit prendre toutes autres mesures qu'il juge utiles pour assurer l'exécution du service et décider la mise à la charge de l'entrepreneur des conséquences immédiates du marché par défaut ou des mesures dont il s'agit.

La retenue prévue par l'article 39 est décomptée jusqu'au jour où le Ministre a fait connaître la décision qu'il a prise en vertu des dispositions du présent article.

Toutefois, dans le cas où la résiliation du marché ne peut être prononcée qu'après une mise en demeure, dans les conditions prévues à l'article précédent, la retenue est décomptée jusqu'au jour où expire le délai extrême d'exécution que fixait la mise en demeure.

Les marchés, que l'administration doit faire exécuter aux lieu et place des adjudicataires défaillants et à leurs risques et périls, sont passés en principe par adjudication publique. Toutefois il peut être traité de gré à gré lorsque, par suite de circonstances dont le Ministre est seul juge, l'intérêt du service l'exige.

Si, par suite de circonstances dont le Ministre seul est juge, il est impossible de passer un nouveau marché, l'administration peut avoir recours au système de la régie et utiliser, dans ce but, le matériel et les ateliers que l'entrepreneur employait à l'exécution du service, à charge de l'indemniser soit à l'amiable, soit d'office après une expertise contradictoire dans les formes indiquées à l'article 48 ci-après, sauf recours de la décision du Ministre au Conseil d'Etat.

Dans le cas où le service est assuré par défaut, la caution personnelle en supporte les risques solidairement avec l'entrepreneur, alors même qu'elle aurait été dépossédée sans mise en demeure dans les cas prévus au précédent article.

Les excédents de dépenses qui résultent de l'exécution du service par défaut, sont prélevés, par voie de précompte, sur les sommes dues à l'entrepreneur sans préjudice des droits à exercer contre lui en cas d'insuffisance; les diminutions de dépenses profitent exclusivement et intégralement à l'administration.

Art. 42.

Cas de décès de l'entrepreneur.

En cas de décès de l'entrepreneur, si le marché n'est pas, par sa nature même, dissous par le fait de la mort de son titulaire, le Ministre a le droit de le résilier dès qu'il a connaissance du décès, et cela nonobstant toute demande faite par les héritiers ou par la caution en vue de la continuation, pour leur compte, de l'exécution du contrat.

Si le marché n'est pas résilié comme il vient d'être dit à l'alinéa précédent, les héritiers sont d'abord tenus d'assurer le service pour leur propre compte pendant une période de deux mois, à partir du jour de la notification du décès au chef de service. Faute par eux de se conformer à cette clause, il est procédé à leur égard comme il est dit aux articles 40 et 41 ci-dessus.

Les héritiers peuvent, sur leur demande, être autorisés à continuer pour leur compte l'exécution complète du contrat.

S'ils préfèrent se dégager de toute obligation, ils adressent au chef du service, dans les quinze jours qui suivent le décès, une demande de résiliation appuyée de l'acte de décès et le marché se trouve résilié de plein droit à l'expiration du délai de deux mois prévu précédemment.

A défaut d'héritiers ou en cas de renonciation de ceux-ci, la caution peut être autorisée, sur sa demande, à poursuivre l'exécution du marché.

S'il s'agit d'un marché qui, par sa nature, est dissous par le fait de la mort de son titulaire, la caution est, du même coup, dégagée de ses obligations vis-à-vis de l'administration.

Si le marché n'est pas résilié, la caution reste engagée jusqu'à l'expiration du contrat à moins qu'elle ne soit remplacée comme il est prévu à l'article 11 ci-dessus.

Art. 43.

Faillite ou mise en état de liquidation judiciaire.

Si le marché, n'est pas, par sa nature, dissous par la faillite de l'entrepreneur, le Ministre peut en prononcer la résiliation.

Les ayants cause peuvent continuer l'exécution du marché, à condition d'en faire la demande et d'avoir été agréés par le Ministre.

Si, par sa nature, le contrat est dissous par la faillite de l'entrepreneur, la caution est du même coup dégagée de ses obligations vis-à-vis de l'administration.

Si l'entrepreneur suspend ses payements et s'il est admis au bénéfice de la liquidation judiciaire telle qu'elle est réglée par la loi du 4 mars 1889, il peut continuer l'exécution de son marché s'il est autorisé par le tribunal à poursuivre l'exploitation de son industrie.

S'il n'est pas autorisé par le tribunal, il est procédé comme pour la faillite.

Art. 44.

Saisies-arrêts. — Oppositions.

(Supprimé).

TITRE III.

Règlement des dépenses. — Payements.

Art. 45.

Bases du règlement des comptes.

Les comptes sont établis en quantité d'après les unités prévues au marché et d'après les quantités livrées ou l'importance du service fait ; en valeur, d'après les prix consentis par le titulaire du marché (1). Dans certains cas, les cahiers des charges font connaître les réductions dont seront affectées les quantités livrées ou les prix consentis en vue de tenir compte des tares ou des défauts constatés au moment de la réception et qui, sans être une cause de rejet, rendent inutilisables certaines parties des fournitures reçues (2).

En aucun cas, l'entrepreneur ne peut invoquer en sa faveur,

---

(1) Si plusieurs lots d'un même marché comportent des objets identiques ou le même service et que les prix consentis par le titulaire soient différents, les comptes sont établis d'après le prix moyen résultant de ces différents prix. Les cahiers des charges spéciales indiquent alors la manière de déterminer ce prix moyen et la décimale jusqu'à laquelle doit être poussé son calcul.

(2) Des réfactions peuvent être prévues :

1° Sous forme de réduction de quantité : lorsque la fourniture présente des tares locales et qu'en raison de la nature des matières, ces tares ne s'opposent pas à la bonne utilisation des parties non tarées (notamment pour les fournitures d'étoffes en pièces). Dans ce cas, le fournisseur reste libre, soit d'accepter la réduction fixée, soit de remplacer les parties de la fourniture présentant les défectuosités dont il s'agit.

2° Sous forme de réduction de prix :

A. — Quand les fournitures, sans remplir exactement toutes les conditions prévues au cahier des charges, ne s'en écartent que dans des limites fixées par ce document, de façon que le bon emploi des matières ne soit en rien compromis; dans ce cas, le cahier des charges prévoit expressément le principe de la réfaction, les circonstances où elle peut être appliquée et le mode de calcul des réductions à faire subir aux prix du marché, sans rien laisser à l'arbitraire des agents de l'administration.

B. — *A titre tout à fait exceptionnel*, quand la nécessité de pourvoir à la subsistance des hommes et des chevaux oblige à accepter des fournitures ne remplissant pas absolument les conditions du marché, mais cependant non nuisibles.

pour les métrages, les pesages et la détermination des volumes, les us et coutumes du pays.

Art. 46.

Droits de douane et d'octroi.

En l'absence de clauses spéciales contraires, les droits de douane et d'octroi sont à la charge du titulaire du marché.

Il est tenu compte aux fournisseurs, en plus ou en moins, des augmentations ou des diminutions apportées après l'adjudication aux droits perçus par l'Etat, les départements ou les communes et frappant directement les fournitures faisant l'objet du marché, à l'exception des droits de douane, lesquels ne donnent jamais lieu à compensation, sauf lorsqu'il s'agit de denrées ou de matières de provenance exclusivement exotique.

Art. 47.

Variations des cours commerciaux, des objets, matières premières et denrées.

Les variations dans les cours commerciaux des objets, matières premières et denrées étant des aléas inhérents à tous les marchés dont il s'agit ne donneront lieu, en aucun cas, à une revision des prix consentis par les titulaires de ces marchés.

Art. 48.

Modifications aux modèles, aux tables de construction ou aux croquis d'exécution. — Revision des prix.

En cas d'adoption de nouveaux modèles, il n'est dû, de ce seul fait, aucune indemnité à l'entrepreneur ; mais l'administration est tenue de prendre livraison après achèvement, des effets conformes aux anciens modèles existant dans les ateliers de l'entrepreneur le jour où la suppression a été prononcée.

En cas d'adoption de nouveaux modèles ou de modifications aux descriptions, aux croquis d'exécution ou aux tables de construction pendant le cours du marché, il peut être établi de nouveaux prix.

Si la fixation des nouveaux prix ne peut avoir lieu à l'amiable, il est procédé à une expertise. La commission est composée de trois experts désignés : l'un par l'administration, le second par l'entrepreneur et le troisième par le président du tribunal de commerce dans le ressort duquel se trouve la résidence du chef du service.

Ces commissions n'ont qu'un rôle consultatif; sur le vu de leur avis, le Ministre décide, sauf recours au Conseil d'Etat.

Art. 49.

Charges accessoires de l'entreprise.

Conformément aux règlements en vigueur, les frais d'établissement et de timbre des pièces de comptabilité à produire sont supportés par les titulaires des marchés.

Les cahiers des charges spéciales font connaître les écritures à tenir et les situations à fournir par l'entrepreneur; le cas échéant, ils indiquent la destination que doivent recevoir, au moment de la cessation du service, les registres réglementaires de comptabilité, les denrées et matières qui doivent être laissées en magasin en fin d'entreprise.

Art. 50.

Production des justifications.

L'entrepreneur doit produire, dans les formes et dans le délai fixés par le cahier des charges spéciales, les factures, les justifications et les comptabilités prévues.

Passé le délai fixé, l'entrepreneur est passible d'une amende dont l'importance est prévue dans le cahier des charges spéciales.

L'administration de la guerre se réserve d'ailleurs le droit d'établir d'office, et aux frais de l'entrepreneur, le décompte des fournitures passé un délai déterminé.

Dans tous les cas, les titres de créance qui ne sont pas produits dans un délai de six mois, à partir de l'expiration du trimestre auquel appartient la dépense, sont frappés de déchéance (1).

Art. 51.

Payement d'acomptes.

En principe, des acomptes ne peuvent être alloués au fournis-

___

(1) Décret du 13 juin 1806.

seur que facultativement, à titre de mesure gracieuse et sur sa demande.

Leur importance ne peut pas dépasser les cinq sixièmes des droits constatés par pièces régulières présentant le décompte du service fait, ou, par exception, les onze douzièmes de ces droits.

Les sommes dont l'entrepreneur pourrait être débiteur envers l'Etat sont déduites des mandats d'acomptes.

La délivrance des acomptes n'est pas retardée lorsque les dates des livraisons donnent lieu à des pénalités sur lesquelles il reste à se prononcer. Dans ce cas, le montant des pénalités encourues est défalqué des sommes dues, en outre de la retenue du sixième ou du douzième prévue par le règlement sur la comptabilité des dépenses du Département de la guerre.

Art. 52.

Payement pour solde.

Lorsque l'exécution des marchés embrasse plusieurs exercices, les services de chaque exercice constituent autant de parties distinctes donnant lieu à un règlement définitif spécial.

Si le fournisseur est titulaire de plusieurs lots, il peut, s'il le demande, être procédé, pendant le cours de l'exercice, au règlement définitif des lots au fur et à mesure de l'achèvement des services ou des livraisons qu'ils concernent.

Si le fournisseur conteste le montant du solde et refuse de le recevoir, la somme est versée à la Caisse des dépôts et consignations.

Les mandats de payement intégral ou pour solde sont appuyés des justifications prescrites par le règlement du 3 avril 1869 (1). La prise en charge mentionnée sur les factures tient lieu de certificat d'exécution du service.

Art. 53.

Intérêts moratoires pour retards dans les payements pour solde.

Les acomptes prévus à l'article 51 n'étant payés à l'entrepreneur, sur sa demande, que par mesure gracieuse, le retard dans

____

(1) É. M., vol. n° 24 ter.

leur payement ne peut ouvrir droit ni à réclamation, ni à intérêt, ni à indemnité.

Si l'entrepreneur n'a pas reçu le mandat pour solde dans un délai de trois mois, à partir de l'achèvement du service ou de la réception définitive des dernières fournitures exigibles, il peut demander des intérêts moratoires calculés au taux légal pour la somme qui reste due; ces intérêts lui sont alors payés à partir du jour du dépôt constaté d'une mise en demeure adressée au chef du service.

Les intérêts moratoires susvisés ne sont pas dus, quels que soient les retards, lorsque la liquidation définitive ne peut être arrêtée par suite de l'insuffisance des justifications présentées par le titulaire du marché.

TITRE IV.

Contestations.

Art. 54.

Jugement des contestations.

Les contestations concernant soit l'application des prix, soit l'observation des clauses et conditions diverses des marchés, font, le cas échéant, l'objet de décisions (administratives) du Ministre.

Ces décisions, régulièrement notifiées à l'entrepreneur, ne peuvent être attaquées que dans les formes prévues par les lois et décrets en vigueur.

Art. 55.

Réclamations, délais.

Toute réclamation de la nature de celles prévues à l'article 54, doit être adressée par écrit au chef du service, dans les huit jours qui suivent celui de la notification de la décision donnant lieu à ladite réclamation.

Les réclamations visées spécialement, soit dans le présent cahier, soit dans les cahiers des charges spéciales, doivent être adressées dans la même forme et dans les délais spéciaux prévus pour elles.

Les délais visés plus haut ne sont pas applicables aux réclamations appuyées de nouveaux titres ou ayant pour objet le redressement d'erreurs matérielles.

Art. 56.

Réclamations des tiers et des agents de l'entrepreneur.

Dans le cas de réclamations des fournisseurs, des sous-traitants autorisés et des autres préposés ou agents de l'entrepreneur, en payement de dépenses pour fournitures ou livraisons faites par eux pour le service de l'entreprise, les agents de l'administration n'interviennent que pour viser les pièces que les réclamants croient devoir leur présenter, et pour leur en donner reçu à l'effet de donner par là une date certaine à leurs demandes et de leur permettre d'exercer, pour le payement de leurs créances par l'entrepreneur, le privilège résultant des dispositions du décret du 12 décembre 1806.

TITRE V.

Clauses diverses.

Art. 57.

Représentants du service militaire.

Le représentant du service militaire vis-à-vis de l'entrepreneur est le chef du service qui peut déléguer tout ou partie de ses pouvoirs aux officiers, ingénieurs ou agents sous ses ordres ; cette délégation est notifiée à l'entrepreneur.

Art. 58.

Conservation des plans, croquis d'exécution et documents divers.

Conformément aux dispositions de la loi qui établit des pénalités contre l'espionnage (1) le fournisseur est personnellement responsable de la conservation des plans, croquis d'exécution et documents divers qui lui sont remis par l'administration en vue de l'exécution de son marché.

---

(1) Loi du 18 avril 1886.

TABLE DES MATIÈRES

DU CAHIER DES CLAUSES ET CONDITIONS GÉNÉRALES APPLICABLES AUX MARCHÉS DE FOURNITURES DU DÉPARTEMENT DE LA GUERRE.

TITRE III.

RÈGLEMENT DES DÉPENSES. — PAYEMENTS.

TITRE IV.

CONTESTATIONS.

TITRE V.

CLAUSES DIVERSES.

QUATRIÈME PARTIE

Instruction relative aux marchés du Département de la guerre (1).

(Directions du Contrôle et du Contentieux.)

Paris, le 6 juillet 1909.

Afin de maintenir l'homogénéité de la réglementation, aucune modification susceptible d'avoir une répercussion sur les dispositions de la présente instruction, ne pourra être présentée à la signature du Sous-Secrétaire d'Etat que sur le rapport du service intéressé, après avis de la commission des cahiers des charges et marchés, de la direction du contrôle et de la direction du contentieux.

Art. 1er.

Dispositions générales.

Tous les marchés du Département de la guerre sont passés dans les formes et d'après les règles prévues dans la présente instruction.

---

(1) Dans la présente instruction, les documents ci-après faisant partie des pièces des marchés sont désignés par les abréviations suivantes :

Cahiers des clauses et conditions générales...... Cahiers des C. C. G.
Cahiers des charges communes................. Cahiers des C. C.
Cahiers des charges spéciales.................... Cahiers des C. S.

TITRE Ier.

Marchés par adjudication.

CHAPITRE Ier.

Règles communes à toutes les adjudications. — Publicité.

Art. 2.

Des différentes espèces d'adjudications.

En principe, et sauf exceptions prévues par le décret relatif aux adjudications et aux marchés passés au nom de l'Etat, tous les marchés du Département de la guerre sont passés par adjudication publique. Il y a deux espèces d'adjudications :

1° *L'adjudication simple* qui ne comporte qu'une seule séance, dans laquelle l'admissibilité des concurrents résulte de l'acceptation même de leur soumission, en séance publique, par la commission d'adjudication. Ce mode s'applique aux fournitures, travaux, transports, exploitations ou fabrications qui peuvent être fractionnés et livrés sans inconvénient à une concurrence illimitée ;

2° *L'adjudication restreinte* dans laquelle les personnes, préalablement reconnues capables par une commission d'admission, sont seules autorisées à soumissionner. Ce mode est employé quand les fournitures, travaux, transports, exploitations ou fabrications ne peuvent être confiés qu'à des personnes remplissant certaines conditions déterminées et après examen des titres exigés par la présente instruction.

A un point de vue différent, les adjudications peuvent être classées en deux autres catégories :

1° Les adjudications *définitives*, dans lesquelles interviennent seules les offres des candidats dont les soumissions ont été classées à la séance d'adjudication ;

2° Les adjudications *provisoires* visées par le décret relatif aux adjudications et aux marchés passés au nom de l'Etat (1)

---

(1) Décret du 18 novembre 1882, article 16.

et dans lesquelles, à la suite de nouvelles offres, il est procédé, le cas échéant, à une réadjudication dans les formes prévues par les articles 36, 37 et 38 de la présente instruction.

Enfin, des règles particulières sont applicables spécialement à certaines adjudications passées sur concours simultané de prix et d'échantillons.

Art. 3.

Composition des commissions d'adjudication.

Les adjudications sont passées en séance publique et par les soins d'une commission comprenant trois membres, savoir :

1° Le maire ou son délégué, représentant de l'autorité civile, président ;

2° Le chef du service pour lequel a lieu l'adjudication, ou son délégué, membre technique ;

3° a) Si le membre technique est fonctionnaire de l'intendance, un officier de la garnison, d'un grade inférieur à celui du membre technique ;

b) Un fonctionnaire de l'intendance dans le cas où, par suite de la nature du marché, le membre technique n'est pas lui-même fonctionnaire de l'intendance : ce fonctionnaire a surtout un rôle juridique : il veille à l'observation des formes prescrites et à celle des dispositions réglementaires.

La commission peut fonctionner valablement si elle est réduite à deux membres ; mais la présence du membre technique et du fonctionnaire de l'intendance est toujours nécessaire.

Art. 4.

Annonce des adjudications.

Dès que le chef du service a reçu l'ordre de procéder à l'adjudication, il prépare les détails de l'opération, établit et rassemble tous les documents, états, tableaux et autres pièces qui doivent être communiqués aux candidats. Il fixe, après entente avec le président de la commission, le lieu, les jour et heure de la séance et fait procéder aux publications nécessaires.

La date de l'adjudication publique est déterminée par le service intéressé de manière à faciliter le plus possible la concurrence. Toutefois, on doit éviter, autant que possible, de fixer

la date des adjudications publiques où est exigée la constitution d'un cautionnement provisoire, aux 29, 30, 31, 1er ou 2 du
mois, en raison de l'affluence du public, à ces époques, dans
les bureaux de la Caisse des dépôts et consignations et de ses
préposés, chargés de la délivrance des récépissés de versement.

Des affiches en nombre suffisant, établies et signées par le
chef du service, sont apposées, non seulement dans la place où
le marché doit être exécuté, mais aussi dans les autres places où
l'on suppose qu'il peut se trouver des personnes disposées à
concourir à l'adjudication.

Ces affiches contiennent les renseignements énumérés au décret relatif aux adjudications et marchés passés au nom de
l'Etat (1). Elles sont libellées, pour les marchés de travaux, suivant les indications du modèle n° 1, pour les marchés autres
que ceux de travaux, suivant les indications du cahier des C. S.

Elles sont rédigées sur papier blanc (2) et sont exemptes de
timbre (3).

Dans le cas de fournitures de matières qui donnent lieu dans
le commerce à des spéculations à terme et, quand les cahiers
des C. S. le spécifient, les affiches indiquent la date extrême à
laquelle devra être effectuée chacune des livraisons, dans les
conditions prévues à l'article 21 du cahier des C. C. G.

Art. 5.

Avis d'adjudication.

Des avis d'adjudication (extraits de l'affiche) (modèles n°s 2,
3, 4 ou 5) sont insérés au moins dans un des journaux de la
localité et dans les autres journaux désignés par le Ministre.

Ces avis, rédigés conformément à la formule générale et aux
modèles annexés à la présente instruction, doivent être aussi
succincts que possible, et ne contenir que les indications indis-
pensables pour renseigner les personnes qui désireraient prendre part aux adjudications ; celles-ci trouveront sur les affiches

---

(1) Décret du 18 novembre 1882, article 2.
(2) Article 15 de la loi du 15 juillet 1881.
(3) Loi du 13 brumaire an VII.

ou dans les bureaux des corps et services, toutes les explications complémentaires pouvant leur être nécessaires.

Cependant, dans le cas où, ainsi qu'il est dit à l'article précédent, les affiches indiquent les dates des livraisons de certaines fournitures, l'indication de ces dates devra figurer également dans les avis d'adjudication.

En vue de réduire autant que possible les dépenses qu'entraîne la publicité des adjudications, les avis doivent être insérés seulement :

En ce qui concerne les adjudications de tous les services, pour le gouvernement militaire de Paris, dans le *Journal officiel* de la République française, et dans un ou deux journaux spéciaux, et, pour les autres régions de corps d'armée, dans un des journaux accrédités de la préfecture et dans un ou deux journaux spéciaux.

Dans le cas de fournitures importantes, dont la production peut être obtenue sur l'ensemble du territoire, l'avis d'adjudication est inséré dans le *Journal officiel* de la République française, quel que soit le lieu où il est procédé à l'adjudication.

Les insertions dans les journaux spéciaux, donnant lieu à payement, ne doivent être faites que si la publicité gratuitement faite, dans les conditions de l'article suivant, ne paraît pas suffisante.

Art. 6.

Insertion gratuite des avis d'adjudication.

La liste des publications ou journaux spéciaux qui consentent à insérer gratuitement les avis d'adjudication dont ils reçoivent communication, paraît chaque année à la partie supplémentaire du *Bulletin officiel* du ministère de la guerre.

Un exemplaire de chaque avis d'adjudication doit être adressé, par les services intéressés, en temps utile, sous bande et par la poste, aux directeurs des journaux et publications mentionnés dans la liste annuelle.

En outre, les directeurs régionaux des divers services peuvent autoriser l'insertion gratuite des avis d'adjudication dans les organes de publicité de leur région qui leur en adressent directement la demande.

Les frais d'envoi sont imputés sur les frais de publicité (art. 21 du décret du 18 novembre 1882) (1).

Art. 7.

Délais de publication.

Les affiches ou insertions visées ci-dessus sont apposées ou publiées vingt jours au moins avant le jour fixé pour l'adjudication.

Le délai doit s'entendre de vingt jours francs ; les jours d'apposition des affiches ou d'insertion des avis et de l'adjudication proprement dite ne sont pas comptés dans son évaluation.

Ce délai peut être réduit dans les cas d'urgence, avec l'autorisation du Ministre.

En ce qui concerne les adjudications restreintes et les adjudications sur concours d'échantillons, pour lesquelles les concurrents doivent faire acte de candidats antérieurement à l'adjudication, la date extrême fixée pour le dépôt des déclarations d'intention de soumissionner, des pièces exigées, des échantillons présentés, etc., doit être, sauf en cas d'urgence, postérieure de dix jours au moins à celle de la publication des avis d'adjudications.

Les titres des journaux où les avis ont été insérés, et les dates d'insertion, sont toujours mentionnés sur les procès-verbaux d'adjudication.

Ces procès-verbaux indiquent également, le cas échéant, que le délai de publicité a été réduit.

Art. 8.

Envois à faire à diverses autorités.

Avant chaque adjudication publique passée pour le compte de l'Etat, les directeurs des établissements ou les chefs de service,

---

(1) Dispositions spéciales aux corps de troupes. — Les corps de troupes, dans les adjudications publiques qu'ils passent en leur nom, se conforment aux dispositions des articles ci-dessus. Toutefois, les insertions à titre onéreux ne sont faites dans les journaux visés à l'article 5 que si l'apposition des affiches et la publicité gratuitement faite ne semblent pas suffisantes pour porter l'adjudication à la connaissance des intéressés.

selon le cas, adressent en temps utile et directement, sous les timbres suivants :

1° Au Ministre de la guerre
- Cabinet du Ministre : un exemplaire de l'affiche et de l'avis,
- Cabinet du Sous - Secrétaire d'Etat : un exemplaire de l'affiche et de l'avis,

pour les adjudications dont le montant est supérieur à 50.000 francs, ou qui intéressent l'ensemble du territoire ;

2° Au Ministre de la guerre (Direction intéressée) : deux exemplaires de l'affiche.

Dans le cas où le cahier des C. S. prévoit la constitution d'un cautionnement provisoire ou définitif, un des exemplaires est adressé par la direction au directeur général de la Caisse des dépôts et consignations ;

3° Au préposé de la Caisse des dépôts et consignations résidant au chef-lieu de l'arrondissement dans lequel a lieu l'adjudication : un exemplaire de l'affiche, si l'adjudication est passée ailleurs qu'à Paris et dans le cas où le cahier des C. S. prévoit la constitution d'un cautionnement provisoire ou définitif ;

4° Au Ministre du commerce et de l'industrie (Direction de l'Office national du Commerce extérieur, 3, rue Feydeau, à Paris) : un exemplaire de l'avis pour les adjudications de tous les services ;

5° Au Ministre de l'agriculture (Office des renseignements agricoles) et au Ministre des colonies (Office colonial, Palais-Royal, galerie d'Orléans) pour les adjudications de fournitures de denrées du service des subsistances militaires : un exemplaire de l'avis et un duplicata du bulletin d'achat contenant les résultats de l'adjudication et les indications des noms et domiciles des soumissionnaires.

Ces documents doivent être envoyés sans retard. Toutefois, pour l'envoi du bulletin d'achat au Ministre de l'agriculture et au Ministre des colonies, il conviendra d'attendre l'approbation des résultats de l'adjudication, lorsque cette approbation aura été réservée au Ministre.

En vue de pouvoir bénéficier de la franchise postale, la suscription des envois à des services spéciaux dépendant des ministères doit être exactement libellée comme il est dit ci-dessus.

Art. 9.

Pièces à communiquer aux candidats.

Pendant toute la durée des publications, les pièces du marché restent déposées dans les bureaux du service intéressé, où elles peuvent être consultées librement par tous les candidats.

Ces pièces sont :

1° Le cahier des C. C. G. (fournitures ou travaux) ;

2° La présente instruction : les cahiers des C. C. ou des C. S. doivent indiquer explicitement les *titres* ou *articles* de l'instruction applicables, le cas échéant, aux entreprises qu'ils régissent (Ex. : titre V, pour les entreprises comportant la réalisation d'un cautionnement, titre XI, pour celles qui peuvent faire l'objet d'un pourvoi devant une commission d'appel, etc.) ;

3° Le cahier des C. C. et des C. S. concernant le marché ;

4° A) *Pour les marchés autres que ceux de travaux de constructions* et, s'il y a lieu :

Les états de renseignements et d'évaluation ;
Les états d'effectif, soit en hommes, soit en animaux.

B) *Pour les marchés de travaux de constructions :*

I) Marchés sur série de prix :
La série de prix ;
II) Marchés sur devis ou à forfait :
Le devis estimatif et descriptif, lequel sera simplement descriptif pour les marchés à forfait ;
Les dessins des ouvrages à exécuter sauf ceux auxquels il serait nécessaire de ne pas donner de publicité ;
La série de prix, s'il y a lieu.

Enfin, tous les éléments propres à permettre aux soumissionnaires et à leurs cautions de formuler leurs offres en toute connaissance de cause, et de connaître leurs obligations et les conséquences qui en découlent.

CHAPITRE II.

Règles applicables aux adjudications simples.

Art. 10.

Pièces exigées pour concourir aux adjudications.

En principe, nul n'est admis à participer à une adjudication quelconque du Département de la guerre comme soumissionnaire ou à se présenter comme caution personnelle solidaire s'il n'est muni d'une pièce constatant sa qualité de Français (1) ou d'indigène algérien (2) en Algérie, ou d'indigène tunisien (3) en Tunisie, ou d'une décision du Ministre, l'autorisant à prendre part à l'adjudication ou à se présenter comme caution.

Une autorisation spéciale, délivrée dans les conditions indiquées à l'alinéa ci-après, est nécessaire aux indigènes qui veulent soumissionner pour des travaux de fortification.

En Algérie, le général commandant le 19e corps d'armée, et, en Tunisie, le général commandant la division d'occupation, agissant au nom et par délégation du Ministre de la guerre, pourront, sur la proposition du chef du service :

a) Admettre des indigènes à soumissionner pour des travaux de fortification (Algériens en Algérie, Tunisiens en Tunisie) ;

---

(1) Entre autres pièces pouvant établir cette qualité, on peut citer : 1° certificat de l'autorité civile constatant que l'intéressé jouit de ses droits civils et politiques; 2° certificat d'inscription sur les listes électorales; 3° carte d'électeur; 4° certificat de l'autorité militaire établissant que le candidat a satisfait, en France, aux obligations de la loi sur le recrutement.

Cette énumération n'est pas et ne saurait être absolument limitative. Les commissions d'adjudication pourront admettre, au lieu et place des pièces qui viennent d'être énumérées, toutes celles qui établiront, d'une manière incontestable à leurs yeux, la qualité du concurrent. La preuve de cette qualité peut, en effet, résulter, suivant la situation des intéressés, de la production d'autres documents authentiques dont on ne peut à l'avance établir la nomenclature complète.

Si le candidat est connu de la commission, il peut n'être exigé aucune justification de nationalité ou d'indigénat; mais il sera fait mention de cette circonstance au procès-verbal d'adjudication.

(2) Carte d'identité ou extrait des registres matricules de l'état civil pour les indigènes du territoire civil; certificat de l'autorité municipale pour les indigènes du territoire militaire.

(3) Certificat du caïd visé par le contrôleur civil, ou le chef du bureau des affaires indigènes en territoire militaire, ou le bureau de la nationalité à la résidence générale.

b) Admettre des étrangers légalement domiciliés à concourir aux adjudications ou à se présenter comme cautions personnelles solidaires des soumissionnaires.

Les personnes admises au bénéfice de la liquidation judiciaire, en vertu de la loi du 4 mars 1889, peuvent solliciter leur admission à concourir en produisant soit le jugement déclarant que les intéressés ne seront soumis qu'aux incapacités édictées par l'article 21 de la loi du 4 mars 1889, soit le jugement qui les a admis au bénéfice de la liquidation judiciaire, ainsi que l'autorisation spécialement délivrée par le juge commissaire, en vue de l'adjudication à intervenir.

Les personnes en état de faillite ne sont pas admises à concourir ; mais les anciens faillis réhabilités peuvent être admis.

Aucune société n'est admise à prendre part aux adjudications si elle ne produit des pièces constatant : qu'elle est organisée conformément aux lois françaises en vigueur, sans restriction à la responsabilité de ses membres ; que sa durée est au moins égale à celle du marché à intervenir ; que la ou les personnes qui ont qualité pour traiter en son nom et la représenter sont de nationalité française ou munies de l'autorisation du Ministre prévue au premier alinéa du présent article (1).

Les sociétés en état de faillite ou de liquidation judiciaire, quelles qu'elles soient, ne sont pas admises à concourir.

Les personnes ou sociétés en état de faillite ou de liquidation judiciaire ne peuvent être admises à se constituer cautions personnelles solidaires des soumissionnaires.

Art. 11.

Justifications dont sont dispensés les candidats ayant déjà déposé les pièces exigées en vue d'une adjudication du Département de la guerre.

Les diverses pièces énumérées à l'article précédent peuvent être remplacées, tant pour les personnes que pour les sociétés,

---

(1) Une expédition légalisée de l'acte de société, des statuts et, le cas échéant, des actes modificatifs, est nécessaire pour établir que les deux premières conditions sont remplies.

Il peut être suppléé à la production de ces pièces par la présentation du certificat prévu à l'article 11 ci-après, remis dix jours au moins avant l'adjudication entre les mains du membre technique.

par un certificat de l'un des modèles n⁰ˢ 6 ou 7 annexés à la présente instruction, émanant d'un directeur ou chef de service dépendant du Département de la guerre et constatant que les personnes ou sociétés qu'il concerne ont précédemment déposé toutes les pièces exigées.

Un certificat délivré à la suite d'un dépôt de pièces, en vue d'une adjudication restreinte, est valable pour une adjudication simple.

Pour être valable, le certificat ne doit pas avoir plus d'un an de date. S'il s'agit d'une société, il doit indiquer la durée de cette société telle qu'elle résulte des statuts lors de leur communication, ainsi que les noms des personnes qui ont qualité pour traiter au nom de la société et la représenter.

Enfin le certificat doit mentionner si le titulaire a été admis en qualité de Français, d'indigène algérien ou tunisien, ou bien en vertu d'une autorisation de concourir donnée dans les formes prévues aux alinéas 1 et 2 de l'article 10 ; dans ce dernier cas, le certificat reproduira la copie de l'autorisation.

En cas de modification quelconque à leurs actes constitutifs, les sociétés ne peuvent plus faire usage des certificats qui leur auraient été délivrés antérieurement sans les avoir fait renouveler par l'autorité qui les a délivrés, après avoir déposé entre ses mains une expédition dûment légalisée des actes modificatifs.

Toute infraction à cette règle serait susceptible d'entraîner, pour les marchés qui auraient été passés sur le vu de certificats devenus caducs, la résiliation du marché aux risques et périls de l'intéressé et sans qu'il soit besoin d'une mise en demeure dans les conditions déterminées par le cahier des C. C. G.

Les candidats qui désirent user de la faculté de remplacer les pièces exigées par un certificat de cette nature doivent adresser celui-ci dix jours au moins avant l'adjudication au membre technique de la commission d'adjudication. Celui-ci leur en accuse réception et s'occupe d'en vérifier la validité, s'il le juge nécessaire. Il les avise, dès qu'il le peut, de l'acceptation de leur certificat en remplacement des pièces exigées pour l'admission au concours.

Art. 12.

Délivrance de certificats de dépôt de pièces exigées et conservation de ces pièces.

En vue de la délivrance des certificats dont il est question à l'article précédent et qu'ils doivent d'ailleurs délivrer en autant d'exemplaires que le demande le déposant, les directeurs ou chefs de service tiennent un répertoire (modèle n° 9) des entrepreneurs ou fournisseurs ayant déposé en leurs mains les pièces exigées pour prendre part aux adjudications. Ce répertoire mentionne si le dépôt a été fait en vue d'une adjudication simple ou d'une adjudication restreinte.

S'il s'agit d'une personne, le répertoire indique son nom, son domicile, la nature de la pièce présentée en exécution des dispositions de l'article 10. Enfin le répertoire mentionne la date à laquelle les pièces ont été déposées pour la première fois et les dates successives du renouvellement du dépôt.

S'il s'agit d'une société, le répertoire indique la raison sociale, le siège social, la nature de la société (en nom collectif, en commandite, anonyme, à capital variable, d'ouvriers français), la date des statuts, la durée de la société, les noms de la ou des personnes qui ont qualité pour traiter en son nom et la représenter, les pièces présentées par ces personnes en exécution des dispositions de l'article 10 ; le répertoire doit également mentionner la date à laquelle les pièces ont été déposées pour la première fois et les dates successives des déclarations de renouvellement du dépôt.

Les personnes ou sociétés inscrites sur un répertoire sont rayées d'office à l'expiration d'un délai d'une année à partir de leur inscription, si elles n'ont pas déclaré renouveler, à l'expiration de ce délai, le dépôt des pièces exigées pour l'inscription.

Les pièces déposées sont détruites dans un délai de dix ans à partir de la dernière déclaration de renouvellement du dépôt ou de l'expiration du dernier marché dont le déposant a été titulaire, à moins que celui-ci ne les ait réclamées, ce qu'il ne peut d'ailleurs faire qu'un an au plus tôt après la délivrance du dernier certificat de dépôt.

Lorsqu'une personne ou société aura été déclarée adjudicataire sur le vu d'un certificat, le membre technique de la com-

-mission d'adjudication correspondante devra aviser de la date d'expiration du marché l'autorité qui a délivré le certificat pour que celle-ci conserve, pendant dix ans à partir de cette date, les pièces en dépôt dans ses archives en vue des contestations qui pourraient s'élever (1).

Art. 13.

Etablissement des soumissions.

Les soumissions sont établies en simple expédition et doivent remplir les conditions suivantes :

1° Etre établies sur papier timbré ; l'inobservation de cette prescription ne sera pas une cause de rejet, mais elle expose le soumissionnaire à des poursuites de la part des agents du ministère des finances chargés de réprimer cette infraction, et qui reçoivent communication du procès-verbal d'adjudication ;

2° Etre conformes, autant que possible, au modèle annexé au cahier des C. S. (2) et ne contenir en aucun cas des clauses restrictives, résolutoires ou exceptionnelles ;

3° Enoncer d'une manière claire et précise, en chiffres et en toutes lettres (3), sans ratures ni surcharges non approuvées :

A. — *Pour les marchés autres que ceux de travaux de constructions.*

a) Les quantités offertes, exprimées en unités d'après le système métrique, et non en termes locaux :

b) Les prix proposés par quintal métrique, hectolitre, litre, kilogramme, mètre cube, carré ou courant, ou toute autre unité

---

(1) Si un litige vient à naître au sujet de l'exécution du marché dont le titulaire avait été déclaré adjudicataire sur le vu d'un certificat de dépôt, avis en sera donné par le chef du service intéressé à l'autorité qui a délivré le certificat. Le délai de dix ans prévu ci-dessus sera alors étendu jusqu'au règlement définitif du litige.

(2) Modèle n° 13 de la présente instruction en ce qui concerne les adjudications de travaux de constructions.

(3) Le fait de n'avoir pas énoncé en toutes lettres dans sa soumission les prix indiqués en chiffres, n'entraîne pas obligatoirement le rejet de la soumission. La commission décide si les énonciations des offres sont suffisamment claires pour que la soumission puisse être acceptée.

légale de poids et mesures indiquées au cahier des C. S. Les prix sont exprimés en francs et centimes seulement ; toute fraction inférieure au centime est considérée comme non énoncée.

Cependant, lorsque la valeur de l'unité des matières ou objets mis en adjudication n'atteint pas le franc, les prix proposés peuvent comprendre les millimes (1) ;

B. — *En ce qui concerne les travaux de constructions ou les fournitures à adjuger sur prix de base :*

a) Un rabais ou une surenchère unique sur l'ensemble des prix portés dans le devis ou dans la série de prix. Ce rabais ou cette surenchère s'exprime par unités et dixièmes d'unité pour cent.

Si une soumission stipule une fraction inférieure au dixième d'unité, on la ramène au nombre de dixièmes inmmédiatement supérieur dans le cas de surenchère, et dans le cas de rabais, au nombre de dixièmes immédiatement inférieur (1) ;

b) Dans le cas où un prix global est demandé, le prix forfaitaire souscrit ;

4° Etre signées par le soumissionnaire ou par son représentant, agissant en vertu de pouvoirs réguliers, dûment légalisés et enregistrés, l'autorisant à signer le procès-verbal et les autres pièces du marché, s'il est déclaré adjudicataire. Ces pouvoirs peuvent également donner qualité au mandataire pour prendre part, le cas échéant, à un nouveau concours ;

5° Dans certains cas, prévus dans les cahiers des C. S., le soumissionnaire peut, sous la réserve qu'il justifiera de son identité remettre personnellement au chef du service du lieu de sa résidence ou à son suppléant, une déclaration écrite, par laquelle il constituera mandataire M. X..., à l'effet de prendre part, en son nom, à l'adjudication, et, le cas échéant, à un nouveau concours. En pareil cas, le chef du service envoie à son collègue du lieu de l'adjudication, un télégramme de ser-

---

(1) Règlement du 3 avril 1869, article 56 : « Toutes les fois que le cahier des charges n'exclut pas les enchères ou rabais au-dessous d'un centime, le prix ou la surenchère demandés ou bien le rabais consenti doivent sans exception être exprimés, dans les soumissions, sous le rapport fractionnaire, en fractions décimales dérivant directement du franc, unité monétaire, c'est-à-dire en centimes et en millimes. Ils doivent, en outre, être répétés en toutes lettres. »

vice faisant connaître le nom de ce mandataire. Sur le vu de ce télégramme, la commission d'adjudication peut, après constatation de l'identité du mandataire, l'admettre à concourir.

Art. 14.

Pièces qui doivent être annexées aux soumissions.

Lorsqu'il est exigé un cautionnement provisoire, les concurrents doivent annexer à leur soumission un récépissé du versement prescrit.

Lorsqu'il est exigé un cautionnement définitif ou une caution personnelle solidaire pour la garantie de l'exécution du marché, les concurrents doivent joindre à leur soumission ou y faire figurer :

Soit une déclaration portant engagement de constituer, dans les quinze jours qui suivront la notification de l'approbation de l'adjudication, le cautionnement définitif imposé ;

Soit une déclaration de consentir, sur le montant des services faits, à des retenues successives dans les conditions prévues par le titre V de la présente instruction, jusqu'à concurrence de la garantie exigée, si les cahiers des C. C. ou des C. S. autorisent ce mode de garantie ;

Soit, enfin, une déclaration faisant connaître son intention de présenter une caution personnelle solidaire, dont les nom, prénoms, domicile et lieu de naissance seront indiqués, si les cahiers des C. C. ou des C. S., autorisent ce mode de garantie.

Dans ce dernier cas, à cette déclaration seront jointes :

1° Une pièce justifiant, soit de la qualité (Français ou indigène) de la personne présentée, soit, si la personne est étrangère, de l'acceptation prononcée par l'autorité compétente, comme il est dit à l'article 10 (1) ;

2° Une déclaration de cette personne portant promesse de s'engager solidairement avec le demandeur, pour l'exécution du service à entreprendre dans le cas où celui-ci serait déclaré adjudicataire.

---

(1) Cette pièce peut être remplacée par un certificat de la nature de ceux prévus à l'article 11 et concernant la caution présentée.

Les diverses déclarations dont il est question ci-dessus doivent, si elles sont distinctes de la soumission, être établies, comme celle-ci, sur papier timbré.

Art. 15.

Dépôt des soumissions.

Les soumissions auxquelles sont annexées, le cas échéant, les pièces prévues à l'article 14, sont placées sous enveloppes cachetées. portant les noms des soumissionnaires. Elles sont, en principe, remises en séance publique au président de la commission d'adjudication, par les signataires eux-mêmes ou par leurs représentants munis de pouvoirs dûment légalisés et enregistrés.

La question de savoir si les représentants des soumissionnaires sont munis de pouvoirs réguliers doit être réglée avant le dépôt des soumissions et non après.

L'attention des membres des commissions d'adjudication est appelée sur les points suivants :

1° Les pouvoirs ou procurations ne doivent, dans aucun cas, être placés dans la même enveloppe que les soumissions ;

2° En même temps qu'elle reçoit l'enveloppe renfermant la soumission, la commission d'adjudication s'assure de l'identité du déposant. et si ce n'est pas le soumissionnaire lui-même, elle invite, à ce moment, le déposant à lui présenter les pouvoirs et procurations en bonne et due forme ;

3° Si le porteur de la soumission déclare que les pouvoirs ou procurations se trouvent, par erreur, dans l'enveloppe, le pli lui sera rendu pour lui permettre d'en retirer cette pièce, à charge par lui de refermer immédiatement le pli pour en faire la remise ;

4° Si le déposant, invité à présenter les pouvoirs ou procurations, ne peut satisfaire à cette invitation, la commission doit refuser d'ouvrir l'enveloppe renfermant la soumission et la rendre purement et simplement au déposant ; l'incident est mentionné au procès-verbal de la séance.

Les soumissions peuvent encore être adressées, dans les délais prévus par les cahiers des C. S., au président ou au membre technique de la commission, par plis recommandés. Elles sont alors envoyées sous double enveloppe, l'enveloppe extérieure n'indiquant pas qu'elle contient une soumission, l'enveloppe intérieure portant, en suscription, le nom du soumissionnaire et la désignation des lots ou des travaux soumissionnés ; toutefois, l'inobservation de ces prescriptions n'entraîne pas la nullité de la soumission. Enfin, en vue de permettre aux concurrents qui useront de la faculté précédente, de prendre part, le cas échéant, à un deuxième concours, il est admis qu'ils pourront envoyer, sous la même enveloppe extérieure, deux plis cachetés dont le second. portant une suscription particulière, ne sera ouvert que dans le cas où un deuxième concours aurait lieu. Mais il est formellement rappelé que les soumissionnaires seront seuls responsables des erreurs qui pourraient se produire par suite d'indications inexactes portées sur les enveloppes. S'il n'est pas nécessaire d'ouvrir le second pli, celui-ci reste annexé au procès-verbal de l'adjudication, dans l'état où il se trouve .

Art. 16.

Obligations résultant du dépôt d'une soumission.

Une soumission déposée ne peut être retirée.

La remise d'une soumission engage le signataire et sa caution, s'il y en a une, jusqu'au prononcé de l'adjudication.

Le prononcé du résultat de l'adjudication libère tous les soumissionnaires et les cautions présentées, à l'exception des adjudicataires et de leurs cautions qui, par ce fait, se trouvent irrévocablement engagés vis-à-vis de l'État.

Art. 17.

Séance d'adjudication.

La commission se réunit aux jour et heure indiqués par l'avis au public. Le fonctionnaire de l'intendance et le chef de service ou l'officier de la garnison prennent place au bureau, l'un à droite, l'autre à gauche du membre civil, président, suivant leur rang de préséance. En l'absence du membre civil, dûment prévenu, la présidence appartient à l'officier ou au fonctionnaire du rang le plus élevé dans l'ordre des préséances.

Il en est fait mention au procès-verbal.

En cas de partage des voix, celle du président est prépondérante.

Le président, qui est chargé de faire assurer la police de la séance et le maintien de l'ordre, déclare la séance ouverte. Il fait connaître l'objet de la réunion et dépose sur le bureau, s'il y a lieu, le pli cacheté contenant les prix-limites, en faisant constater que les cachets en sont intacts.

Le membre technique dépose sur le bureau toutes les pièces du marché énumérées à l'article 9 ci-dessus, ainsi que les affiches et les journaux qui ont annoncé l'adjudication.

Il donne lecture des articles, soit de la présente instruction, soit du cahier des C. S., dont la communication est réclamée par les concurrents à l'adjudication, et en tant que cette communication est jugée utile par la commission.

Il est entendu toutes les fois qu'il le juge utile; il donne les renseignements et les éclaircissements qu'il juge nécessaires ou qui lui sont demandés par les candidats ou par les autres membres de la commission.

Le président réclame le dépôt des soumissions, fait connaître le délai exact passé lequel il n'en sera plus accepté et donne un numéro d'ordre à celles qui ont été successivement remises ou envoyées.

A l'expiration du délai fixé par la commission pour le dépôt des soumissions, le président les décachète successivement dans l'ordre des numéros, les date, les vise et les soumet à l'examen de la commission.

La commission d'adjudication, après avoir pris connaissance du répertoire des entrepreneurs et fournisseurs exclus des adjudications et marchés du Département de la guerre, écarte toute soumission dont le titulaire figurerait sur ce répertoire.

La commission décide définitivement sur la reconnaissance des sociétés candidates, comme sociétés d'ouvriers, et sur leur admission, en cette qualité, à l'adjudication à intervenir (1).

La commission examine en séance toutes les soumissions et les pièces qui leur sont annexées.

---

(1) Il résulte d'un arrêt du Conseil d'Etat du 19 juillet 1901 (société « La Laborieuse » contre le préfet du Gard) que les sociétés d'ouvriers français ont le droit de faire appel à des commanditaires sans perdre pour cela le caractère de société ouvrière.

Elle vérifie dans tous leurs détails les calculs qui ont servi à établir les soumissions.

Dans les adjudications par lots comportant l'application de prix unitaires multiples, la commission peut suspendre la séance, entre le dépouillement des prix et la proclamation des résultats, pendant un temps suffisant pour établir, sans risque d'erreur, le classement des offres.

Hors le cas de fournitures par conversion, les prix unitaires seuls font foi. Pour chaque lot, le total des produits résultant de l'application des prix unitaires aux quantités détermine toujours le classement des offres, lors même qu'une soumission énoncerait pour le lot un prix global différent de ce total.

Pour les fournitures par conversion, le classement des offres est basé sur les soultes demandées. Si l'application des prix unitaires (matières neuves et vieilles matières) d'une soumission donne une soulte différente de celle demandée, celle-ci et le prix unitaire fixé pour les matières neuves font seuls foi. Quant au prix unitaire fixé pour les vieilles matières, il est modifié de manière à ce qu'il corresponde à la soulte demandée. Le prix, ainsi corrigé, est arrondi *par excès*, en centimes ou en millimes, suivant que sa valeur atteint ou non le franc, de manière que la soulte résultant de son application ne soit jamais supérieure à la soulte demandée (1). Si les vieilles matières comportent diverses catégories pour lesquelles des prix unitaires distincts sont demandés à titre de renseignement, ces prix sont modifiés dans la même proportion que le prix moyen qui, en tout cas, sert seul au calcul des décomptes.

---

(1) Supposons une soumission offrant 9.000 kilogr. de matières neuves à 200 francs les 100 kilogr., contre reprise de 9.885 kilogr. de vieilles matières à 170 fr. 20 les 100 kilogr. et indiquant que la soulte sera de 1.194 fr. 35.

La vérification montre que $90{,}00 \times 200{,}00 - 98{,}85 \times 170{,}20 = 18.000{,}00 - 16.824{,}27 = 1.175{,}73$.

Il n'y a donc pas concordance entre les diverses indications de la soumission. Pour rétablir la concordance, on modifie le prix des vieilles matières, de manière que leur montant soit égal à la différence entre le montant des matières neuves résultant du prix fixé (200 fr.) et la soulte demandée : 1.194 fr. 35.

Le prix ainsi calculé est $\dfrac{18.000{,}00 - 1.194.35}{98{,}85} = \dfrac{16.805{,}65}{98{,}85} = 170.011$, on obtient le prix corrigé en arrondissant par excès en centimes ce prix calculé; le prix corrigé est donc 170,02 et la soulte exacte sera :

$90{,}00 \times 200{,}00 - 98{,}85 \times 170{,}02 = 18.000{,}00 - 16.806{,}47 = 1.193{,}53$.

Les soumissions et les pièces annexées, qui présentent quelque défaut de forme, sont l'objet, de la part de la commission, d'un examen immédiat. La décision prise par la commission, à la suite de cet examen, est notifiée de vive voix aux intéressés, séance tenante, avant de poursuivre les opérations.

Le président donne ensuite lecture de toutes les soumissions reçues, de celles admises comme de celles qui ont été rejetées, à un titre quelconque. Les unes et les autres demeurent annexées au procès-verbal.

Il doit être bien entendu que les dispositions de l'alinéa précédent ne doivent pas s'appliquer aux soumissions dont le dépôt n'a pas été accepté, puisque, leur enveloppe n'ayant pas été ouverte, elles sont considérées *a priori* comme inopérantes.

Le membre technique fait ensuite établir un tableau de classement des soumissions dans l'ordre des moins disants ; à égalité d'offres en prix, les soumissions sont placées en commençant par les plus faibles dans l'ordre de croissance des quantités offertes ; à égalité d'offres en prix et en quantités, elles sont placées dans l'ordre de leurs numéros.

Cette opération terminée, le président donne lecture à haute voix du tableau de classement au public assemblé.

Puis il brise les cachets de la lettre close contenant les prix-limites, communique ces prix aux membres de la commission en rappelant qu'ils doivent rester secrets, et déclare adjudicataires provisoires ou définitifs, sous réserve des approbations prévues à l'article 20, dans l'ordre de leur inscription au tableau de classement, jusqu'à concurrence des quantités mises en adjudication, ceux des soumissionnaires dont les offres sont inférieures ou égales aux prix-limites (1), application faite, toute-

---

(1) Un même lot peut comporter plusieurs subdivisions pour lesquelles il a été fixé des prix limites distincts. Dans ce cas, le prix-limite à considérer est le total des produits des quantités à livrer par les prix-limites correspondants.

Soit par exemple à livrer en un lot unique :

1° 3.000 kilogr. d'huile épaisse pour cylindre; prix-limite 0 fr. 50 le kilogr.;

2° 1.000 kilogr. d'huile épaisse pour transmissions, prix-limite 0 fr. 40 le kilogr.;

3° 5.000 kilogr. d'huile fluide pour transmissions, prix-limite 0 fr. 50 le kilogr.;

Le prix-limite à considérer pour le lot sera :

$$3.000 \times 0 \text{ fr. } 50 = 1.500 \text{ francs.}$$
$$1.000 \times 0 \text{ fr. } 40 = 400 \text{ francs.} \bigg\} 4.400 \text{ francs.}$$
$$5.000 \times 0 \text{ fr. } 50 = 2.500 \text{ francs.}$$

fois, des dispositions de l'article 18 ci-après, dans le cas d'égalité d'offres.

Le pli renfermant les prix-limites est ensuite recacheté pour rester annexé, en cet état, au procès-verbal de la séance.

S'il n'a pas été fixé de prix-limite, le président déclare adjudicataires, sous réserve de l'approbation du Ministre ou de son délégué, jusqu'à concurrence des quantités mises en adjudication, ceux des soumissionnaires dont les offres sont les plus avantageuses pour le Trésor, application faite, toutefois, des dispositions de l'article 18 ci-après, dans le cas d'égalité d'offres.

Art. 18.

Cas de nouveau concours.

L'un des cas suivants peut se présenter au cours d'une adjudication ; la solution en sera donnée d'après les règles ci-après :

1° *Les quantités offertes dans les limites du prix fixé par l'administration sont inférieures à la fourniture à faire.*

Lorsque l'ensemble des quantités adjugées est inférieur au chiffre de la fourniture à effectuer, le président, après avoir fait connaître la quantité restant à adjuger, appelle à un nouveau concours toutes les personnes présentes, remplissant les conditions imposées par l'article 10.

Les offres peuvent être formulées sur les soumissions primitives.

Si ce nouveau concours demeure sans résultat, en tout ou en partie, le président déclare qu'il n'y a pas lieu à adjudication pour la quantité non soumissionnée dans la limite fixée ;

2° *Les quantités offertes dans la limite du prix fixé par l'administration sont supérieures à la fourniture à faire.*

a) La dernière soumission acceptable, s'il n'y a pas d'autres offres égales en prix, est réduite au complément quel qu'il soit des quantités à adjuger.

b) Sous réserve des exceptions prévues aux paragraphes 4° et 5° ci-après, si plusieurs offres à des prix égaux sont en présence pour couvrir soit la totalité de la fourniture, soit la quantité complémentaire à adjuger, un nouveau concours est ouvert, séance tenante, mais seulement entre les auteurs de ces offres. Ils sont admis, à cet effet, à formuler un nouveau rabais au bas de leurs soumissions, et même à augmenter, s'il y a lieu, le chiffre des quantités offertes, sans pouvoir le diminuer, et l'adjudication est prononcée en faveur de ceux dont le prix est le moins élevé. Si les concurrents ne consentent pas à un nouveau concours ou si l'on se trouve encore en présence de prix égaux, le sort décide de l'ordre dans lequel seront désignés les adjudicataires (1) ;

3° *Les offres inférieures aux prix-limites et les plus avantageuses pour l'État sont égales alors que la fourniture ou le service n'est pas divisible.*

Sous réserve des exceptions prévues aux paragraphes 4° et 5°

---

(1) Soit, par exemple, une quantité de 1.500 quintaux de blé restant à adjuger :

1" Concours.

	Quintaux.	Fr.	c.
A.	100	25	00
B.	200	25	00
C.	500	25	00
D.	1.000	25	00

2° Concours.

	Quintaux.	Fr.	c.
C.	500	24	00
B.	300	24	50
A.	300	25	00
D.	1.000	25	00

Les offres de A et de D étant égales en prix, le sort décide que A restera placé avant D.

Le classement définitif sera alors le suivant :

	Quintaux.	Fr.	c.
C.	500	24	00
B.	300	24	50
A.	300	25	00
D.	1.000	25	00

Il sera adjugé à :

	Quintaux.
C.	500
B.	300
A.	300
D.	400
	1.500

ci-après, il est procédé à un nouveau concours entre les sous-missionnaires de ces offres. Si ce nouveau concours demeure sans résultat ou si les concurrents refusent de faire de nouvelles offres, le sort décide entre eux :

4° *Egalité d'offres faites par des sociétés d'ouvriers français et par d'autres soumissionnaires.*

Dans ce cas, les offres faites par les sociétés d'ouvriers français ont la préférence et en cas d'égalité d'offres faites par plusieurs sociétés de cette nature, le sort en décide ;

5° *Egalité d'offres faites en Algérie et en Tunisie par des Français et des étrangers ou des indigènes.*

Lorsque deux concurrents, l'un français, l'autre étranger ou indigène auront fait des offres égales et qu'ils se refuseront à faire de nouvelles offres ou lorsqu'un deuxième concours sera resté sans résultat, le soumissionnaire français sera déclaré adjudicataire, sans qu'il y ait lieu de recourir au tirage au sort. Si un étranger et un indigène sont en présence, la préférence est donnée à l'indigène.

Art. 19.

Réclamations. — Protestations.

Toute difficulté survenant pendant l'adjudication est examinée immédiatement et résolue à la majorité des voix par les membres du bureau.

Il en est fait mention au procès-verbal.

Les décisions de la commission, portées à haute voix et pour notification à la connaissance du public et des intéressés, sont définitives et sans appel.

Toutefois, les protestations et réclamations faites séance tenante, par un ou plusieurs soumissionnaires, sont l'objet d'une mention au procès-verbal de la séance, qui est alors signé par les réclamants.

Si aucune réclamation n'est faite, le procès-verbal le mentionne.

Art. 20.

Approbation et acceptation des résultats du concours.

Les résultats des adjudications satisfaisant à cette triple condition qu'un prix-limite ait été fixé par le Ministre, qu'il se soit présenté plusieurs soumissionnaires et qu'il ne se soit produit aucune réclamation, sont approuvés par le directeur local, lequel peut déléguer ses pouvoirs au membre technique de la commission d'adjudication.

L'approbation est, en principe, réservée au Ministre, s'il n'a pas été fixé de prix-limite ou si un seul soumissionnaire s'est présenté à la séance d'adjudication. Toutefois, même dans ces deux cas, délégation spéciale peut exceptionnellement être donnée au directeur local d'approuver le marché. Cette délégation est conférée, d'une manière permanente, au général commandant le génie en Algérie, pour toutes les adjudications de travaux de constructions militaires à exécuter en Algérie, et au directeur du génie à Tunis, pour ceux à exécuter en Tunisie. Mais l'approbation est toujours réservée au Ministre, nonobstant toute délégation, s'il y a des réclamations ou des protestations insérées au procès-verbal.

L'approbation ministérielle n'est pas nécessaire si c'est à un deuxième concours qu'une seule soumission a été déposée, pourvu qu'au premier concours resté infructueux, plusieurs soumissions aient été présentées.

Lorsqu'il y est autorisé par délégation, le membre technique peut soit accepter définitivement et séance tenante les résultats de l'adjudication, soit surseoir à donner son approbation. Lorsque l'approbation de l'adjudication n'est pas prononcée séance tenante par le membre technique, celui-ci fait connaître aux soumissionnaires à quelle autorité incombe l'approbation, et il appelle l'attention des adjudicataires sur le caractère provisoire du marché et sur les stipulations de l'article 23 ci-après, relatives aux délais d'exécution.

Les délais dans lesquels l'approbation doit être notifiée aux contractants sont au maximum de trente jours lorsqu'elle est réservée au Ministre, dix jours dans les autres cas.

Lorsque l'approbation n'a pas été notifiée dans ces délais, l'adjudicataire pourra renoncer à l'exécution du contrat, à condition d'en faire la déclaration écrite au chef du service ; il ne lui est dû, de ce chef, aucune indemnité. S'il n'a pas usé de cette faculté avant d'avoir reçu notification de l'approbation, il est irrévocablement engagé vis-à-vis de l'Etat par cette notification.

Si la caution personnelle n'a pas été agréée par la commission d'adjudication, l'adjudicataire est prévenu qu'il devra constituer le cautionnement définitif prévu par le cahier des C. S. pour les lots de fournitures ou travaux dont il est titulaire.

Art. 21.

Communication des résultats de l'adjudication.

Il ne sera, dans aucun cas, donné suite aux demandes de communication des prix offerts ou adjugés qui seraient formulées auprès des représentants locaux de l'administration militaire.

Les soumissions étant lues *in extenso* et les résultats proclamés en séance publique, il appartient aux intéressés, qui peuvent toujours assister aux opérations ou s'y faire représenter, de prendre note des offres des concurrents s'ils le jugent utile.

Art. 22.

Procès-verbal d'adjudication.

Les différentes opérations de la commission et les résultats de l'adjudication sont constatés dans un procès-verbal (1), établi au nom du membre civil, président de la commission, dressé en deux originaux, et qui tient lieu de marché.

Le procès-verbal ainsi que les tableaux et les annexes, quand il y a lieu, sont signés par les adjudicataires et leurs cautions, par les réclamants ainsi que par les membres et le président de la commission.

Si, au moment de la clôture des opérations de la commission, l'un des adjudicataires est absent ou non représenté, ou s'il refuse de signer les pièces ci-dessus indiquées, mention en est faite au procès-verbal de la séance qui tient lieu quand même de marché.

Le membre technique en adresse par lettre recommandée un extrait conforme à l'adjudicataire en l'invitant à lui en accuser réception. A défaut de réponse, il fait signifier cet extrait au domicile de l'adjudicataire et, s'il y a lieu, de sa caution, par

---

(1) Modèle n° 14 pour les adjudications de travaux du service du génie.

voie administrative (1) ou, en cas d'impossibilité, par acte d'huissier.

Dans le cas où l'approbation est réservée au Ministre, l'un des originaux du procès-verbal lui est envoyé en communication. Il est adressé dans les vingt-quatre heures, par le membre technique, au directeur du service intéressé qui le transmet d'extrême urgence au Ministre. A cet original sont jointes toutes les pièces sur le vu desquelles la commission d'adjudication a admis à soumissionner les adjudicataires déclarés en séance.

Après l'approbation des résultats de l'adjudication, un des originaux du procès-verbal doit être timbré et enregistré. L'enregistrement de cet acte administratif n'est valable et libératoire que s'il est effectué par le bureau de la circonscription dans laquelle réside l'autorité qui l'a reçu. En conséquence, pour éviter tout retard et toute complication, les chefs de service sont seuls chargés, quelle que soit l'autorité qui aura statué sur les résultats de l'adjudication, de porter sur l'original du procès-verbal la mention de l'approbation : « Approuvé par nous (nom et qualité, résidence du chef de service), en vertu de l'autorisation donnée par (Ministre, Directeur), à la date du..... » (2).

Le timbre et l'enregistrement sont poursuivis aux frais des adjudicataires et à la diligence du chef du service, signataire de la mention d'approbation.

L'original, timbré et enregistré, reste dans les archives du chef de service qui en délivre toute copie conforme et tout extrait nécessaire ; les soumissions et l'enveloppe cachetée contenant le prix-limite y demeurent annexées.

Le second original est déposé aux archives de la mairie.

Art. 23.

Date à partir de laquelle courent les délais d'exécution.

Lorsque les marchés ont été acceptés définitivement en séance

---

(1) On appelle notification ou signification administrative celle qui est faite par un agent assermenté de l'administration.

(2) Cette disposition ne déroge pas aux règlements en vigueur sur l'approbation des marchés. Dans le cas où l'approbation est réservée soit au directeur, soit au Ministre, le chef du service attendra, pour porter la mention d'approbation, d'avoir reçu notification de la décision à intervenir.

par le membre technique opérant au nom et pour le compte de l'Etat, les délais d'exécution courent du jour de l'adjudication.

Si l'approbation a été réservée, les délais ne courent que du jour de la notification à l'intéressé de la décision définitive d'approbation.

Art. 24.

Insuccès d'une adjudication simple. — Concours de quarante-huit heures.

Lorsqu'une adjudication simple n'a donné aucun résultat, tant après un premier qu'après un second concours, ou lorsqu'elle n'a donné qu'un résultat partiel, le président annonce, s'il y a lieu, qu'il sera procédé à un concours, dit « concours de quarante-huit heures », dans les conditions prévues à l'article 44 de la présente instruction.

En cas d'insuccès d'une adjudication et du concours de quarante-huit heures consécutif, s'il en a été ouvert, le directeur du service local a la faculté, suivant les circonstances et la durée du marché, soit de faire procéder à une nouvelle adjudication, soit de prescrire, par application du paragraphe 9 de l'article 18 du décret du 18 novembre 1882, la passation d'un marché de gré à gré, dans les conditions prévues à l'article 46 de la présente instruction.

Les affiches et avis annonçant la première adjudication peuvent mentionner que pour les fournitures non adjugées, soit en séance, soit au concours de quarante-huit heures consécutif, s'il en a été ouvert, une nouvelle adjudication aura lieu à une date déterminée, postérieure de quinze à vingt jours à celle de la première. Ce délai peut être réduit en cas d'urgence.

A l'issue de la première séance d'adjudication, le président de la commission rappelle, s'il y a lieu, la date de la nouvelle adjudication, et indique les parties de la fourniture qui en feront l'objet, si toutefois le concours de quarante-huit heures ne donne aucun résultat.

CHAPITRE III.

Règles applicables aux adjudications restreintes.

SECTION Ire.

OPÉRATIONS PRÉCÉDANT LA SÉANCE D'ADJUDICATION.

Art. 25.

Déclarations et références à produire pour prendre part aux adjudications restreintes.

Toute personne ou société qui a l'intention de concourir à une adjudication restreinte, adresse ou remet au membre technique de la commission d'adjudication et dans le délai indiqué par les avis d'adjudication :

1° Une déclaration indiquant son intention de soumissionner (1), ses nom, prénoms, domicile et qualité, ainsi que le lieu et la date de sa naissance s'il s'agit d'une personne, ou sa raison sociale s'il s'agit d'une société, et spécifiant, s'il y a lieu, le nombre de lots ou les places ou arrondissements de fournitures pour lesquels elle demande à concourir ; elle fait en outre connaître, le cas échéant, la manière dont elle entend réaliser le cautionnement définitif prévu, ou son intention de constituer une caution personnelle, lorsque ce mode de garantie est admis ;

2° Un état indiquant les entreprises de fournitures pour les services publics dont le soumissionnaire aurait été antérieurement adjudicataire, soit seul, soit en société.

Quand il s'agit d'une adjudication de travaux, les références consistent en une note émanée du candidat et indiquant le lieu, la date, la nature et l'importance des travaux qu'il a exécutés, ainsi que les noms, qualités et domiciles des hommes de l'art sous la direction desquels il les a exécutés (modèle n° 11) ;

3° Si le soumissionnaire a spécifié avoir l'intention de présenter une caution personnelle, et que ce mode de garantie soit

---

(1) Modèle n° 10 pour les adjudications de travaux du service du génie.

admis, une déclaration écrite par cette personne, faisant connaître ses nom, prénoms, domicile et lieu de naissance, et portant promesse de s'engager solidairement avec le demandeur pour l'exécution du service à entreprendre, dans le cas où celui-ci serait déclaré adjudicataire. La caution doit satisfaire aux règles de nationalité imposées aux soumissionnaires.

Ces pièces doivent être accompagnées, soit de celles indiquées à l'article 26 ci-après, soit d'un certificat établi dans les conditions fixées aux articles 11 et 12 ci-dessus. Ce certificat, pour être valable, doit mentionner expressément qu'il a été délivré en vue d'une adjudication restreinte.

En outre, lorsqu'il s'agira de fabrications de matières ou objets, ou de confections particulièrement importantes, et lorsque les cahiers des C. C. ou des C. S. le spécifieront, la production des pièces spéciales ci-après énumérées pourra être exigée sans que le certificat dont il vient d'être question puisse en tenir lieu :

a) Un acte de notoriété passé par-devant notaire, attestant que les usines, ateliers, machines, ustensiles, engins et agrès nécessaires pour l'exécution de la fourniture ou du service à entreprendre appartiennent réellement en toute propriété au demandeur.

A défaut de titre de propriété, il devra être fourni un bail ou promesse de bail authenthique, constatant que la jouissance des lieux, de la force motrice et du matériel est exclusivement réservée au locataire, pour une durée ininterrompue suffisante pour l'exécution complète et entière du service à entreprendre. Sera réputé non valable tout bail qui réserverait au propriétaire la faculté de résilier avant la complète exécution du marché.

De plus, le demandeur propriétaire ou le bailleur doit consentir expressément à la rétrocession à l'Etat de ses ateliers, usines et matériel, si cette condition est prévue par le cahier des C. S. ;

b) Les plans des usines et ateliers dans lesquels le demandeur se propose de fabriquer, de confectionner ou de transformer des objets, des matières, denrées ou effets, selon la nature du service à entreprendre, avec l'état détaillé du conditionnement de l'outillage. Ces usines et ateliers doivent être situés soit en territoire français, soit en pays de protectorat. Les plans et leurs annexes sont certifiés : dans les colonies et les pays de protectorat, par un architecte de l'une des administrations civiles de l'Etat ; en France, par l'architecte départemental ;

c) Une déclaration indiquant la force motrice dont chaque usine dispose et faisant connaître, pour les moteurs hydrauliques, les nombres de jours de chômage qui ont été, pendant les deux dernières années, la conséquence de la hausse ou de la baisse des eaux.

Le membre technique donne au déposant un récépissé énumératif de toutes les pièces déposées.

Les personnes ou sociétés engagées au moment de l'adjudication dans un marché conclu à la suite d'une adjudication restreinte et ressortissant au même service que celui que concerne l'adjudication, sont dispensées, en principe, de la production des références indiquées aux paragraphes *a*, *b* et *c* ci-dessus, à la condition qu'elles présentent une copie authentique du marché en cours dont elles sont titulaires.

Art. 26.

Pièces à produire pour prendre part à une adjudication restreinte.

Les pièces qui, à moins d'être remplacées par un certificat de dépôt, doivent accompagner la déclaration d'intention de soumissionner, sont énumérées ci-après, suivant qu'il s'agit de personnes ou de sociétés :

a) *Personne soumissionnant en son propre nom.*

Une pièce constatant sa qualité de Français, ou d'indigène algérien en Algérie, ou d'indigène tunisien en Tunisie, ou, enfin, une décision du Ministre l'autorisant à prendre part à l'adjudication (1).

b) *Société en nom collectif ou en commandite.*

1° Une expédition légalisée de l'acte constitutif de la société, des statuts et, le cas échéant, des actes modificatifs. La société ne sera admise qu'autant que sa durée, qui ne devra pas être illimitée, sera au moins égale à celle du marché à

---

(1) Voir, en ce qui concerne la nature de ces pièces, les renvois (1), (2) et (3) de l'article 10 ci-dessus.

intervenir et que les actes constitutifs et modificatifs de ses statuts ne stipuleront pas de réserve de nature à restreindre la responsabilité solidaire des associés dans les sociétés en nom collectif et les responsabilités spéciales aux commandités et aux commanditaires dans les sociétés en commandite.

La caution personnelle d'une société en nom collectif ne peut être l'un des associés; celle d'une société en commandite ne peut être l'un des commandités;

2° L'une des pièces énumérées au paragraphe 2 du présent article, pour chacun des associés et, le cas échéant, des tiers gérants des sociétés en nom collectif, pour les commandités ou les gérants, ou les membres du conseil de surveillance des sociétés en commandite simple ou par actions.

c) *Société anonyme.*

1° Une expédition légalisée de l'acte de société, des statuts et, le cas échéant, des actes modificatifs. La société ne sera admise qu'autant que sa durée, qui ne devra pas être illimitée, sera au moins égale à celle du marché à intervenir et que ses actes constitutifs ou modificatifs et ses statuts ne stipuleront pas de réserve de nature à affaiblir la valeur du gage que représente pour ses créanciers son capital social;

2° Une déclaration signée par le président du conseil d'administration et légalisée, faisant connaître les noms de la personne ou des personnes qui, d'après les statuts, ont qualité pour traiter au nom de la société et pour la représenter, pendant la durée du marché, pour tout ce qui concerne l'exécution du contrat. Cette déclaration doit être accompagnée, pour le président et pour le ou les mandataires désignés, d'une des pièces visées au paragraphe *a)* du présent article.

Dans le cas où la société voudrait, en cours de marché, substituer de nouveaux mandataires à ceux primitivement agréés par l'administration, cette substitution devrait être soumise au préalable à l'acceptation du Ministre. Toute substitution non autorisée serait considérée comme une modification apportée sans autorisation à la constitution de la société, et serait susceptible d'entraîner la résiliation du marché, aux risques et périls du fournisseur, dans les conditions prévues au cahier des C. C. G.

La caution personnelle d'une société anonyme ne peut être ni son mandataire ni l'un des membres du conseil d'administration.

d) *Société à capital variable*

Les pièces à fournir seront celles énumérées au paragraphe *b*) du présent article, si la société est en nom collectif ou en commandite, celles indiquées au paragraphe *c*), si elle est anonyme.

e) *Société d'ouvriers français.*

Lorsqu'une société d'ouvriers français se présente pour la première fois à une adjudication du Département de la guerre :

1° Une expédition légalisée de l'acte de société et ses statuts ;

2° Les décisions du conseil d'administration ou de l'assemblée générale qui auront modifié l'acte de société, les statuts ou prononcé des admissions ou des exclusions d'actionnaires depuis la création de la société ;

3° Un état nominatif des actionnaires avec la justification de leur nationalité française, de leurs qualité et profession ;

4° Des certificats délivrés aux gérants, administrateurs ou autres associés et les déléguant spécialement pour traiter au nom de la société et pour la représenter pendant la durée du marché pour tout ce qui concerne l'exécution du contrat ;

5° Une déclaration indiquant le nombre minimum des sociétaires que la société s'engage à employer à l'exécution des marchés.

Lorsqu'une société d'ouvriers français a déjà été admise à soumissionner :

Les pièces prévues dans les paragraphes 2°, 3° et 5° ci-dessus.

Lorsque le marché sera de longue durée, le chef de service exigera périodiquement et à des échéances fixes qu'il déterminera, les justifications cotées 2° et 3°.

Dans ces deux derniers cas, les renseignements relatifs aux modifications apportées à l'organisation et à la constitution de la société ne devront remonter qu'à la date des dernières déclarations produites.

Les sociétés d'ouvriers sont dispensées de fournir un cautionnement lorsque le montant du marché ne dépasse pas

50.000 francs. La caution personnelle et solidaire qu'elles peuvent avoir à constituer, le cas échéant, ne peut être ni membre de la société ni faire partie du conseil d'administration, ni être son mandataire.

Art. 27.

Justifications dont sont dispensés les candidats à plusieurs adjudications.

En cas d'adjudications simultanées, faites à la même époque sur plusieurs points du territoire, pour des fournitures ou des travaux de même nature, par exemple pour des entreprises de confection ou de fournitures à la ration, toute personne ou société ayant effectué sur un point le dépôt des justifications exigibles, peut, sans être obligée de produire de nouveau les mêmes pièces, ni même de fournir le certificat dont il est question à l'article 11, demander à être admise à concourir à plusieurs de ces adjudications dans les conditions prévues soit par le cahier des C. S., soit par l'avis d'adjudication.

A cet effet, elle fait parvenir au membre technique de l'une des commissions, à son choix (1), une demande déclarant son intention de soumissionner, accompagnée des pièces énumérées dans les articles 25 et 26, et aux membres techniques des autres commissions, une simple demande d'admission, sauf à produire, à chacune des commissions d'adjudication devant laquelle elle se présentera, la preuve qu'elle a été admise à prendre part à l'un des concours simultanés. La commission d'adjudication délibère alors, et après avoir apprécié la validité des justifications fournies, statue sommairement et définitivement en séance sur l'admission ou l'éviction du demandeur.

Art. 28.

Clôture de la liste des demandes d'admission.

Le membre technique dresse la liste des déclarations d'inten-

---

(1) Toutefois, pour les entreprises de fournitures à la ration (pain et fourrages), la déclaration d'intention de soumissionner doit être adressée, obligatoirement, au membre technique de la commission d'admission dans la circonscription de laquelle se trouve le domicile légal du candidat.

tion de soumissionner reçues et l'arrête définitivement à l'expiration du délai fixé pour le dépôt.

S'il s'agit d'opérations d'un caractère général ou spécial, devant avoir lieu à Paris ou dans des centres déterminés, la liste arrêtée et appuyée des déclarations est transmise au Ministre de la guerre par la voie hiérarchique.

S'il s'agit seulement d'une adjudication locale ou s'appliquant à un arrondissement déterminé, cette liste est conservée par le membre technique qui en adresse seulement une expédition au directeur du service intéressé.

Dès la réception des déclarations, le membre technique s'occupe de recueillir tous les renseignements propres à éclairer la commission d'admission sur l'aptitude générale, la moralité commerciale et la solvabilité des signataires des déclarations (soumissionnaires et, le cas échéant, cautions).

A cet effet, le membre technique s'adresse notamment aux autorités municipales, aux tribunaux et aux chambres de commerce.

Il s'assure, en particulier, de la situation des candidats au point de vue de l'état de faillite ou de liquidation judiciaire, en prenant tous les renseignements utiles à ce sujet, au greffe du tribunal de commerce du lieu où le candidat a son domicile légal (1) et, s'il est nécessaire, en réclamant au parquet du tribunal civil du lieu de naissance dudit candidat, le bulletin n° 2 prévu à l'article 4 de la loi du 17 juillet 1900 (2).

Si les postulants ont été ou sont encore titulaires de marchés de l'administration de la guerre, il demande des renseignements aux chefs de service sur la manière dont les candidats ont exécuté ou exécutent leurs engagements.

Art. 29.

Visite des usines, manufactures, ateliers, etc.

Le Ministre peut, s'il le juge nécessaire, faire visiter par des

---

(1) Il convient de ne demander aux greffes des tribunaux de commerce que des renseignements officieux, n'exigeant aucune recherche ou compulsion de pièces.
(2) Les frais occasionnés par la production de ce bulletin sont supportés par l'administration.

commissions spéciales instituées à cet effet, les usines, manufactures, ateliers, chantiers, etc., indiqués par les signataires des déclarations comme devant être affectés à l'exécution du service à entreprendre, afin de s'assurer qu'ils remplissent toutes les conditions exigées par les cahiers des charges et de se rendre compte du chiffre maximum de la production qu'ils peuvent donner dans les limites d'un bon conditionnement de la fourniture ou du service à exécuter.

Les résultats de la visite de chaque usine, manufacture, atelier, chantier, etc., sont constatés par un certificat de vérification qui est communiqué sur les lieux mêmes aux intéressés pour être signé par eux et recevoir toutes les observations qu'ils jugeraient devoir faire.

Ces certificats de vérification sont transmis au membre technique de la commission d'admission qui les annexe au dossier des candidats.

Art. 30.

Composition de la commission d'admission.

La commission d'admission est composée ainsi qu'il est dit à l'article 3 pour la commission d'adjudication ; toutefois, elle ne comprend un fonctionnaire de l'intendance que si celui-ci est membre technique, le troisième membre étant, dans tous les cas, un officier de la garnison désigné par le commandant d'armes.

La présidence appartient au maire ou à son délégué.

La commission peut fonctionner valablement si elle est réduite à deux membres, mais la présence du membre technique est toujours nécessaire. En l'absence du maire ou de son délégué, la présidence appartient à l'officier ou fonctionnaire du rang le plus élevé dans l'ordre des préséances.

Art. 31.

Du rôle de la commission d'admission.

La commission d'admission délibère et statue définitivement sur l'admission des concurrents et de leurs cautions et, s'il y a lieu, sur le nombre des lots ou l'importance des fournitures, travaux, confections, etc., qui peuvent être confiés à chacun d'eux, suivant les moyens de production ou d'exécution dont il a justifié.

Le membre technique présente à la commission le répertoire
des entrepreneurs et fournisseurs exclus des adjudications et
marchés du Département de la guerre, et la commission écarte
toute personne ou société figurant sur ce répertoire.

Toutes les pièces sur le vu desquelles la commission doit statuer sont examinées par chaque membre de la commission.

La commission est tenue, avant de statuer définitivement, d'entendre les concurrents dont l'exclusion lui paraît devoir être
prononcée. Une convocation leur est adressée à cet effet par le
membre technique. Si le candidat ne se présente pas au jour et
à l'heure qui lui auront été indiqués, la commission passe outre
et statue sans appel.

La commission décide définitivement sur la reconnaissance des
sociétés candidates comme sociétés d'ouvriers, et sur leur admission, en cette qualité, à l'adjudication à intervenir.

Dans le cas où le membre technique constaterait une irrégula-
rité dans la décision prise par la commission, que cette décision
soit favorable ou non à la société qui en a été l'objet, il devrait
en rendre compte immédiatement au Ministre, pour que la décision prise puisse être, le cas échéant, réformée en temps utile (1).

Le résultat des délibérations de la commission est constaté par
un procès-verbal (2) qui contient complètes et séparées, d'une
part, la liste des admis, tant comme soumissionnaires que comme
cautions, avec le nombre de lots, de places ou d'arrondissements
de fournitures, etc., qui pourront lui être adjugés, et d'autre
part, la liste des non admis. Toutes les pièces présentées par les
concurrents sont énumérées dans le procès-verbal, et mention est
faite de leur examen par chaque membre de la commission.

Ces listes sont dressées par ordre alphabétique. Elles doivent
être tenues secrètes.

Une copie du procès-verbal des séances est adressée immédiatement après la clôture des opérations de la commission,

---

(1) Il résulte d'un arrêt du Conseil d'Etat du 19 juillet 1901 (société
« La Laborieuse » contre le préfet du Gard) que les sociétés d'ouvriers
français ont le droit de faire appel à des commanditaires sans perdre
pour cela le caractère de société ouvrière.
(2) Modèle n° 12 pour les adjudications de travaux du service du génie.

directement au Ministre (Direction compétente) par le membre technique de la commission.

Art. 32.

Notification des décisions de la commission d'admission.
Conséquences.

Les décisions de la commission d'admission sont notifiées aux intéressés, par le membre technique, dans les vingt-quatre heures qui suivent l'établissement de la liste définitive d'admission, et au moins trois jours francs avant la séance d'adjudication.

Ces décisions n'énoncent pas les motifs d'acceptation ou de refus.

Si la caution personnelle n'a pas été agréée, le signataire de la déclaration d'intention de soumissionner peut, dans les trois jours qui suivent celui de la notification de la décision de la commission présenter, dans les formes prévues à l'article 25, une nouvelle caution dont l'acception est soumise avant le jour de l'adjudication, à la commission d'admission, réunie à cet effet.

Le candidat est informé, immédiatement après la séance, de la décision intervenue, et si la nouvelle caution n'a pas été admise, il est prévenu qu'il devra constituer le cautionnement définitif déterminé pour les lots ou les fournitures dont il pourra être déclaré adjudicataire.

SECTION II.

OPÉRATIONS DE L'ADJUDICATION PROPREMENT DITE.

Art. 33.

Etablissement des soumissions.

Toute personne ou société admise à concourir peut soumissionner pour le nombre de lots, de places ou d'arrondissements de fournitures qu'elle juge convenable ; mais elle ne sera déclarée adjudicataire que pour le nombre de lots, de places ou d'arrondissements de fourniture correspondant au maximum prévu dans le cahier des C. S. ou à celui que la commission d'admission a prévu pour chacune d'elles.

Les soumissions sont établies en simple expédition, sur des formules imprimées, lorsqu'il en a été envoyé par le membre technique aux candidats admis à concourir.

Toutes les dispositions énumérées aux articles 3 et 7 à 23 inclus sont applicables aux adjudications restreintes, sauf que le dépôt des soumissions est précédé de la lecture faite à haute voix, par le président de la liste des concurrents admis, et que la commission n'a pas à consulter le répertoire des entrepreneurs et fournisseurs exclus des adjudications et marchés du Département de la guerre, ni à statuer sur la reconnaissance des sociétés candidates comme sociétés ouvrières et sur leur admission, en cette qualité, à l'adjudication à intervenir.

Art. 34.

Constitution d'un cautionnement provisoire.

Lorsque les cahiers des C. S. et l'avis d'adjudication prévoient la réalisation d'un cautionnement provisoire, ce cautionnement est constitué dans les formes prévues dans le titre V de la présente instruction.

Le récépissé de versement au Trésor est, soit joint à la soumission, soit remis en séance au président de la commission d'adjudication.

La production de ce récépissé est de rigueur et il ne peut y être suppléé par aucune remise de valeurs sur le bureau, en séance d'adjudication. Les récépissés sont rendus, à l'issue de la séance, à tous les soumissionnaires non déclarés adjudicataires, après avoir été revêtus de la mention suivante, signée par le président :

« M. N..., n'ayant pas été déclaré adjudicataire, a droit à la restitution de son cautionnement provisoire. »

Les récépissés des soumissionnaires déclarés adjudicataires sont conservés à l'appui de leur marché jusqu'à la constitution du cautionnement définitif ou d'une caution personnelle solidaire.

Art. 35.

Insuccès d'une adjudication restreinte.

En cas d'insuccès total ou partiel d'une adjudication restreinte, tant après un premier qu'un deuxième concours, le directeur du service a la faculté, suivant les circonstances locales et la nature du marché, de procéder à l'une des opérations indiquées ci-après:

I. — Marchés autres que ceux des travaux.

Dans le cas de marchés autres que ceux des travaux (travaux de constructions militaires et travaux de vidanges), il peut être procédé à une nouvelle adjudication.

Les avis et affiches annonçant la première adjudication mentionnent alors que, pour les fournitures non adjugées, une nouvelle adjudication aura lieu à une date déterminée, postérieure de quinze à vingt jours à celle de la première (1). Ces affiches et avis indiquent également le délai fixé pour le dépôt des déclarations d'intention de soumissionner des candidats nouveaux et la date à laquelle se réunira la commission d'admission chargée de les examiner.

Les concurrents admis à la première adjudication pour les parties de la fourniture non adjugées, sont d'ailleurs admis d'office à la nouvelle adjudication, sans avoir à présenter de nouvelles demandes.

S'il doit être ainsi procédé à une nouvelle adjudication, le président de la commission d'adjudication rappelle, à l'issue de la séance, la date de la nouvelle adjudication et celle fixée pour l'envoi au membre technique des nouvelles déclarations d'intention de soumissionner : il indique, en outre, les parties de la fourniture qui en font l'objet.

II. — Marchés de travaux de constructions et de travaux de vidanges.

Dans le cas de marchés de constructions militaires et de travaux de vidanges, il peut être procédé à l'ouverture d'un con-

---

(1) Ce délai peut être réduit en cas d'urgence.

cour consécutif à l'adjudication sans résultat, si le cahier des C. S. en dispose ainsi.

Le président de la commission d'adjudication annonce alors, à l'issue de la séance, qu'il sera procédé à ce concours dans les conditions prévues à l'article 45 de la présente instruction.

III. — *Marchés de toute nature.*

Dans tous les cas, à la suite de l'insuccès d'une adjudication restreinte, et si les circonstances locales le justifient, il peut être procédé, par application du paragraphe 9 de l'article 18 du décret du 18 novembre 1882, à la passation d'un marché de gré à gré, dans les conditions prévues à l'article 46 de la présente instruction.

CHAPITRE IV.

Règles applicables aux adjudications provisoires.

Art. 36.

Cas d'adjudication provisoire. — Dépôt de nouvelles offres.

Lorsque, par application des dispositions du décret relatif aux adjudications et aux marchés, passés au nom de l'Etat (1) le cahier des C. S. spécifie que des offres de rabais sur le prix d'une adjudication peuvent être reçues. la première adjudication est dite « adjudication provisoire », et il est procédé comme il suit :

Dans tous les cas, les offres de rabais ne peuvent être inférieures à 10 p. 100 sur les prix de l'adjudication provisoire.

Le délai pendant lequel peuvent être reçues ces offres est fixé par le cahier des C. S.

Elles peuvent être présentées par toutes les personnes qui ont pris part à l'adjudication provisoire, et par toutes autres sous la condition, pour ces dernières, de les appuyer de toutes les pièces et justifications qui ont été exigées des premiers soumissionnaires.

---

(1) Décret du 18 novembre 1882, article 16.

Ces offres sont établies dans les formes prévues pour les soumissions ordinaires; elles sont remises ou adressées au président ou au membre technique de la commission d'adjudication, dans les conditions déterminées par l'article 15.

Les plis cachetés qui renferment les offres ne sont ouverts que dans la séance de réadjudication dont la date a d'ailleurs été fixée par le cahier des C. S.

Art. 37.

Séance de réadjudication à la suite d'offres de rabais sur les prix d'une adjudication provisoire.

Lorsque des offres de rabais ont été faites dans les conditions prévues à l'article 36, il est procédé à une réadjudication entre le premier adjudicataire et le ou les signataires de ces offres.

Le président de la commission d'adjudication, après avoir procédé au dépouillement des nouvelles offres faites tant par l'adjudicataire provisoire que par ses concurrents, proclame le moins disant adjudicataire définitif.

Dans le cas où les offres les plus avantageuses seraient égales, la désignation de l'adjudicataire serait faite par le tirage au sort, sauf les exceptions prévues à l'article 18 précédent, paragraphes 4 et 5.

Pour les détails et la marche des opérations que comporte ce mode spécial d'adjudication, on se conforme aux règles tracées dans les divers articles de la présente instruction qui sont applicables ainsi qu'aux dispositions particulières que déterminent le cahier des C. S. ou les instructions spéciales du Ministre.

Art. 38.

Procès-verbal de l'opération.

Il est dressé un procès-verbal de la réadjudication, lequel est signé par l'adjudicataire, sa caution et par les membres de la commission.

CHAPITRE V.

Adjudications sur concours d'échantillons et de prix.

Art. 39.

Dépôt et examen des échantillons.

Lorsque, pour des fournitures spéciales, le cahier des C. S. spécifie que l'adjudication aura lieu au concours d'échantillons et de prix, il est procédé ainsi qu'il suit :

Jusqu'à une date fixée par le cahier des C. S., les échantillons sont remis ou envoyés, soit à un établissement désigné, soit au membre technique, et il en est délivré ou adressé un récépissé au déposant.

La liste des personnes ayant déposé des échantillons est arrêtée, par le membre technique, au jour fixé comme délai de dépôt.

La commission d'adjudication se réunit pour procéder, avec l'aide de personnes compétentes, désignées à cet effet au cahier des C. S., à l'examen et aux épreuves des échantillons envoyés ; un coefficient est attribué, en raison de leur qualité relative, à chacun des échantillons réunissant les conditions d'admission.

Toutefois, lorsque les cahiers des C. C. ou des C. S. le spécifient, l'examen et les épreuves des échantillons sont effectués par une commission distincte de la commission d'adjudication, et dont la composition est fixée par le cahier des C. S.

Dans tous les cas, l'opération est constatée par un procès-verbal que signent toutes les personnes y participant, et dont il est donné lecture dans la séance ultérieure d'adjudication.

Les soumissions sont envoyées par pli recommandé ou remises en séance d'adjudication, dans les conditions prévues par l'article 15 de la présente instruction.

Art. 40.

Séance d'adjudication.

Les concurrents dont les échantillons ont été admis prennent seuls part à l'adjudication. Les soumissions des candidats évincés, envoyées par la poste ou déposées en séance, leur sont re-expédiées ou remises sans qu'il en soit donné lecture en séance.

Les soumissions des concurrents admis, classées dans l'ordre de leur dépôt, sont ouvertes en séance par le président qui en donne lecture à haute voix. Le classement des offres formulées est fait en combinant les prix stipulés avec les coefficients attribués aux échantillons ; le soumissionnaire qui a fait les offres combinées les plus avantageuses pour l'Etat, est déclaré adjudicataire si ces offres sont, d'ailleurs, dans la limite du prix qui peut avoir été fixé.

A parité d'offres combinées, un second concours est ouvert entre les concurrents ayant fait des offres égales et, s'ils refusent de formuler de nouvelles offres, ou bien si, en ayant fait, celles-ci se trouvent encore égales, le sort désigne l'adjudicataire, sauf les exceptions prévues à l'article 18, paragraphes 4 et 5.

TITRE II.

Marchés de gré à gré.

Art. 41.

Disposition générale.

Il peut être passé des marchés de gré à gré, dans les différents cas prévus par le décret relatif aux adjudications et marchés passés au nom de l'Etat (1).

Tout marché de gré à gré rappelle l'article et le paragraphe dudit décret dont il est fait application.

En principe, l'approbation des marchés de gré à gré est toujours réservée au Ministre.

Les dispositions de l'article 20, relatives aux délais de notification de l'approbation, sont applicables aux marchés de gré à gré.

---

(1) Décret du 18 novembre 1882, article 18.

Art. 42.

Garanties à exiger des concurrents.

Toutes les garanties exigées des concurrents pour être admis aux adjudications peuvent l'être également des personnes ou des sociétés avec lesquelles il doit être passé des marchés de gré à gré.

Les candidats et les mandataires des sociétés doivent justifier de leur qualité de Français ou, s'ils sont étrangers, d'une autorisation délivrée par l'autorité compétente.

Cependant, les marchés de gré à gré peuvent être passés, sans autorisation spéciale, avec les indigènes algériens en Algérie, et avec les indigènes tunisiens en Tunisie, dans les conditions où ces indigènes sont admis dans les adjudications publiques (voir art. 10 de la présente instruction).

Les mandataires des sociétés ne sont admis à traiter qu'autant qu'ils sont munis des pouvoirs nécessaires pour qu'ils puissent engager valablement les sociétés qu'ils représentent.

Art. 43.

Mode de passation des marchés de gré à gré.

Les marchés de gré à gré sont passés :

1° Soit sur un engagement souscrit à la suite du cahier des charges;

2° Soit sur une soumission établie par la personne ou le mandataire de la société qui se propose de traiter;

3° Soit par correspondance, suivant les usages du commerce.

Les marchés de gré à gré doivent être précédés d'un appel à la concurrence ; lorsqu'on croit devoir s'affranchir de cette règle, il y a lieu, en soumettant le marché à l'approbation du Ministre, de lui rendre compte des motifs de cette dérogation.

L'appel à la concurrence indique la date extrême à laquelle doivent parvenir les propositions des concurrents.

Le dépouillement des soumissions a lieu en l'absence des concurrents, et il ne peut être donné communication des prix soumissionnés. Les soumissionnaires dont les offres n'ont pas été acceptées, sont prévenus que le marché n'a pu leur être attribué.

Un procès-verbal d'examen des soumissions établies par les divers concurrents est mis à l'appui du marché. Les soumissions elles-mêmes sont jointes à ce procès-verbal.

1° Lorsqu'il n'a pas été procédé au dépouillement par une commission d'achat ou un conseil d'établissement ;

2° Lorsque la comparaison des offres n'a pas été basée exclusivement sur les prix offerts.

Dans le cas où, nonobstant l'appel à la concurrence, il n'a été reçu d'offres que d'un seul soumissionnaire, le marché est accompagné d'une note rappelant les prix courants et les prix offerts antérieurement pour les mêmes fournitures.

La mention de l'approbation du marché est portée par l'autorité locale compétente : chef de service, conseil d'administration ou d'établissement, etc., etc. Elle rappelle l'autorisation donnée à cet égard par le Ministre et la date de celle-ci. Le marché est enregistré à la diligence de l'administration et aux frais du titulaire, au bureau de l'enregistrement de la circonscription dans laquelle réside l'autorité qui a porté la mention de l'approbation du marché.

Dès leur approbation, les originaux des marchés sont soumis à la formalité du timbre (1)

Art. 44.

Dispositions spéciales aux marchés de gré à gré dits : « Concours de quarante-huit heures ».

En cas d'insuccès total ou partiel d'une adjudication simple, tant après un premier qu'après un deuxième concours (voir art. 24), le président de la commission d'adjudication annonce, *lorsqu'il y a lieu,* que le membre technique est autorisé à recevoir, pendant un délai de quarante-huit heures, les offres qui lui seront faites, soit par les personnes ayant pris part à l'adjudication, soit par toutes autres réunissant les conditions requises des précédents soumissionnaires. Il fait connaître que ces offres doi-

---

(1) Il ne doit être introduit dans les marchés aucune disposition autocopiée ou manuscrite, sur feuille intercalaire, collée ou cousue, et il ne peut y être apporté aucune addition ou rature sans que ces modifications aient été approuvées par les signataires des parties ayant préparé et passé le marché.

Quant aux surcharges, il ne doit en exister dans aucun cas.

vent être écrites et signées par leurs auteurs ou par leurs fondés de pouvoir, munis de procurations régulières, et remises sous pli cacheté. Ces offres engagent leurs signataires jusqu'à la décision qui sera prise.

Lorsque, dans le délai pendant lequel le membre technique peut recevoir les offres se trouve un dimanche ou un jour férié, ce dimanche ou ce jour férié ne doit pas être compté dans le calcul des quarante-huit heures.

Le membre technique indique le lieu où doivent être déposées les offres, l'heure à laquelle expirera le délai pendant lequel il peut en recevoir et à l'expiration duquel il ouvrira les plis et comparera les offres déposées.

Les soumissionnaires sont admis à assister à ce dépouillement.

Le membre technique accepte provisoirement les offres les plus avantageuses à l'État, dans les conditions du prix-limite; dans le cas où ces offres, qui ne peuvent d'ailleurs être faites qu'une fois, se trouveraient égales, la désignation de l'adjudicataire serait faite par le tirage au sort, sauf les exceptions prévues à l'article 18, paragraphes 4° et 5°.

L'approbation définitive est toujours réservée au Ministre, s'il s'est produit des réclamations, s'il ne s'est présenté qu'un seul soumissionnaire au concours de quarante-huit heures ou s'il n'a pas été fixé de prix-limite. Dans les autres cas, cette approbation définitive peut être prononcée par les autorités déléguées à cet effet.

Art. 45.

Dispositions spéciales aux marchés de gré à gré relatifs aux travaux de constructions militaires ou de vidanges et consécutifs à un concours ouvert à l'issue d'une adjudication infructueuse.

En cas d'insuccès total ou partiel d'une adjudication restreinte relative à des travaux de constructions militaires ou de vidanges (voir art. 35), le président de la commission d'adjudication annonce, s'il y a lieu, que le membre technique est autorisé à recevoir, dans le délai fixé par le cahier des C. S., les offres qui lui seront faites, soit par les personnes ayant pris part à l'adjudication, soit par toutes autres réunissant les conditions requises des précédents soumissionnaires.

Toutes les dispositions prévues à l'article précédent relatif au

« concours de quarante-huit heures », sont d'ailleurs applicables, en pareil cas, sauf en ce qui concerne le délai fixé pour le dépôt des nouvelles offres.

Art. 46.

Dispositions spéciales aux marchés de gré à gré passés à la suite d'une adjudication infructueuse ou d'un concours consécutif n'ayant pas donné de résultats.

En cas d'insuccès total ou partiel d'une adjudication et du concours consécutif, s'il en a été ouvert, le directeur du service peut, conformément aux articles 24 et 35 de la présente instruction, passer ou prescrire de passer un marché de gré à gré, sur les bases de l'adjudication et avec les mêmes pièces.

Ce marché peut, soit être passé immédiatement avec le moins-disant, soit donner lieu à de nouvelles soumissions qui seront reçues dans un délai fixé par le directeur du service ou le membre technique, et qui peuvent émaner des personnes ayant pris part à l'adjudication et de toutes autres.

Le marché de gré à gré ainsi passé est approuvé par le directeur du service s'il a été fixé un prix-limite lors de l'adjudication et si les offres les plus avantageuses sont inférieures ou égales à ce prix.

Dans le cas contraire, le marché est adressé au Ministre pour être soumis à son approbation. Il en est de même si une modification quelconque est apportée par le marché aux bases qui régissaient l'adjudication primitive.

TITRE III.

Marchés par conversion ou par transformation.

Art. 47.

Dispositions générales.

Les marchés peuvent comporter la livraison, à l'entrepreneur, de matières appartenant à l'Etat, dans les conditions prévues par l'article 48, paragraphes VIII et VIII *bis* de l'instruction sur la comptabilité des matières appartenant au Département de la guerre.

Les marchés de cette espèce sont dénommés « marchés par conversion ou par transformation ».

On réserve la qualification de marchés par conversion à ceux qui comportent la livraison, à l'entrepreneur, de vieilles matières, et celle de marchés par transformation à ceux qui prévoient la livraison de matières neuves à employer, dans l'état où elles se trouvent, à la confection des matières ou objets à fournir.

Les achats sur simple facture peuvent comporter également la livraison, aux fournisseurs, de matières appartenant à l'Etat, sous la réserve que la valeur des matières neuves à fournir ne dépasse pas le maximum fixé pour ces sortes d'achat.

Art. 48.

Des marchés par conversion de vieilles matières.

Les marchés par conversion doivent toujours faire ressortir, d'une part, le prix des matières neuves, indépendamment de toute cession de vieilles matières, et, d'autre part, le prix des vieilles matières à convertir.

Les soumissions donnent les mêmes éléments et font ressortir, en outre, la soulte à payer, c'est-à-dire la différence entre le montant total des matières neuves et celui des vieilles matières.

Cette soulte doit toujours être positive, c'est-à-dire qu'en aucun cas la fourniture ne doit comporter un reversement d'argent par l'entrepreneur à l'Etat.

Dans le cas où, par suite des prix obtenus, cette condition ne serait pas remplie par un ou plusieurs soumissionnaires, la quantité des vieilles matières à délivrer devra être réduite ; mais les offres en prix des divers soumissionnaires restent acquises.

Cette réduction est susceptible d'entraîner un changement dans l'attribution de la fourniture, en raison des écarts relatifs entre les prix offerts, tant pour les matières neuves que pour les vieilles matières.

On devra donc, en pareil cas, établir un nouveau tableau de classement des soumissions déposées ; mais, au lieu de fixer d'avance, comme précédemment, la quantité de vieilles matières **à rétrocéder et de déduire des offres faites la soulte à payer par** chacun des soumissionnaires, il conviendra, au contraire, de déterminer tout d'abord la soulte que l'adjudicataire devra payer, et de déduire des prix faits par les divers soumissionnaires la quantité de vieilles matières à rétrocéder à chacun d'eux.

C'est cette quantité qui déterminera le nouvel ordre de classement.

Les opérations à effectuer par la commission d'adjudication sont les suivantes (1) :

1° *Détermination de la soulte à payer.* — Cette soulte est égale au centième, arrondi en francs, du montant total des matières neuves, évalué d'après le prix le plus bas offert pour celles-ci par les divers soumissionnaires.

2° *Calcul de la valeur des vieilles matières qu'il y aurait lieu de délivrer à chaque soumissionnaire.* — Cette valeur est égale à la différence entre le montant total des matières neuves, résultant des prix offerts par chacun d'eux, et la soulte uniforme déterminée comme il vient d'être dit.

3° *Calcul de la quantité de vieilles matières à délivrer à cha-*

---

(1) *Exemple :* soit une fourniture de 9.000 kilogr. de matières neuves à effectuer par une conversion de 10.000 kilogr. de vieilles matières.
Deux soumissionnaires A et B ont fait les offres suivantes :

		fr.
A)	200 francs les 100 kilogr. pour les matières neuves, soit.	18.000
	195 francs les 100 kilogr. pour les vieilles matières, soit.	19.500
	d'où une soulte négative de..................	1.500
B)	160 francs les 100 kilogr. pour les matières neuves, soit.	14.400
	158 francs les 100 kilogr. pour les vieilles matières, soit.	15.800
	d'où une soulte négative de..................	1.400

1° La soulte à déterminer est le centième de 14.400 fr., soit. **144**

2° La valeur des vieilles matières à attribuer à chacun des soumissionnaires est :

Soumissionnaire A. . . .. 18.000 — 144 = 17.856 fr.
Soumissionnaire B. . . .. 14.400 — 144 = 14.256 fr.

3° La quantité de vieilles matières à délivrer à chaque soumissionnaire sera :

$$\text{Soumissionnaire A} \dots \dots \dots \frac{17,856}{195} = 9.156 \text{ kilogr.}$$

$$\text{Soumissionnaire B} \dots \dots \dots \frac{14,256}{158} = 9.022 \text{ kilogr.}$$

4° La fourniture sera adjugée au soumissionnaire B.

que soumissionnaire. — Cette quantité s'obtient en divisant la valeur déterminée précédemment par le prix unitaire des vieilles matières offert par chaque soumissionnaire.

4° *Attribution de la fourniture* à celui des soumissionnaires pour lequel la quantité de vieilles matières, ainsi calculée, est la moins élevée. C'est cette quantité qui figurera au marché.

Avant de faire ces opérations, on devra vérifier les décomptes ayant servi à établir les soumissions et, en cas d'erreurs, faire, au préalable, les corrections indiquées dans la présente instruction (titre 1er, art. 17).

Art. 49.

Cautionnements spéciaux aux marchés par conversion de vieilles matières.

Les marchés par conversion doivent toujours prévoir le versement, par l'entrepreneur, d'un cautionnement égal à la valeur du maximum de la quantité des matières qui se trouvent entre leurs mains.

La valeur de ces matières est calculée d'après le prix qui leur est assigné dans le marché. Ce cautionnement est indépendant du cautionnement définitif qui peut être exigé de l'entrepreneur comme cautionnement de garantie de l'exécution de son marché. Il ne peut, dans aucun cas, être remplacé, ni par une caution personnelle solidaire, ni par une retenue sur les payements à faire à l'entrepreneur.

Dans les achats sur facture, par conversion de vieilles matières, les fournisseurs ne sont pas tenus de verser un cautionnement représentant la valeur des vieilles matières, mais ils ne peuvent prendre livraison de ces dernières qu'après avoir livré des matières neuves d'une valeur au moins égale à celle des matières à convertir.

Cette clause doit être mentionnée expressément dans la lettre de commande adressée aux fournisseurs.

Art. 50.

Justification des prix de cession des vieilles matières.

Le titre IV de la présente instruction détermine les mesures à prendre pour éviter toute dépréciation injustifiée des matières à aliéner, lorsque les marchés donnent lieu à une adjudication publique.

Pour permettre à l'administration centrale de s'assurer que les conditions insérées dans les marchés de gré à gré par conversion sont conformes aux intérêts de l'Etat, ces marchés doivent être accompagnés d'un rapport spécial auquel est joint un tableau, du modèle déterminé par le titre IV précité de la présente instruction (art. 59), tableau établissant, dans les conditions fixées par ce titre, que la soulte consentie ne dépasse pas la limite admissible.

Le 31 janvier de chaque année, les établissements et services adressent au Ministre un tableau du même modèle, faisant ressortir, pour l'année écoulée, les résultats des marchés et achats par conversion, avec leurs observations et propositions, s'il y a lieu. Cet état n'est pas fourni s'il est néant.

Art. 51.

Mesures à prendre en cas de résiliation des marchés par conversion.

Dans le cas de résiliation d'un marché par conversion, la décision ministérielle prononçant cette résiliation indique le magasin de l'Etat dans lequel l'entrepreneur est tenu de remettre, à ses frais, les vieilles matières qui lui ont été délivrées.

Si ces vieilles matières ont déjà subi un commencement de transformation et ne peuvent être représentées dans l'état où elles se trouvaient lors de la délivrance, l'entrepreneur défaillant est tenu d'en verser au Trésor le montant, calculé au prix de son marché.

Faute par lui de satisfaire à cette obligation, la valeur des vieilles matières non représentées est retenue sur son cautionnement.

Art. 52.

Des marchés par transformation de matières neuves.

Toutes les dispositions indiquées ci-dessus, relativement aux marchés par conversion de vieilles matières, sont applicables aux marchés par transformation de matières neuves.

Toutefois, les prix figurant au marché peuvent comporter,

suivant le cas, soit un prix unique applicable à l'opération de transformation (prix de la façon). soit, comme pour les marchés par conversion de vieilles matières des prix distincts pour les objets neufs ou matières neuves à confectionner et pour les matières délivrées aux entrepreneurs.

D'autre part, pour certains marchés de transformation (confection d'effets d'habillement, d'effets de couchage. marchés de mouture), l'obligation de verser un cautionnement égal à la valeur du maximum de la quantité des matières ou objets délivrés à la fois à l'entrepreneur, constituerait une charge trop considérable pour celui-ci ; en conséquence, les garanties imposées dans les marchés par transformation sont déterminées, pour chaque cas d'espèce. par les cahiers des C. C. ou des C. S., en tenant compte des conditions particulières du service ; autant que l'exécution de celui-ci le permet, on se réfère, pour les fixer, aux principes exposés à l'article 49 ci-dessus.

TITRE IV.

Prix-limites.

Art. 53.

Définition du prix-limite; adjudications qui en comportent.

On appelle *prix-limite* le prix au-dessus duquel l'Etat n'entend pas traiter pour un marché déterminé.

Ce prix peut être défini par un rabais ou une surenchère sur des prix de base fixés par les pièces du marché. Le prix-limite est ainsi, selon le cas, soit un prix maximum que l'on ne doit pas dépasser, soit un minimum de rabais ou un maximum de surenchère sur des prix de base rendus publics.

A moins d'impossibilité absolue, toute adjudication publique pour travaux, fournitures et transports donne lieu à la fixation de prix-limites.

Ces prix ne doivent jamais être connus du public. Leur établissement fait l'objet de propositions des services locaux et, s'il s'agit de marchés concernant les troupes coloniales, du directeur de l'intendance du corps d'armée colonial.

Art. 54.

Etablissement des propositions.

Les propositions sont établies par les directeurs des établissements ou les chefs de service qui y joignent un rapport relatant, avec tous les détails utiles, les motifs qui les ont conduits à la fixation des prix-limites proposés.

Pour éviter toute indiscrétion, ils sont tenus d'établir *personnellement* tant leurs propositions que le rapport justificatif. Les indications qu'ils fournissent sur les variations des cours et les propositions qu'ils formulent en conséquence, doivent être *écrites de leur main* sur les tableaux manuscrits ou imprimés préparés en blanc à cet effet. Le raport est également *écrit de leur main*, sauf les en-têtes et les titres.

Les directeurs des établissements ou les chefs de service ne se dessaisissent du rapport et du tableau qu'après les avoir renfermés dans une enveloppe cachetée et signée par eux. Cette enveloppe est transmise directement au Ministre, sous le timbre de la direction intéressée.

Art. 55.

Délai d'envoi des propositions de prix-limites.

Les envois de propositions de prix-limites sont faits de manière à parvenir au Ministre quinze jours avant la date fixée pour l'adjudication. Ce délai peut être abrégé, sur la proposition des services locaux, en ce qui concerne les matières et produits dont les cours sont sujets à des variations très fréquentes.

Art. 56.

Autorités qui arrêtent les prix-limites.

En principe, les prix-limites sont arrêtés par le Sous-Secrétaire d'Etat.

Toutefois, en ce qui concerne certains marchés du service de l'intendance et du service de santé, ils sont arrêtés par les directeurs locaux, dans les conditions prévues à l'article 61 ci-après.

Toutes les dispositions sont prises à l'administration centrale pour éviter la divulgation tant des propositions que des fixations de prix-limites.

Art. 57.

Modifications dans les propositions par suite de variation des cours.

En cas de variations appréciables dans les cours pendant la période qui s'écoule entre l'envoi de ces propositions et le jour même de l'adjudication, le directeur de l'établissement ou le chef du service intéressé doit en aviser directement, par la voie télégraphique, l'autorité chargée de statuer en employant la formule suivante :

Adjudication (objet, lieu et date de l'adjudication).

Proposition de prix-limites : augmentée (ou réduite) de.....
(en toutes lettres).

Il est entendu que, le prix-limite devant rester absolument secret, le télégramme doit simplement faire ressortir une différence en plus ou en moins et ne contenir aucune indication qui pourrait permettre de connaître le chiffre réel fixé.

Art. 58.

Ajudications de marchés de fournitures ou de transports. Renseignements à consigner dans le tableau des propositions de prix-limites.

Les propositions concernant les prix-limites sont consignées dans un tableau du modèle ci-dessous :

SERVICE D

Fourniture ou transport d

Lieu de l'adjudication :

Date :

NATURE des FOURNITURES ou des transports.	UNITÉ ADOPTÉE.	PRÉCÉDENTES ADJUDICATIONS.		VARIATION des cours commerciaux depuis la précédente adjudication. $+$	VARIATIONS diverses $(\pm)$	SOMME destinée à parer aux aléas de l'adjudication.	PRIX-LIMITE proposé par le chef de service.	OBSERVATIONS.
		Date	Prix moyen résultant des diverses soumissions	Prix auquel la fourniture ou le transport a été adjugé.					
1	2	3	4	5	6	7	8	9	10

Lorsque l'adjudication la plus récente n'a pas donné de résultats, on indique sommairement, dans la colonne d'observations, les causes de l'insuccès total ou partiel (abstention des soumissionnaires, irrégularités ayant amené l'annulation des opérations, dépassement du prix-limite) et, le cas échéant, on porte, dans la colonne 5, le prix offert par le moins-disant.

Les nombres à porter dans la colonne 6 résultent de la comparaison des cours commerciaux dans la région à l'époque de la précédente adjudication et à l'époque où les propositions sont faites ; le rapport indique à quelle source ce renseignement a été puisé.

On peut, pour l'obtenir, s'adresser utilement aux chambres

de commerce, aux chambres syndicales, aux chambres consultatives des arts et manufactures, etc.

Les nombres portés dans la colonne 7, qui doivent être également justifiés dans le rapport, résultent des circonstances particulières qui peuvent différencier les conditions de la précédente adjudication de celles auxquelles se rapportent les propositions, telles que variations résultant des cours pour les marchés à terme, différences des prix de transport, conditions de réception plus ou moins sévères, tendance à la hausse ou à la baisse, etc...

Les nombres à porter dans la colonne 8 doivent être, au plus, égaux à la différence des nombres des colonnes 4 et 5 : ils sont destinés à tenir compte de l'abstention éventuelle de quelques fournisseurs, abstention qui peut avoir pour effet de relever les prix sans qu'il y ait lieu de considérer que les intérêts de l'Etat en soient lésés.

Ce tableau est accompagné d'un rapport justificatif qui donne, le cas échéant, l'explication des différences existant entre les chiffres de la colonne 9 et la somme algébrique de ceux des colonnes 5, 6, 7 et 8. Il contient, en outre, l'indication succincte de tous les éléments qui ont servi au calcul des chiffres des colonnes 6, 7 et 8.

En ce qui concerne les adjudications sur concours d'échantillons et de prix, ce n'est pas au prix de la matière ou des objets à fournir qu'il convient de fixer une limite, mais à l'élément qui sert de base à l'attribution de la fourniture.

Ainsi, pour les adjudications de combustibles minéraux pour générateurs à vapeur, le prix-limite doit porter, non pas sur le prix de 1.000 kilogr. de charbon, mais « sur le prix de revient de 1.000 kilogr. de vapeur » ; cette indication est à faire figurer dans la colonne 2 du tableau ci-dessus.

D'autre part, dans ces sortes d'adjudications, le prix-limite n'est déterminé qu'après l'exécution des essais effectués en vue de l'appréciation de la valeur des échantillons, après l'essai de vaporisation dans le cas des combustibles minéraux pour générateurs à vapeur. Le résultat moyen de ces essais doit, en effet, être pris en considération pour la fixation du prix-limite.

Dans le cas de marchés de fournitures comportant non un prix de base, mais un détail estimatif de la fourniture inséré au cahier des C. S., les propositions de prix-limite peuvent être

présentées sous forme d'un prix à forfait ou d'un rabais ou
d'une surenchère, suivant ce qui aura été décidé pour le modèle
de soumission joint audit cahier.

Art. 59.

Adjudication de marchés de fournitures par conversion : Détermination de la soulte-limite.

L'opération par conversion la plus avantageuse est celle qui,
moyennant la plus faible soulte, permet d'obtenir une quantité
déterminée de matières neuves en échange d'une quantité également déterminée de vieilles matières. Les directeurs ou chefs
de service doivent non seulement attribuer aux deux catégories
de matières leur valeur exacte, mais, en outre, s'efforcer d'obtenir que la soulte consentie dans les marchés par conversion
ne dépasse pas une certaine limite au delà de laquelle l'opération deviendrait onéreuse.

La détermination de cette soulte-limite se fait en appliquant
respectivement aux matières neuves et aux vieilles matières
figurant aux marchés les prix obtenus dans le ou les plus ré-
cents marchés qui comportaient des matières similaires, prix
diminués ou augmentés pour tenir compte de la variation des
cours commerciaux depuis l'époque correspondante. Des circonstances particulières, telles que l'état plus ou moins défectueux de conservation des vieilles matières, peuvent, en outre,
être prises en considération pour modifier les prix ainsi calculés et arrêter ceux qui doivent servir de base au calcul de
la soulte-limite.

Les services locaux possèdent seuls les éléments d'appréciation suffisants pour déterminer, en toute connaissance de cause,
ces prix de base, en particulier celui des vieilles matières.

Pour permettre à l'administration centrale de s'assurer que
les conditions insérées dans les marchés par conversion sont
conformes aux intérêts de l'État, ces marchés doivent être accompagnés d'un rapport spécial auquel sera joint un tableau, du
modèle ci-après, établissant que la soulte consentie ne dépasse
pas la limite admissible.

Ce tableau, qui fait ressortir les prix de base ayant servi au
calcul de la soulte-limite, est suivi de toutes les explications
nécessaires pour justifier la manière dont ces prix de base ont
été déterminés, conformément aux indications qui précèdent.

SERVICE D

Fourniture d

Lieu de l'adjudication :

Date :

DÉSIGNATION des MATIÈRES.	PRIX du dernier marché.	VA- RIATION des cours.	VARIA- TIONS di- verses (1).	PRIX de base (2).	POIDS.	VALEUR d'esti- mation.	SOULTE- LIMITE (3).	OBSER- VATIONS
1	2	3	4	5	6	7	8	9
Matières neuves..								
Vieilles matières.								
Matières neuves..								
Vieilles matières.								

(1) Variations diverses doit s'entendre :

1° Pour le métal neuf, par les conditions de réception spéciale, par la tendance à la hausse, à la baisse etc.;

2° Pour les vieilles matières, par l'état plus ou moins défectueux de leur conservation, par le poids et le volume des éléments entrant dans leur composition.

(2) Les nombres de la colonne 5 sont la somme algébrique des nombres des colonnes 2, 3 et 4.

(3) Différence des nombres de la colonne 7 relatifs, l'un aux matières neuves, l'autre aux vieilles matières.

Art. 60.

Adjudications de marchés de travaux : Règles concernant les prix-limites des différentes espèces de marchés de travaux.

Il y a lieu de distinguer :

Les marchés de travaux d'entretien ;

Les marchés de vidanges ;

Les marchés passés sur devis ou sur série de prix, et autres que ceux d'entretien ou de vidanges ;

Les marchés à forfait.

§ 1er. *Marchés de travaux d'entretien.* — Le renouvellement de ces marchés comporte réglementairement une revision détaillée des prix d'autant plus importante que les prix de la série d'entretien sont appelés à servir de base aux autres marchés de construction d'une même place.

Dans ces conditions, la nouvelle série des prix doit reproduire purement et simplement les prix courants en usage dans la place, de telle sorte que cette série n'est, en principe, au moment de son établissement, susceptible ni de rabais, ni de surenchère.

Mais l'élaboration et l'examen des marchés de l'espèce nécessitant généralement, en raison de leur importance, un délai qui peut atteindre plusieurs mois, les prix calculés lors de la rédaction du travail préparatoire peuvent ne plus être, au moment de l'adjudication, en harmonie avec les prix réels. Il peut donc être nécessaire de corriger les variations survenues dans l'intervalle au moyen d'un rabais (ou d'une surenchère) limite, arrêté à une date aussi rapprochée que possible de celle de l'adjudication.

Les propositions concernant le rabais (ou la surenchère) limite sont consignées dans un tableau du modèle ci-dessous.

SERVICE D

Place ou établissement :

Nature du marché :

Lieu de l'adjudication :

Date :

NATURE DES TRAVAUX.	DATE à laquelle a été arrêtée en projet la série des prix du marché.	MAJORATIONS (ou RÉDUCTIONS) A PRÉVOIR par suite de la variation des prix			RABAIS (ou surenchère) LIMITE proposé par le chef du service.	OBSERVATIONS.
		des fournitures.	des transports.	de la main-d'œuvre.		
1	2	3	4	5	6	7

Ce tableau est accompagné d'un rapport justificatif qui donne, le cas échéant, l'explication des différences existant entre les chiffres de la colonne 6 et la somme algébrique de ceux des colonnes 3, 4 et 5. Il contient, en outre, l'indication succincte de tous les éléments qui ont servi au calcul des chiffres des colonnes 3, 4 et 5.

§ 2. — *Marché de vidanges.* — L'établissement des propositions relatives à la fixation des prix-limites est soumis, pour ces marchés, aux mêmes règles que pour les marchés d'entretien.

§ 3. *Marchés passés sur devis ou sur série de prix et autres que ceux d'entretien et de vidanges.* — Pour les marchés de cette nature, le prix-limite est exprimé sous la forme d'un rabais (ou d'une surenchère) applicable à l'ensemble des prix unitaires de la série utilisée pour le marché. Ce rabais (ou cette surenchère) limite est calculé de manière à donner, pour le montant évalué de la masse des travaux, un chiffre sensiblement égal à celui qui serait obtenu en appliquant aux différents ouvrages les prix courants réels des fournitures et de la main-d'œuvre employées.

Eu égard, du reste, à la possibilité de corriger ainsi, par un rabais (ou une surenchère) moyen, les écarts qui existent entre les prix courants réels et ceux de la série utilisée, il est fait usage, pour les marchés d'une même place, de la série de prix du marché des travaux d'entretien, sauf à insérer, dans une série annexe, ceux des prix non prévus par cette série, dont il y aurait lieu de faire usage.

On comprend également, le cas échéant, dans cette série annexe, les plus-values à ajouter aux quelques prix de la série du marché d'entretien qui présenteraient un écart trop marqué avec les cours du jour. Cette dernière observation s'applique tout particulièrement au prix des ouvrages élémentaires qui figurent au devis pour une part importante.

La série de prix annexe peut, du reste, suivant son ampleur, être insérée dans le cahier des C. S. ou bien faire l'objet d'un document distinct.

Les propositions concernant le rabais (ou la surenchère) limite sont consignées dans un tableau du modèle indiqué ci-dessus pour les marchés des travaux d'entretien, à cette seule différence près que la colonne 2 du tableau indique, au lieu et place de la date à laquelle a été arrêtée la série de prix des marchés, le rabais ou la surenchère du marché d'entretien.

Le rapport justificatif dont la production a été prescrite plus haut accompagne ce tableau.

§ 4. *Marchés à forfait.* — Pour ces marchés, le prix-limite est exprimé par le montant maximum susceptible d'être admis pour la masse des travaux.

Les propositions concernant sa fixation sont présentées sous la même forme que pour les marchés d'entretien, avec cette différence que la colonne 2 indique le montant total des travaux, calculé d'après la série des prix du marché d'entretien, et que les chiffres des colonnes 3, 4 et 5 expriment les majorations ou réductions globales à faire subir au montant ainsi calculé.

Art. 61.

**Prescriptions spéciales aux différents services de l'intendance
et au service de santé.**

Les dispositions du présent titre ne sont applicables aux différents services de l'intendance et du service de santé qu'en ce qui concerne les adjudications pour les marchés d'une durée supérieure à une année ou d'une importance dépassant 50.000 francs.

Les prix-limites relatifs à tous les autres marchés sont fixés et arrêtés par les directeurs locaux de l'intendance ou du service de santé, qui sont tenus d'en adresser un compte rendu à l'administration centrale.

Dans ce dernier cas, afin de permettre d'apprécier les fixations arrêtées et d'y apporter, le cas échéant, les rectifications nécessaires, les comptes rendus de fixation de prix-limites sont établis d'après la formule ci-dessous.

Il est entendu que, pour arrêter les prix-limites, les directeurs locaux doivent se conformer strictement aux prescriptions qui ont été énumérées ci-dessus ; c'est-à-dire s'entourer de tous les renseignements nécessaires et prendre toutes les dispositions pour assurer un secret absolu.

En cas de réadjudication (à la suite d'un insuccès d'adjudication pour dépassement des prix-limites), il est indispensable que les nouveaux prix-limites soient fixés en tenant compte uniquement de l'ensemble des renseignements prévus par le règlement, *de manière que les exigences des fournisseurs ne puissent, en aucun cas, conduire à accepter des prix supérieurs aux cours commerciaux.*

NATURE DES DENRÉES ou fournitures.	UNITÉ adop- tée.	Date.	PRÉCÉDENTES ADJUDICATIONS.		Prix moyen résultant des diverses sou- missions.	Prix auquel la fourniture a été adjugée.	COURS COMMERCIAUX		VA- RIATIONS DES COURS com- merciaux depuis la précédente adju- dication. (+).	VA- RIATIONS DIVERSES (+).	SOMME DESTINÉE à parer aux aléas de l'adjudica- tion.	PRIX- LIMITE FIXÉ.
			Quantités				à l'époque de la précédente adju- dication.	actuels.				
			mises en adjudica- tion.	adjugées.								
1	2	3	4	5	6	7	8	9	10	11	12	13

Art. 62.

Mode d'envoi des propositions de prix-limites.

Les propositions de prix-limites, ainsi que le rapport justificatif, sont adressés sous double enveloppe; le prix intérieur, cacheté, porte la mention « Très confidentiel :   ͤ Direction » et une indication sommaire du contenu sous la forme suivante :

Proposition de prix-limite pour l'adjudication du

Fourniture de

(Désignation de l'établissement.)

Monsieur le Ministre de la guerre,
ͤ *direction.*

PARIS.

Un bordereau d'envoi mentionnant la date de l'adjudication et l'objet de la fourniture est placé dans l'enveloppe extérieure.

TITRE V (1).

Cautionnements.

Art. 63.

Dispositions générales.

Les cautionnements et les garanties exigés, soit des soumissionnaires pour être admis à prendre part aux adjudications, soit des titulaires des marchés, pour répondre de leurs engagements, sont soumis aux dispositions du présent titre.

---

(1) Pour tout marché comportant un cautionnement, le cahier des C. S. ou, à défaut, le marché lui-même stipule l'application des dispositions du titre V (Cautionnements) de l'instruction du 6 juillet 1909, relative aux marchés du Département de la guerre.

Art 64.

Nature des garanties exigées. — Mode de réalisation.

Les garanties exigées, le cas échéant, des soumissionnaires, pour être admis à prendre part aux adjudications, sont dites « cautionnements provisoires ». Ces garanties ne peuvent être que pécuniaires ; leur importance est indiquée dans les cahiers des C. S.

Les garanties pécuniaires exigées, le cas échéant, des titulaires des marchés pour répondre de leurs engagements sont dites « cautionnements définitifs ».

Lorsque les cahiers des C. C. ou des C. S. le spécifient, ces garanties pécuniaires peuvent être remplacées, à titre exceptionnel, soit par une affectation hypothécaire, soit par une caution personnelle solidaire, soit par un dépôt de matières dans les magasins de l'Etat. En Tunisie, les affectations hypothécaires ne sont pas admises.

L'administration exige toujours un cautionnement définitif :

1° Si les matières ou effets sont confiés aux entrepreneurs pour l'exécution des marchés ;

2° S'il s'agit de marchés de travaux ou de fournitures comportant un délai de garantie.

La nature et la valeur des garanties à réaliser sont alors déterminées par les cahiers des C. S.

En dehors de ces deux cas il n'est pas exigé de cautionnement définitif, ni d'affectation hypothécaire, de caution personnelle ou de dépôt de matières pour les marchés dont l'importance n'excède pas 20.000 francs à l'intérieur, et 5.000 francs en Algérie ou en Tunisie.

Les sociétés d'ouvriers français sont dispensées de fournir un cautionnement, lorsque le montant des marchés n'excède pas 50.000 francs.

Pour les marchés dont l'importance est supérieure à 20.000 francs, 5.000 francs ou 50.000 francs, suivant le cas, le cautionnement définitif est calculé à raison du dixième du montant du service à exécuter. Toutefois, il peut être abaissé jusqu'à un vingtième de ce montant dans le cas des marchés relatifs aux travaux de constructions, et des marchés par conversion. Dans ce dernier cas, le cautionnement définitif est indépendant des garanties exigées pour la livraison des vieilles matières.

Quand les cahiers des C. C. ou des C. S. prévoient cette faculté, les cautionnements définitifs peuvent être remplacés, au gré de l'adjudicataire, par la retenue, jusqu'au payement du solde, d'une fraction du montant du marché, égale au cautionnement fixé.

Dans tous les cas, les cahiers des C. S. déterminent le montant exacts des cautionnements.

Lorsque le cautionnement définitif est constitué en numéraire, il doit être l'objet d'un versement à la Caisse des dépôts et consignations, effectué dans le délai de quinze jours à dater de la notification de l'approbation du marché, sauf dérogation insérée dans le cahier des C. S.

Dans le cas où les matières faisant l'objet du marché seraient livrées et *définitivement reçues* avant l'expiration de ce délai de quinze jours, le fournisseur serait autorisé à ne pas verser le cautionnement définitif prévu ci-dessus.

CHAPITRE Ier.

Garanties pécuniaires.

SECTION Ire.

RÈGLES COMMUNES AUX CAUTIONNEMENTS PROVISOIRES ET AUX CAUTIONNEMENTS DÉFINITIFS.

Art. 65.

Versement des cautionnements à la Caisse des dépôts et consignations.

Tous les cautionnements sont versés à la Caisse des dépôts et consignations, savoir :

A Paris, entre les mains du caissier général de cette caisse;

Dans les départements, entre celles des préposés de la Caisse des dépôts : trésoriers-payeurs généraux, receveurs particuliers ou percepteurs dans les chefs-lieux d'arrondissements, dont les recettes particulières ont été provisoirement supprimées;

En Algérie, entre les mains du trésorier général d'Alger, des payeurs principaux et des payeurs particuliers ;

En Tunisie, entre celles du receveur général des finances tunisiennes et de ses représentants.

Art. 66.

Avis des adjudications et des marchés donnés à la Caisse des dépôts.

Pour tous les marchés qui sont passés par adjudication, et pour lesquels le cahier des C. S. prévoit la constitution d'un cautionnement provisoire ou définitif, on se conforme aux prescriptions de l'article 8 de la présente instruction, en ce qui concerne l'envoi des affiches à la Caisse des dépôts et consignations.

Pour les marchés, autres que ceux passés par adjudication, qui donnent lieu, cependant, à la constitution d'un cautionnement définitif, les chefs de service avisent, en temps utile, les préposés de la Caisse des dépôts, de la nature et de la quotité du cautionnement exigé.

Art. 67.

Différents modes de réalisation des garanties pécuniaires.

Les garanties pécuniaires peuvent consister, au choix des soumissionnaires et des titulaires des marchés :

1° En numéraire;
2° En rentes sur l'Etat et valeurs du Trésor au porteur;
3° En rentes sur l'Etat nominatives ou mixtes.

Les valeurs du Trésor, transmissibles par voie d'endossement et endossées en blanc, sont considérées comme valeurs au porteur.

Art. 68.

Mode de calcul de la valeur des rentes et des titres affectés aux cautionnements,

La valeur en capital de rentes à affecter aux cautionnements est calculée, savoir :

Pour les cautionnements provisoires, au cours moyen du jour de la veille du dépôt;

Pour les cautionnements définitifs, au cours moyen du jour de l'approbation de l'adjudication;

Les bons du Trésor à l'échéance d'un an ou de moins d'un an sont acceptés pour le montant de leur valeur en capital et intérêts.

Les autres valeurs du Trésor sont calculées d'après le dernier cours publié au *Journal officiel.*

Art. 69.

Cautionnements en numéraire, en rentes ou en valeurs du Trésor au porteur. — Déclaration de consignation. — Récépissé.

Le versement est précédé d'une déclaration de consignation, à l'effet d'en spécifier l'objet et de déterminer la garantie que la somme versée a pour but d'assurer, soit à l'État, soit à des tiers.

Si le cautionnement est en rentes ou en valeurs du Trésor au porteur, la partie versante doit indiquer dans sa déclaration que le cautionnement pourra être saisi, dans les conditions fixées par la loi ou par le cahier des C. C. G., les cahiers des C. C. ou des C. S., et qu'il autorise, à cet effet, la Caisse des dépôts et consignations à le réaliser, le cas échéant.

Il est délivré au déposant un récépissé timbré à 0 fr. 25, sur lequel il est fait mention, s'il y a lieu, de l'autorisation de réalisation prévue à l'alinéa précédent.

Ce récépissé forme titre contre la Caisse des dépôts et consignations, à la charge, par la partie versante, de le faire viser et séparer de son talon, à Paris, immédiatement, par les agents du contrôle.

Dans les départements :

Lorsqu'il s'agit d'un versement de numéraire, le visa du contrôle n'est pas exigé, mais le récépissé, pour être libératoire et former titre envers la Caisse des dépôts, doit seulement être détaché d'une formule à talon;

Lorsqu'il s'agit d'une consignation de valeurs, le récépissé doit être visé à la préfecture ou à la sous-préfecture.

Il est remis, en outre, au déposant, une déclaration de versement, destinée au Service intéressé du ministère de la guerre. Cette déclaration est exempte du timbre. Le préposé de la Caisse des dépôts et consignations y porte une mention explicative en déterminant la destination, de manière qu'elle ne puisse servir de justification à l'appui d'un payement fait ultérieurement au déposant.

Art. 70.

Cautionnements en rentes nominatives ou mixtes. — Déclaration de consignation. — Acte d'affectation. — Récépissé.

Lorsque le cautionnement est constitué en rente nominative ou mixte, indépendamment de la déclaration de consignation visée à l'article précédent, le titulaire de l'inscription doit souscrire, sur papier timbré, un acte, fait en double original, contenant déclaration d'affectation de la rente et donnant à la Caisse des dépôts et consignations un pouvoir irrévocable de l'aliéner, s'il y a lieu (modèle n° 15 ou 16).

L'un des originaux de l'acte est remis au déposant. Dans le cas où le titulaire de la rente ne peut signer lui-même l'acte d'affectation, il constitue un mandataire à cet effet au moyen d'une procuration établie sur papier timbré et conforme au modèle n° 17.

Un récépissé est délivré au déposant, qui doit se conformer aux dispositions des trois derniers alinéas de l'article 69, pour que ce récépissé puisse servir de titre contre la Caisse des dépôts et consignations.

Art. 71.

Bailleurs de fonds. — Privilège du second ordre.

Les tiers qui fournissent les fonds ou les valeurs d'un cautionnement font constater leurs droits dans les déclarations de consignation. Le récépissé remis au déposant désigne, d'ailleurs, le propriétaire des deniers ou valeurs déposés. Il n'est, en aucun cas, délivré de certificats de privilège du second ordre.

A défaut de mention dans la déclaration de consignation, les tiers qui ont fourni le cautionnement ne peuvent conserver leurs droits que si un acte contenant cession ou déclaration de propriété du numéraire ou des titres est signifié par voie extra-judiciaire au directeur général, lorsque le cautionnement a été consigné à Paris, au préposé de la Caisse des dépôts qui a reçu le cautionnement *dans tous les autres cas.*

Art. 72.

Modifications à la composition des cautionnements.

Après la réalisation d'un cautionnement, aucun changement ne peut être apporté à sa composition, sauf dans le cas où les rentes ou valeurs auraient donné lieu à un remboursement par le Trésor. La somme appelée au remboursement est alors encaissée par la Caisse des dépôts et consignations, et demeure affectée au cautionnement jusqu'à due concurrence, à moins que le cautionnement ne soit reconstitué en valeurs semblables.

Art. 73.

Oppositions sur les cautionnements.

Les oppositions sur les cautionnements en valeur pécuniaire doivent avoir lieu entre les mains du comptable qui les a reçus. Toutes autres appositions sont nulles et non avenues.

SECTION II.

RÈGLES PARTICULIÈRES AUX CAUTIONNEMENTS PROVISOIRES.

———

Art. 74.

Versement des cautionnements provisoires (1).

Les cautionnements provisoires peuvent être versés :

Soit dans la caisse du préposé de la Caisse des dépôts et consignations de l'arrondissement du lieu de l'adjudication;

Soit dans un arrondissement autre que celui où aura lieu l'adjudication. Dans ce cas, le déposant doit présenter au préposé de la Caisse des dépôts un extrait du cahier des C. S. ou un exemplaire de l'affiche.

Si le préposé de l'arrondissement du lieu de l'adjudication n'a pas reçu l'avis prévu à l'article 66, ou si le déposant ne produit par l'une des pièces visées dans l'alinéa précédent, le cautionnement provisoire pourra quand même être reçu, mais

---

(1) Pour les cautionnements provisoires, la déclaration de consignation est établie sur papier libre, par le déposant.

les indications relatives à ce cautionnement et à son objet ne seront insérées qu'aux risques et périls des déposants, et conformément à la déclaration par eux souscrite.

Art. 75.

Destination à donner aux récépissés et le cas échéant, aux actes d'affectation.

Les concurrents aux adjudications joignent à leurs soumissions les récépissés qui leur ont été délivrés et, s'il y a lieu, l'un des doubles de l'acte d'affectation des rentes nominatives ou mixtes déposées en garantie.

Art. 76.

Conservation des cautionnements provisoires.

Les cautionnements provisoires en numéraire ne produisent pas d'intérêts au profit des déposants.

Pour ceux qui sont constitués en rentes ou valeurs, là Caisse des dépôts ne se charge pas de l'encaissement de leurs arrérages ou intérêts.

Art. 77.

Restitution des cautionnements provisoires aux soumissionnaires.

Les cautionnements provisoires sont rendus aux soumissionnaires qui ne sont pas devenus adjudicataires, sur la présentation qu'ils font, au lieu où le versement a été opéré, du récépissé de dépôt, portant une mention par laquelle le *président* de la commission d'adjudication fait connaître que le soumissionnaire n'a pas été déclaré adjudicataire.

A défaut de cette mention, la restitution ne peut être opérée qu'autant que la Direction générale de la Caisse des dépôts et consignations ou que le comptable qui a reçu le cautionnement aura été avisé officiellement du résultat de l'adjudication.

La restitution des cautionnements en numéraire a lieu immédiatement, sur la présentation du récépissé ; celle des titres et valeurs, dans les quatre jours de cette présentation.

Si les titres et valeurs ne sont pas réclamés dans les vingt jours qui suivent l'adjudication définitive, ils font l'objet d'une consignation et dans ce cas, le délai de restitution peut être porté à dix jours (délai de remboursement des consignations en valeurs).

Art. 78.

Restitution des cautionnements provisoires aux adjudicataires qui constituent un cautionnement définitif distinct.

Si l'adjudicataire n'emploie pas le cautionnement provisoire à la constitution du cautionnement définitif, le cautionnement provisoire ne peut lui être remboursé qu'après présentation du récépissé constatant la réalisation du cautionnement définitif où, le cas échéant, qu'après l'acceptation d'une caution personnelle solidaire ou, encore, la constitution de tout autre mode de garantie prévu par la présente instruction.

Art. 79.

Attribution à l'Etat des cautionnements provisoires lorsque l'adjudicataire ne réalise pas son cautionnement définitif.

Les cautionnements provisoires des soumissionnaires qui, déclarés adjudicataires, n'ont pas réalisé leurs cautionnements définitifs dans les délais fixés à l'article 64 ci-dessus, peuvent être acquis à l'Etat, sur les poursuites et diligences de l'agent judiciaire du Trésor public, lorsque le Ministre de la guerre a pris. à cet effet, une décision passée en force de chose jugée.

SECTION III.

RÈGLES PARTICULIÈRES AUX CAUTIONNEMENTS DÉFINITIFS.

———

Art. 80.

Constitution du cautionnement définitif. — Conversion du cautionnement provisoire.

Les soumissionnaires déclarés adjudicataires peuvent, soit constituer un cautionnement définitif distinct du cautionnement provisoire, soit le réaliser par la conversion de ce cautionnement provisoire.

Dans ce dernier cas, le chef du service remet, contre reçu à l'adjudicataire, le récépissé du cautionnement provisoire, après y avoir, suivant le cas, inscrit, au dos, l'une des mentions suivantes, savoir :

« A échanger contre un récépissé de cautionnement définitif de   francs », si le cautionnement est constitué en numéraire;

« A échanger contre un acte de cautionnement de   francs », si le cautionnement est constitué en rentes ou valeurs du Trésor;

« Le cautionnement définitif n'est que de   francs », dans le cas exceptionnel où le cautionnement provisoire est supérieur au cautionnement définitif.

Après remise de ce récépissé, par l'intéressé, au préposé de la Caisse des dépôts, il est procédé, dans les formes prescrites par les articles 69 et 70 (1), à la constitution du cautionnement définitif et, le cas échéant, au remboursement de la différence entre le cautionnement provisoire et le cautionnement définitif. Un nouveau récépissé est remis au déposant, ainsi qu'une déclaration de versement destinée au service intéressé du ministère de la guerre.

Art. 81.

Nécessité d'opérer la conversion sans retard.

La Caisse des dépôts et consignations n'allouant d'intérêts qu'au bout du soixante et unième jour qui suit la réalisation du cautionnement définitif en numéraire, les adjudicataires apprécieront combien il est essentiel pour eux d'opérer, sans retard, la conversion de *leurs* cautionnements provisoires en cautionnements définitifs.

Art. 82.

Intérêts des cautionnements définitifs en numéraire.

La Caisse des dépôts et consignations alloue aux cautionnements définitifs qui lui sont versés en numéraire les intérêts (2) que, d'après la loi, elle doit servir aux sommes consignées ;

---

(1) Les déclarations de consignation des cautionnements définitifs sont souscrites par les déposants sur un registre spécial de la Caisse des dépôts et consignations.
(2) Actuellement 2 p. 100 par an (loi du 26 juillet 1893, art. 60).

ces sommes portent intérêt à partir du soixante et unième jour après celui du dépôt (1).

Les intérêts, réglés au 31 décembre de l'année précédente, sont payés chaque année aux titulaires et aux bailleurs de fonds des cautionnements, dans les dix jours qui suivent la réception, par la Direction générale ou ses préposés, d'une demande y relative.

Aucune portion d'intérêt, échue au cours de l'année, ne peut être mise en payement qu'en cas de remboursement intégral du cautionnement.

Les intérêts des cautionnements tombant sous l'application de l'article 2277 du Code civil, aux termes duquel les intérêts et tout ce qui est payable par année se prescrivent par cinq ans, il n'est, en conséquence, tenu compte aux ayants droit que des intérêts dus pour les cinq dernières années échues au 31 décembre précédent et des intérêts afférents à l'année courante, s'il s'agit d'un remboursement intégral.

Art. 83.

Cautionnements définitifs en rentes ou valeurs. — Payement des arrérages.

La Caisse des dépôts encaisse, aux échéances, les arrérages des rentes et valeurs du Trésor, déposées à titre de cautionnement définitif. Elle les tient à la disposition des déposants ou de leurs bailleurs de fonds, à partir du cinquième jour qui suit celui de l'échéance (2). Les payements sont effectués sans demande préalable, sur la présentation de la déclaration de versement, au dos de laquelle ils sont inscrits.

Art. 84.

Droits de garde.

La Caisse des dépôts perçoit, sur les valeurs consignées à titre de cautionnements définitifs, un droit de garde dont la quotité est, pour chaque année, de 5 centimes pour 100 francs de la valeur du titre consigné.

---

(1) Loi du 28 nivôse an XIII, art. 2.
(2) Les arrérages produisent d'ailleurs des intérêts à partir du 61ᵉ jour de la date du récépissé de l'encaissement par le caissier général de la Caisse des dépôts.

La valeur servant à établir ce droit est déterminée par le cours moyen coté, à la Bourse de Paris, la veille du jour du dépôt. Le montant brut, ainsi calculé, est arrondi au multiple de 20 centimes le plus voisin, en plus ou en moins, de façon que le montant du droit, pour chaque trimestre, soit un multiple de 5 centimes.

Le montant du droit, pour la première année, est perçu au moment du dépôt ; il est, à partir de la deuxième année, liquidé par trimestre et recouvré en déduction des arrérages ; il doit, dans ce cas, être toujours perçu par 5 centimes ou multiple de 5 centimes

Art. 85.

Cautionnement définitif constitué par la retenue du premier dixième du montant des marchés.

Dans les marchés concernant une fourniture, un service ou un travail à effectuer en plusieurs livraisons ou en plusieurs périodes, et dont le montant est déterminé par lesdits marchés, le cautionnement peut être, si le titulaire y est autorisé, remplacé par la retenue du premier dixième du montant des marchés, cette retenue forme une garantie dont la restitution est assujettie aux règles applicables aux cautionnements en numéraire. Elle est, d'ailleurs, indépendante de la retenue du sixième ou du douzième prévue dans le règlement sur la comptabilité des dépenses du Département de la guerre.

Lorsque les entrepreneurs ou fournisseurs sont autorisés à remplacer le cautionnement définitif par le précompte ou la retenue du premier dixième jusqu'au payement du solde, il est procédé ainsi qu'il suit :

S'il s'agit d'un marché ou d'une convention à exécuter dans le courant d'un trimestre ou d'un exercice et pour lequel il ne doit être établi qu'une facture, la retenue du dixième est effectuée sur les premiers mandats d'acompte, et le solde restant à payer, y compris le dixième retenu, est ordonnancé en fin de marché sur la production de la facture.

Si le marché ou la convention embrasse plusieurs exercices, ou s'il est produit une facture par trimestre, ou s'il est stipulé des délais de garantie qui ont pour conséquence de faire chevaucher la période d'exécution du marché sur plusieurs exercices, on précompte, sur le premier mandat, le montant du premier dixième à retenir. Cette somme est versée à la Caisse des dépôts et consignations, dans les formes prévues à l'article 69; il est délivré un récépissé à l'entrepreneur ou fournisseur et une déclaration de versement destinée au service intéressé.

La restitution des sommes ainsi versées ne peut avoir lieu que dans les conditions prévues à l'article 90 ci-après.

CHAPITRE II.

Affectations hypothécaires.

Art. 86.

Formalités relatives aux cautionnements constitués en immeubles.

Les immeubles situés dans les divisions territoriales de l'intérieur et de l'Algérie peuvent être admis à titre de cautionnement définitif. Ils doivent être libres de tous privilèges et hypothèques et d'une valeur excédant d'un tiers le montant du cautionnement.

Dans le département de la Seine, l'acte de cautionnement est reçu par le notaire du ministère de la guerre qui donne aux titulaires ou à leurs cautions tous les renseignements qui leur sont nécessaires.

Dans les autres départements, cet acte est reçu par un notaire au choix du titulaire ou de sa caution, sur la présentation d'une copie de la dépêche ministérielle donnant à l'entrepreneur ou au fournisseur l'autorisation de constituer en immeubles le cautionnement auquel il est assujetti.

L'acte de cautionnement est dressé sur le vu des titres de propriété et de toutes les pièces justificatives à l'appui, et la grosse de cet acte est adressée ensuite avec les titres et les pièces ci-dessus énoncées au préfet du département où sont situés les biens, pour être soumise à l'examen du conseil de préfecture.

Le préfet requiert, s'il y a lieu, la prise d'inscription hypothécaire au profit de l'Etat; puis il transmet au Ministre de la guerre (Direction compétente) avec le procès-verbal de la délibération du conseil de préfecture, l'acte de cautionnement appuyé des diverses pièces qui lui ont été produites, ainsi que le bordereau de l'inscription prise et un certificat délivré postérieurement à la date de cette inscription, constatant la situation hypothécaire des immeubles.

Le cautionnement n'est définitivement constitué qu'après que le Ministre en a prononcé l'acceptation.

CHAPITRE III.

Caution personnelle solidaire.

—————

Art. 87.

Acceptation et obligations de la caution personnelle solidaire.

Le cautionnement personnel est celui par lequel un tiers se porte garant des obligations du titulaire d'un marché sans qu'il y ait affectation d'un gage.

Les cahiers des C. C. G., les cahiers des C. C. et des C. S, et leurs annexes et, enfin, le titre Ier de la présente instruction indiquent les obligations de la caution personnelle solidaire et les conditions exigées pour qu'elle soit agréée par l'administration.

CHAPITRE IV.

Dépôt de matières dans les magasins de l'Etat.

—————

Art. 88.

Lorsque des dépôts de matières sont demandés, à titre exceptionnel, aux titulaires des marchés pour garantir l'exécution de leurs engagements, les cahiers des C. S. déterminent la nature, l'importance, le mode et les délais de constitution de ces garanties, ainsi que les conditions d'examen, de réception, d'ajournement, de rejet, de prélèvement, de remplacement, d'emploi, de payement, etc., des matières admises en cautionnement,

CHAPITRE V.

Saisie, remboursement, changement d'application des cautionnements définitifs.

Art. 89.

Saisie des cautionnements définitifs.

L'application des cautionnements définitifs à l'extinction des débets liquidés par le Ministre de la guerre a lieu aux poursuites et diligences de l'agent judiciaire du Trésor public en vertu d'une contrainte délivrée par le Ministre des finances.

En cas de saisie de la totalité du cautionnement ou d'une fraction telle que la moitié, le tiers, le quart, etc., les intérêts afférents à la fraction ou à l'intégralité saisie, et dus à partir de la décision attributive, sont acquis au Trésor ; les intérêts antérieurs restent dus au titulaire du cautionnement ou à son bailleur de fonds.

Il en est autrement dans le cas de saisie d'une somme fixe, prélevée sur le cautionnement, les intérêts de cette somme restent dus au propriétaire du cautionnement.

Art. 90.

Remboursement et restitution des cautionnements définitifs.

a) *Autorisations de remboursement et justifications de qualités.* — Les cautionnements définitifs ne peuvent être restitués en totalité ou en partie. qu'en vertu d'une mainlevée donnée par le Ministre de la guerre.

Cette mainlevée n'est donnée qu'à la fin du marché, lorsque l'entrepreneur ou le fournisseur a été reconnu quitte et libéré de toutes les obligations qui lui étaient imposées. Toutefois, dans certains cas, déterminés par les cahiers des C. S., le remboursement partiel du cautionnement peut être autorisé en cours d'entreprise.

Il en est ainsi, en particulier, dans les marchés par conversion pour les cautionnements exigés des fournisseurs en garantie de la valeur des vieilles matières qui leur sont livrées.

Dès qu'une retenue a été effectuée pour le remboursement

de la valeur de ces vieilles matières, sur le montant d'une livraison, il peut être donné mainlevée d'une fraction du cautionnement correspondant aux 5/6ᵉˢ de la valeur des vieilles matières employées dans les objets neufs compris dans la livraison.

Toutefois, cette disposition n'est pas applicable lorsque la livraison des vieilles matières est fractionnée et que l'importance du cautionnement a été réduite en conséquence.

L'obligation imposée aux entrepreneurs ou fournisseurs, comme conséquence du décret du 12 décembre 1806, d'attendre un délai de six mois après l'exécution du service pour obtenir mainlevée de leurs cautionnements, ne s'applique qu'aux marchés ayant pour objet des quantités indéterminées, comme les marchés à la ration; ce délai n'est pas opposé dans les autres cas.

Les mainlevées sont envoyées directement à la Direction générale de la Caisse des dépôts ou au comptable qui a reçu le cautionnement.

La personne, au nom de laquelle les fonds ou les valeurs constituant le cautionnement ont été versés, adresse à la Direction générale ou au comptable qui a reçu le cautionnement, une demande de retrait sur papier timbré ; elle y joint le récépissé, et, s'il y a lieu, la déclaration au moyen de laquelle étaient touchés les arrérages du cautionnement.

Indépendamment des pièces ci-dessus indiquées, les demandeurs doivent fournir toute les pièces nécessaires pour établir les qualités, telles que : actes de société, certificats de propriété, mainlevées ou concours de créanciers ayant formé des oppositions régulières.

Les fonds ou les valeurs sont remis, si la mainlevée a d'ailleurs été transmise à qui de droit, dans les dix jours de la réception de la demande, avec pièces à l'appui s'il y a lieu, soit à la partie intéressée, soit à son fondé de pouvoir. Les procurations peuvent être sous seing privé, mais elles doivent être revêtues de la légalisation de la signature du mandant par le maire et de la signature du maire par le préfet ou le sous-préfet.

b) *Lieu de remboursement.* — La remise des fonds ou valeurs est effectuée en principe à la caisse à laquelle a été reçu le cautionnement. Cependant, sur la demande expresse des ayants droit, cette remise peut être faite à une autre caisse,

mais la demande et les pièces justificatives doivent toujours
être adressées au lieu de versement du cautionnement.

c) *Radiation des inscriptions hypothécaires.* — La radiation des inscriptions hypothécaires constitutives des cautionnements en immeubles s'opère en vertu d'un arrêté du préfet
du département dans lequel se trouvent les immeubles hypo-
théqués, mentionnant la décision par laquelle le Ministre de la
guerre a donné mainlevée du cautionnement.

Art. 91.

Changement d'application des cautionnements définitifs.

Lorsqu'une fourniture ou une entreprise est terminée et
lorsque les comptes sont apurés, le cautionnement qui y était
affecté, s'il n'a pas été restitué, soit en raison des délais de garantie stipulés au profit de l'Etat, soit pour tout autre motif, peut, sur l'autorisation expresse du Ministre, recevoir une
nouvelle application. Toutefois, lorsqu'il s'agit de marchés
ayant pour objet la fourniture de quantités indéterminées comme les marchés à la ration, les cautionnements ne peuvent recevoir une nouvelle affectation qu'après le délai de six mois,
accordé par le décret du 12 décembre 1806 aux créanciers éven-
tuels du service pour faire leurs actes conservatoires, sera expiré ou qu'il sera justifié que, dans l'exécution du marché ou
de la fourniture, il n'y a eu aucune intervention de tiers.

Dans tous les cas, cette réaffectation ne peut être autorisée
qu'en faveur des titulaires d'un marché expiré qui se ren-
dront adjudicataires d'un service de même nature dans le même arrondissement.

Cette opération s'effectue :

Pour les cautionnements en numéraire, sur l'avis direct du
Ministre adressé au consignataire et au moyen d'une nouvelle
déclaration indiquant la nature, l'étendue et la durée du nouveau service que l'ancien cautionnement est destiné à garantir, et spécifiant que la somme consignée à titre de cautionnement du marché originaire est de plus affectée à celui du
nouveau service.

La réaffectation est constatée par une copie de la déclaration ci-dessus mentionnée, certifiée par le consignataire, la-

quelle doit parvenir immédiatement par la voie hiérarchique, au Ministre de la guerre.

Si le cautionnement appartient à un tiers bailleur de fonds, celui-ci doit intervenir dans la nouvelle déclaration.

Pour les cautionnements en rentes au moyen d'un nouvel état d'affectation passé avec la Caisse des dépôts et consignations ou son proposé.

Pour les cautionnements en immeubles par un nouvel acte notarié passé comme il est dit à l'article 86, après autorisation du Ministre, et dans lequel l'entrepreneur ou fournisseur ou sa caution, s'il y a lieu, doivent déclarer que les immeubles précédemment affectés n'ont pas diminué de valeur, et par une nouvelle inscription hypothécaire au profit de l'Etat. Cette dernière inscription n'est toutefois recevable qu'autant qu'elle est accompagnée d'un certificat du conservateur des hypothèques constatant qu'il n'a été pris aucune autre inscription postérieurement à celle qui constituait le précédent cautionnement.

De même que pour le cautionnement primitif, la réaffectation n'est définitive qu'après que le Ministre a prononcé son acceptation.

Art. 92.

Dispositions relatives aux cautionnements non libérés ou qui se rattachent à des entreprises ou marchés dont les comptes ne sont pas apurés.

Quand un entrepreneur ou fournisseur est admis à réaliser tout ou partie de son cautionnement, au moyen du changement d'application *ultérieur* d'une garantie encore engagée, il doit :

S'il s'agit de numéraire, produire immédiatement une déclaration sur papier timbré, certifiant qu'il est propriétaire du cautionnement qui garantit le marché en cours d'exécution ou l'entreprise dont les comptes ne sont pas apurés, et par laquelle il s'engage à le réaffecter à son nouveau service dès qu'il en sera requis.

Si la garantie appartient en tout ou en partie à un bailleur de fonds, celui-ci doit consentir au changement d'application par une déclaration dûment légalisée. Ce titre est adressé au Ministre de la guerre en même temps que l'engagement de réaffectation souscrit par l'entrepreneur.

Lorsque l'ancienne garantie est constituée en rentes sur l'Etat ou en valeurs du Trésor, elle peut être affectée immédiatement et par extension au nouveau service au moyen d'un nouvel acte passé avec le directeur général de la Caisse des dépôts et consignations ou les préposés de ladite caisse.

Lorsque l'ancienne garantie est constituée en immeubles, elle peut être immédiatement et par extension affectée au nouveau service au moyen d'un nouvel acte passé dans les formes et conditions prévues à l'article 86.

Dans tous les cas, le nouveau cautionnement n'est définitivement constitué qu'après que la mainlevée de l'ancien a pu être donnée.

L'entrepreneur ou fournisseur doit en outre faire agréer par qui de droit une caution personnelle qui s'engage à répondre solidairement avec lui d'une somme égale au cautionnement fixé par le nouveau marché, jusqu'à ce que la précédente garantie puisse être affectée au nouveau service, ou jusqu'à ce que l'entrepreneur ait régulièrement constitué un autre cautionnement de même valeur ; l'engagement de la caution, conforme au modèle n° 18. est transmis au Ministre de la guerre.

Si le nouveau cautionnement est supérieur à l'ancien, l'entrepreneur est tenu, dans tous les cas, de verser immédiatement la différence.

TITRE VI.

Timbre et enregistrement.

———

Art. 93.

Renseignements à fournir sur les mandats délivrés pour le payement de fournitures et de travaux en vertu de marchés ou d'adjudications.

Afin que les trésoriers-payeurs généraux puissent trouver dans les pièces de dépenses les éléments nécessaires pour établir le relevé général qu'ils doivent produire aux directeurs de l'enregistrement en vue du recouvrement des droits supplémentaires auxquels peuvent donner lieu les marchés et adjudications, les ordonnateurs doivent veiller à ce que les renseignements suivants soient toujours portés sur les pièces de dépenses ou sur les mandats, particulièrement en ce qui concerne la date de chaque marché.

La date de la passation des marchés et celle des procès-verbaux d'adjudication (et non la date de l'approbation ministérielle) ;

La date de l'enregistrement ;

Le nom du bureau ou l'enregistrement a eu lieu ;

L'objet des marchés et adjudications ;

Le nom du fonctionnaire ou officier public qui a contracté le marché ;

Le nom et le domicile de l'adjudicataire ;

Le Ministre ou le Département qui a passé le marché ;

Les sommes prévues par les marchés ou procès-verbaux d'adjudication pour la fixation des droits d'enregistrement ;

Les sommes payées pendant le semestre et antérieurement, etc.

Art. 94.

Perception des droits d'enregistrement exigibles sur les marchés de travaux publics exécutés au moyen de fonds de concours.

Alors que certains entrepreneurs soutenaient que le droit d'enregistrement fixe gradué, établi par la loi du 28 février 1872 pour les marchés de l'Etat, devait seul être perçu sur les marchés de travaux publics passés par les divers ministères et dont le montant doit être payé partie par l'Etat et partie par les départements et les communes, la Cour de cassation (chambre civile), par arrêt du 28 décembre 1892, a tranché la question dans un sens contraire.

Aucun doute ne peut donc exister. Toutefois, pour prémunir les entrepreneurs contre l'insuccès des réclamations qu'ils pourraient élever au sujet des droits d'enregistrement des marchés passés sur fonds de concours et pour donner satisfaction à une demande du Ministre des finances, il convient d'insérer, dans les cahiers des C. S. des marchés de travaux militaires exécutés soit en totalité, soit en partie au moyen de fonds de concours fournis par les départements, communes, compagnies de chemins de fer, particuliers, syndicats, etc., la clause suivante :

« Les droits d'enregistrement seront entièrement à la charge des adjudicataires, ainsi, d'ailleurs, qu'il est stipulé au cahier

des clauses et conditions générales, alors même que les droits
à percevoir seraient calculés en tenant compte de ce que les travaux objet du présent marché doivent être payés en partie (ou
en totalité) au moyen de fonds de concours fournis par la ville
de   (ou département, etc.) et dont le montant s'é-
lève à la somme de   . (Indiquer le montant de la
partie des fonds de concours qui s'applique aux travaux). »

En outre, lors de l'envoi du travail préparatoire des adjudications, il convient de rappeler explicitement, soit dans le rapport transmissif, soit dans le mémoire de discussion, que lesdits
travaux doivent être exécutés en totalité ou en partie au moyen
de fonds de concours, et d'indiquer le montant desdits fonds
de concours.

Art. 95.

Timbre et enregistrement des marchés en Tunisie.

Par application du décret beylical du 20 juillet 1896, lequel
a remplacé ceux des 11 mars et 30 décembre 1895, il convient,
comme par le passé, de soumettre à la formalité du timbre, de
la même manière qu'en France, tous les marchés passés par
l'administration. Par contre, l'enregistrement n'est obligatoire
pour les marchés qu'au moment de leur production ou de leur
usage en justice. Les cahiers des C. S. applicables à la Tunisie
doivent, en conséquence, contenir une clause ainsi conçue :
« En cas de contestation, s'il y a lieu de faire enregistrer le
marché, le payement des droits d'enregistrement est effectué
par la partie requérante, et les frais sont supportés définitivement par la partie condamnée. »

TITRE VII.

Mesures destinées à favoriser la production nationale.

Art. 96.

Les mesures prises pour favoriser l'agriculture et l'industrie
nationales dans les adjudications et marchés du Département
de la guerre sont les suivantes :

1° Les fournisseurs et entrepreneurs de nationalité étrangère ne sont admis à participer à une adjudication publique que s'ils obtiennent du Ministre de la guerre une autorisation spéciale de concourir.

En Algérie, le général commandant le 19e corps d'armée et, en Tunisie, le général commandant la division d'occupation, statuent par délégation du Ministre.

Les mêmes règles sont applicables aux marchés de gré à gré;

2° En principe, les produits français sont toujours préférés aux produits étrangers. Toutefois, les produits étrangers ne sauraient être l'objet d'une exclusion absolue ; en effets, certains produits nécessaires à l'administration militaire n'existent pas en France ou ne s'y trouvent pas en quantités suffisantes ; d'autre part, l'exclusion des produits étrangers pourrait être, dans certains cas, préjudiciable aux intérêts du Trésor ; enfin, il peut être parfois très difficile de distinguer certains produits étrangers des produits français de même nature.

La règle à suivre est d'exiger la fourniture de produits français, toutes les fois qu'il n'y a pas impossibilité matérielle et que le privilège ainsi accordé à la production nationale ne doit pas être trop onéreux pour l'Etat. Dans ces conditions, il importe de statuer toujours, par des décisions spéciales, sur l'admission des produits étrangers. Cette admission est autorisée, pour chaque cas particulier, par le Ministre, sur la proposition du service intéressé, lequel doit tenir compte des ressources nationales et des cours respectifs des produits des diverses provenances.

Pour l'application des dispositions qui précèdent, les produits des colonies françaises et des pays de protectorat français sont assimilés aux produits français, sauf décision contraire du Ministre.

TITRE VIII.

Conditions du travail.

CHAPITRE Ier.

Règles relatives à la métropole.

Art. 97.

Dispositions générales.

Il convient d'insérer, dans les cahiers des charges de tous les marchés de travaux et de certains marchés de fournitures, les conditions particulières, relatives à la main-d'œuvre, prévues au décret du 10 août 1899.

A cet effet, les divers services du Département de la guerre doivent se conformer aux indications qui suivent.

Art. 98.

Nature des marchés.

D'après l'article 1er, les dispositions du décret sont obligatoires pour tous les marchés de travaux publics ou de fournitures passés au nom de l'Etat en ce qui concerne la main-d'œuvre de ces travaux ou fournitures « dans les chantiers et ateliers organisés ou fonctionnant en vue de l'exécution du marché ».

Cet article demande quelques explications, et il convient de distinguer :

1° *Les marchés de travaux neufs.* — Les conditions du décret sont obligatoires pour tous les ouvriers employés sur des chantiers proprement dits; quant aux travaux que l'entrepreneur pourrait faire exécuter dans les ateliers lui appartenant ou chez des sous-traitants (ferronnerie, serrurerie, menuiserie, etc.), l'administration ne saurait intervenir efficacement que si ces ateliers ont été principalement organisés en vue de l'exécution du marché. Dans le cas contraire, il serait généralement impossible de distinguer la main-d'œuvre des travaux exécutés pour le compte de l'Etat de la main-d'œuvre des travaux de l'industrie privée, et, pour éviter de sérieuses difficultés, les cahiers des charges devront, jusqu'à nouvel ordre, s'abstenir de prévoir des clauses relatives à la main-d'œuvre dans ces ateliers.

2° *Les marchés de travaux d'entretien.* — L'entrepreneur est habituellement un industriel de la localité ayant des ateliers où il travaille pour les particuliers. Il sera impossible d'exiger de lui l'application du décret dans ses ateliers, mais il devra s'y soumettre pour tous les ouvriers travaillant à l'intérieur du domaine militaire et pour le temps qu'ils y seront employés.

3° *Les marchés de fournitures.* — Le décret doit être appliqué, en principe, non seulement dans tous les marchés de travaux, mais aussi dans tous les marchés de fournitures exécutés pour le compte du Département de la guerre.

Mais, pour ces derniers, toute stipulation serait vaine si elle s'étendait à des objets, d'un usage courant dans l'industrie, qui n'auraient pas été spécialement fabriqués en vue du marché passé avec l'Etat.

Il n'y aura donc lieu de prévoir de stipulations à cet égard que pour les fournitures qui peuvent, au moment de leur fabrication, être, en quelque sorte, individualisées et présenter une destination en dehors de laquelle on ne saurait prévoir pour elles d'acquéreur normal et régulier.

De plus, elles doivent être fabriquées dans « des ateliers organisés ou fonctionnant en vue de l'exécution du marché », et l'expression atelier doit désigner strictement, non point l'ensemble d'un établissement industriel : usine, manufacture, fabrique, mais tout atelier, tout groupe d'ouvriers, distinct ou pouvant être distingué, qui fonctionne principalement en vue de l'exécution du marché.

L'application du décret est la règle ; la non-application, l'exception. Dans tous les cas où il s'agit de travaux d'appropriation, de fabrications spéciales, de constructions exécutées expressément à la demande de l'Etat, pour lui, sur les indications de ses agents et non pour le commerce courant, les clauses relatives à la main-d'œuvre doivent être prévues par les cahiers des charges et strictement appliquées. Cette application sera d'ailleurs intégrale, c'est-à-dire que tous les ouvriers employés en bénéficieront, si le travail ou la fabrication dont il s'agit nécessite, d'un bout à l'autre, un personnel spécialisé dans cette fabrication ; partielle, si certaines opérations, manutentions, nickelage, étamage, etc., s'effectuent en confondant les fabrications de l'Etat avec les fabrications courantes. C'est dire qu'en aucun cas, l'on ne devra envisager l'application des conditions de travail, prévues par le décret, à la production des matières premières d'usage général : acier, fonte, cuivre, houille, etc., dont l'entrepreneur ou le fournisseur doit s'approvisionner pour l'exécution du marché. Mais l'observation des clauses y relatives doit être exigée des producteurs de toutes matières fabriquées spécialement par l'entrepreneur ou le fournisseur, en vue de la commande dont il s'est chargé.

Aux termes de l'article 2 du décret, les sous-traitants autorisés sont, du reste, soumis aux mêmes obligations que les entrepreneurs ou fournisseurs titulaires de marchés.

En conséquence, aucun marché de travaux ou de fournitures ne sera approuvé si le cahier des charges correspondant ne comporte l'insertion des clauses prévues par le décret du 10 août 1899, ou si la non-insertion n'est justifiée par des motifs probants développés dans le rapport d'envoi à l'administration centrale.

Art. 99.

**Détermination des éléments à introduire dans les cahiers
des charges.**

Ces éléments sont :

1° *Assurance d'un jour de repos par semaine.* — Les conditions relatives au repos hebdomadaire sont actuellement fixées par la loi du 13 juillet 1906 et par les descriptions édictées pour l'application de cette loi.

2° *Emploi des ouvriers étrangers.* — La main-d'œuvre étrangère est déjà interdite dans un certain nombre de chantiers ou ateliers, où son emploi serait de nature à compromettre les secrets de la défense nationale. Cette interdiction ne saurait être généralisée d'une façon absolue, et la proportion d'ouvriers étrangers à admettre sur les chantiers de travaux doit varier suivant les localités et suivant les professions. Il appartiendra aux directeurs régionaux de fixer cette proportion dans chaque cahier des charges.

3° Salaire normal à payer pour chaque profession et, dans chaque profession, pour chaque catégorie d'ouvriers. — Il est à désirer que toutes les administrations de l'Etat ou des départements adoptent, dans une même localité, les mêmes salaires pour les ouvriers des mêmes professions et puissent joindre à leurs cahiers des charges des bordereaux uniformes ; mais, pour cela, une entente préalable est nécessaire, et des conférences mixtes doivent être organisées.

Des instructions ont été adressées aux préfets, dans le but de faciliter l'entente entre les représentants des diverses administrations ayant à exécuter des travaux analogues, et de nommer des commissions mixtes composées. en nombre égal, de patrons et d'ouvriers appelés à donner leur avis sur les cours réellement pratiqués.

Les officiers et fonctionnaires militaires doivent donc recourir à l'intermédiaire des préfets, pour la réunion des commissions mixtes, ainsi que pour la confection des bordereaux relatifs aux travaux usuels communément effectués par plusieurs administrations. Ils devront également déférer aux demandes qui pourraient leur être adressées par les préfets, en vue de l'entente commune à établir entre les diverses administrations.

Si la constatation des accords entre les syndicats patronaux et ouvriers, ou l'avis des commissions mixtes prévu à l'article 3 du décret n'a pu être obtenu trois mois avant la date probable de l'adjudication, le chef du service local intéressé procède d'office à l'établissement du bordereau (1), en ayant recours aux autres sources d'information indiquées au décret.

Le représentant de l'administration militaire, à qui incombe le devoir de constater ou de vérifier le taux normal et courant des salaires, doit, en tout cas, disposer d'un temps suffisant

---

(1) Les bordereaux doivent être établis conformément au modèle n° 19 annexé à la présente instruction, lorsqu'ils indiquent des salaires à l'heure ou à la journée. Pour les travaux aux pièces, les bordereaux consistent dans les tarifs des salaires usuellement appliqués dans la région aux diverses opérations que comporte l'exécution du marché.

pour s'acquitter de sa mission, en s'entourant de tous les renseignements utiles.

La question s'est posée de savoir si chaque profession doit comporter deux ou plusieurs catégories, de manière que l'entrepreneur puisse classer ses ouvriers dans chacune d'elles, suivant leurs aptitudes professionnelles. Formulée avec cette généralité, l'interprétation permettrait d'établir des distinctions contraires à l'esprit du décret. Aussi convient-il d'adopter la solution suivante : dans chaque profession, on devra distinguer les ouvriers ou compagnons et les aides. Chaque profession pourra, en outre, être subdivisée en autant de spécialités distinctes qu'en consacrent les usages locaux, chacune de ces spécialités pouvant recevoir des salaires différents.

Mais, sauf dans les cas prévus au dernier alinéa de l'article 3 du décret, on ne saurait admettre que l'entrepreneur puisse rétribuer à des taux différents des ouvriers employés à des travaux identiques.

Le taux normal du salaire de chacune des spécialités étant déterminé, l'administration n'aura pas à s'immiscer dans le contrat à intervenir entre l'entrepreneur et l'ouvrier, relativement à la catégorie dans laquelle ce dernier pourra être rangé. De même, l'entrepreneur restera libre de payer un taux supérieur, ou de faire exécuter le travail à la tâche, pourvu que, dans ce cas, le gain journalier de l'ouvrier soit au moins égal au taux prévu pour sa catégorie.

Il serait à craindre, si l'entrepreneur devait payer à tous ses ouvriers le salaire normal, qu'il ne fût poussé à éliminer ceux que leurs aptitudes physiques mettent dans un état d'infériorité notoire sur leurs camarades. Pour protéger ces déshérités du sort, le décret (dernier alinéa de l'article 3) a prévu qu'une exception pourrait être faite, pour eux, à la règle du taux normal.

Jusqu'à ce que l'entente pour l'établissement des bordereaux ait pu se faire entre toutes les administrations, les cahiers des charges stipuleront la proportion maxima de ces ouvriers et la réduction à faire subir aux salaires.

Il n'est pas indispensable que les bordereaux de salaires ne contiennent que des prix à l'heure ou à la journée.

L'administration ne saurait, il est vrai, intervenir dans le mode de distribution du travail propre à chaque entreprise et annexer à chaque cahier des charges un bordereau visant tous les modes de rémunération qui se peuvent rationnellement concevoir. Mais d'autre part, s'il existe des salaires aux pièces d'un usage courant dans une région, usage constaté dans les formes prévues à l'article 3, il serait contraire à la lettre et à l'esprit du décret de ne pas les inscrire aux bordereaux.

Dès lors, il paraît indispensable d'établir la distinction ci-après :

Lorsqu'il existe, pour des travaux aux pièces, un tarif bien défini et couramment usité dans la région, l'administration devra inscrire ce tarif dans les bordereaux sous les garanties exigées par l'article 3. L'ouvrier n'aura point alors le droit d'exiger l'application de prix minima à l'heure ou à la journée, puisque le prix de son travail aux pièces aura été fixé dans les bordereaux suivant un tarif reconnu comme normal et courant.

Dans le cas contraire, l'entrepreneur ou le fabricant restant libre d'ailleurs d'établir chez lui tel mode de rémunération de travail qui lui paraîtrait le plus convenable, le salaire moyennement gagné par un ouvrier en un temps donné ne devra pas être inférieur au salaire courant, à l'heure ou à la journée, inscrit sur les bordereaux;

Les salaires inscrits aux bordereaux devant être les salaires normaux appliqués dans la ville ou la région où le travail est exécuté, il convient de définir ce qu'il faut entendre par le mot région.

Lorsque les travaux s'exécutent dans une ville assez importante pour qu'il y ait un salaire normal et courant des catégories d'ouvriers appelées à y concourir, le décret dit expressément salaire courant dans ladite ville. Mais, en dehors de ce cas, il emploie l'expression forcément vague de région. Ce ne sont donc pas seulement les communes où s'exécutent les travaux adjugés, mais aussi les communes voisines et en général toute la portion de territoire pour laquelle les conditions de travail sont identiques ou à peu près. Suivant les cas, et suivant l'importance des travaux, la région comprendra une ou plusieurs communes, un ou plusieurs cantons, un ou plusieurs arrondissements.

4° *Limitation des heures de travail.* — Les bordereaux joints aux cahiers des charges indiqueront aussi la durée normale des journées de **travail.**

Cette durée sera variable suivant les saisons et parfois peut-être suivant les professions, d'après les usages locaux.

Elle sera arrêtée par les directeurs régionaux, comme les taux des salaires.

La majoration à payer aux heures supplémentaires sera fixée au bordereau dans les mêmes conditions.

Le travail du jour réservé au repos, lorsqu'il sera exceptionnellement nécessaire, sera payé au même tarif que les heures supplémentaires.

Il importe de ne pas perdre de vue que les dispositions relatives à la limitation de la durée du travail journalier sont impératives et que, par suite, il ne saurait y être dérogé, même avec le consentement ou sur la demande des ouvriers intéressés.

L'entrepreneur ne peut être autorisé à s'en écarter *qu'en cas de nécessité absolue*, et, pour justifier cette nécessité, il ne suffit pas d'invoquer l'urgence de l'achèvement des travaux ou des fournitures, s'il est d'ailleurs constant que le même résultat pourrait être obtenu par l'augmentation du nombre des ouvriers.

Les autorités militaires doivent se bien pénétrer de ces dispositions et en assurer strictement l'observation.

Les chefs de service, aussitôt après l'approbation du marché, font parvenir au Ministre de la guerre (Direction intéressée), et par bordereau spécial, une copie conforme du bordereau des salaires normaux inséré au cahier des C. S. ou annexé au marché. Cette copie sera ensuite transmise par la direction intéressée à la direction du contentieux et de la justice militaire (Service spécial ; 1re Section), chargée de centraliser les documents de cette nature et d'en faire l'envoi au Ministre du travail et de la prévoyance sociale.

Art. 100.

Introduction dans les cahiers des charges des éléments déterminés à l'article 99.

§ 1. *Cahier des charges de travaux.* — Ces cahiers des charges se reportent toujours soit à une série des prix, soit à un devis estimatif, et il est évident que la détermination du taux des salaires et la limitation des heures de travail doivent avoir leur répercussion sur les prix de la série ou sur les devis.

Il y aura donc lieu d'en tenir compte, à l'avenir, chaque fois que l'on procédera à l'établissement d'un document de ce genre; mais, pour les adjudications ou marchés à passer dans les places où il existe actuellement une série des prix, point ne sera besoin de la modifier.

Il a été, explicitement ou non, tenu compte, lors de son établissement, des salaires en usage, et il appartiendra aux soumissionnaires qui auront sous les yeux les salaires considérés comme normaux de tenir compte dans leurs offres (rabais ou surenchère) de la répercussion que la variation possible de ces taux de main-d'œuvre a pu avoir sur les prix de la série.

On devra, d'ailleurs, éliminer de cette série tous les prix relatifs aux salaires à la journée qui se trouveront désormais sur les bordereaux ; en revanche, il y aura lieu de tenir compte de la majoration à payer à l'entrepreneur pour frais généraux et bénéfices, toutes les fois qu'il aura à fournir à l'administration des ouvriers à la journée ; majoration qui est fixée uniformément à 20 p. 100 par le cahier des C. C. G. (1) qui spécifie, en outre, que les sommes ainsi payées à l'entrepreneur ne sont pas passibles, soit du rabais, soit de la surenchère résultant du contrat.

Ainsi, le taux normal de la journée du terrassier étant prévu au bordereau pour 3 fr. 50, la majoration prévue à la série pour frais généraux et bénéfices étant de 20 p. 100 (non susceptible du rabais) l'entrepreneur devra payer à l'ouvrier 3 fr. 50, et la journée du terrassier lui sera payée 3 fr. 50 ×
$$\left(1 + \frac{20}{100}\right) = 4 \text{ fr. } 20.$$

§ 2. *Cahier des charges de fournitures.* — Seuls, les cas d'impossibilité matérielle dûment constatés, et dont il devra être rendu compte en temps utile au Ministre, pourront dispenser les représentants des services locaux d'annexer au cahier des charges un bordereau des salaires normaux.

Art. 101.

Revision des taux des salaires et de la durée du travail.

L'article 3 du décret prévoit que les bordereaux pourront être revisés sur la demande des patrons et des ouvriers, lorsque

---

(1) Article 58.

les variations dans les taux des salaires ou la durée du travail journalier auront reçu une application générale dans l'industrie en cause.

Cette revision n'est d'ailleurs pas obligatoire. Il résulte, en effet, tant des termes du décret du 10 août 1899 que de ce qui vient d'être dit, qu'il appartient à l'administration seule d'apprécier s'il y a lieu ou non de procéder à cette opération (I).

En conséquence, une fois saisi d'une demande en revision de salaires, le chef du service devra tout d'abord instruire cette demande au point de vue de la suite qu'elle est susceptible de recevoir.

Tout en ne perdant pas de vue la répercussion possible d'une revision des salaires sur celle des prix du marché, il ne manquera pas de s'inspirer, surtout dans les cas douteux, de l'esprit général de la réglementation des conditions du travail.

S'il existe, et c'est le cas le plus ordinaire, dans la localité ou la région, des chantiers ou des ateliers de nature analogue à ceux ouverts par l'administration de la guerre, et si le taux du salaire journalier y est suffisamment concordant, on y trouvera la base d'une comparaison qui permettra d'apprécier avec certitude le bien fondé de la revision demandée.

Dans l'affirmative, le chef du service aura simplement à tenir compte des résultats de cette comparaison, en introduisant au bordereau des salaires les modifications qui en sont la conséquence.

Il importe du reste, d'observer, incidemment, que l'obligation pour les entrepreneurs des travaux de l'Etat de payer leurs ouvriers au taux du salaire normal de la région est absolue, alors même que les contrats de travail en vertu desquels ces ouvriers ont été embauchés porteraient un salaire inférieur (2). Dans ce cas l'administration doit, aux termes de l'article 4 du décret du 10 août 1899, intervenir pour faire payer à l'ouvrier la différence et, le cas échéant, en assurer elle-même le payement aux frais de l'entrepreneur. Dès lors, toute erreur commise par l'administration dans l'établissement du bordereau

---

(1) Conseil d'Etat, Graveron et Allary contre le Ministre des travaux publics, 3 mai 1907, Lebon, p. 148.
(2) Circulaire du Ministre du travail du 12 juillet 1908, portant notification d'un arrêt de la Cour de cassation du 25 mars 1908.

des salaires doit donner lieu à rectification, quelle que soit l'époque à laquelle cette erreur a été reconnue.

Quand le terme de comparaison résultant de l'existence d'industries similaires dans la localité ou la région vient à faire défaut, il appartient au chef du service de procéder, par tous les moyens dont il peut disposer, à la vérification sur place de la réalité et de l'étendue du changement qui aurait pu survenir dans les conditions du travail.

D'après les conclusions auxquelles aura conduit cette enquête, il aura à prendre une décision motivée, qui ne sera notifiée aux intéressés qu'après avoir été approuvée par le directeur local.

Toute demande de revision des salaires fera l'objet d'un compte rendu spécial indiquant, avec motifs à l'appui, les décisions prises et, le cas échéant, les résultats de l'enquête à laquelle il aura été procédé. Ce compte rendu sera adressé au Ministre avec l'avis des différentes autorités hiérarchiques.

La décision prise par le chef du service ne pourra pas avoir d'effet rétroactif. Toutefois, les nouveaux salaires seront payés à partir du jour de la demande en revision.

Quelle sera la répercussion de cette revision sur les prix du marché?

Il faut distinguer :

1° *Travaux à la journée.* — Les sommes à payer à l'entrepreneur seront celles résultant du nouveau taux des salaires augmentées de la majoration prévue à la série pour frais généraux et bénéfices, majoration qui restera fixe durant toute la durée du marché;

2° *Travaux au nombre ou au métré.* — La journée de l'ouvrier n'entrant dans le prix de ces travaux que pour une fraction plus ou moins importante, la revision des salaires n'entraînera pas *ipso facto* la revision des prix indiqués au marché pour ces travaux.

Pour que cette revision soit obligatoire, il faudra que les variations constatées dans le taux des salaires, ou la durée du travail journalier, dépassent la limite fixée par le cahier des C. C. G. (1) ou celle déterminée exceptionnellement par le cahier des C. S., et que la revision des salaires ait été autorisée.

---

(1) Article 43.

En dessous de cette limite, les variations dont il s'agit seront considérées comme un des aléas de l'entreprise.

Cette disposition, loin de constituer, du reste, une charge pour l'entrepreneur, qui, autrement, serait obligé de suivre, sans compensation, les fluctuations des salaires, constitue pour lui une sérieuse garantie, puisqu'elle lui assure une plus-value dans le cas où la hausse des salaires dépasserait une certaine limite.

Toutefois, on ne doit pas perdre de vue que la modification des prix en cours des marchés est chose délicate et difficile, susceptible de donner lieu à bien des contestations; aussi y aura-t-il intérêt à l'éviter, et il suffira pour cela de prévoir au cahier des charges une limite assez large pour que, dans le cours d'un marché qui dure au plus trois ans, il y ait peu de chances de la voir dépasser.

Lorsque la revision sera devenue nécessaire, si l'accord ne peut se faire avec l'entrepreneur sur les nouveaux prix à appliquer aux travaux, les contestations seront soumises au Ministre, sauf recours au conseil de préfecture ou au Conseil d'Etat, suivant les cas.

Art. 102.

Sanctions à prévoir.

Ces sanctions sont inscrites aux articles 4 et 5 du décret.

Celles de l'article 5 n'ont besoin d'aucune explication, mais il est nécessaire d'insister sur les dispositions de l'article 4.

D'après cet article, si l'administration constate une différence entre le salaire payé aux ouvriers et le salaire courant prévu au bordereau, elle indemnisera directement les ouvriers lésés au moyen de retenues opérées sur les sommes dues à l'entrepreneur et sur son cautionnement.

Cette disposition ne saurait avoir pour résultat de faire l'administration juge des différends qui peuvent naître entre les ouvriers et l'entrepreneur; c'est un rôle qu'elle ne peut assumer sans sortir de ses attributions.

Lorsque l'officier ou le fonctionnaire chargé de la direction des travaux sera saisi de la réclamation d'un ouvrier au sujet de son salaire, il en préviendra l'entrepreneur et convoquera les intéressés. S'il est constaté d'un commun accord que la réclamation porte exclusivement sur la fixation du taux du salaire journalier, mais que, pour un motif quelconque, l'entrepreneur ne puisse ou ne veuille payer lui-même à l'ouvrier ce qui lui est dû, le directeur des travaux fera payer l'ouvrier directement.

S'il est constaté, au contraire, que la réclamation a un autre objet, qu'elle porte par exemple sur le nombre des heures de travail, la nature de ce travail, la catégorie dans laquelle l'ouvrier a été rangé, etc., il renverra les parties devant qui de droit (conseil des prud'hommes, juge de paix, etc.) à fin de statuer. Les sommes mises à la charge de l'entrepreneur et que celui-ci se refuserait à payer seront également soldées à l'ouvrier par les soins du directeur des travaux.

Ces payements seront faits au moyen des avances du gérant ou de l'officier d'administration comptable.

Copie de la décision intervenue sera jointe à l'état de payement.

Les sommes ainsi avancées seront retenues par voie de précompte sur les plus prochains mandats de l'entrepreneur.

CHAPITRE II.

Règles relatives à l'Algérie et à la Tunisie.

Art. 103.

§ 1. *Algérie.* — Le décret du 11 août 1904 a complété les dispositions du décret du 21 mars 1902 relatives aux conditions du travail dans les marchés passés en Algérie au nom de l'Etat, en autorisant l'introduction, dans les cahiers des charges, d'une clause concernant la détermination du minimum de salaire.

Le rapport au Président de la République, qui précède ce décret, indique le cas dans lequel il y aura lieu de recourir à cette clause.

Pour l'application du décret du 21 mars 1902 et, le cas échéant, pour l'application du décret du 11 août 1904, il conviendra de se référer à ce qui est dit pour la métropole.

§ 2. *Tunisie.* — Dans les marchés passés en Tunisie, les clauses relatives aux conditions du travail à insérer dans les cahiers des charges sont conformes aux dispositions en vigueur en cette matière dans la Régence.

TITRE IX.

Réception des fournitures.

Art. 104.

Dispositions générales.

La réception des fournitures s'opèrent conformément aux règles fixées par le règlement et l'instruction sur la comptabilité des matières appartenant au ministère de la guerre et par les cahiers des charges.

Art. 105.

Indemnités de vacations aux membres des commissions de réception.

Les dispositions relatives aux frais de vacation et de transport dus aux membres civils des commissions d'appel (voir titre X ci-après) sont applicables aux membres civils que comportent certaines commissions de réception de divers services (commissions de réception des conserves de viandes, commissions d'examen des denrées mises en distribution : vivres et fourrages).

Art. 106.

Dispositions relatives aux analyses chimiques exécutées à la section technique de l'artillerie.

§ 1. — Aux termes des règlements en vigueur, les commissions de réception des établissements de l'artillerie ont seules qualité pour prononcer l'acceptation ou le rejet des matières ou objets qui leur sont présentés.

Ces commissions doivent s'assurer que toutes les conditions stipulées par les cahiers des charges sont remplies et que les livraisons sont conformes aux échantillons ou modèles-types : il leur appartient, par suite, de déterminer les épreuves à faire subir à ces matières ou objets et, en principe, d'exécuter ces épreuves.

§ 2. — Lorsque les conditions de réception comportent des analyses ou des essais chimiques, notamment pour les métaux, alliages, cuirs, textiles, produits divers, etc..., etc..., les établissements ou services qui ne posséderaient pas les moyens d'y procéder eux-mêmes sont autorisés à en demander l'exécution à la section technique de l'artillerie (1).

Diverses instructions ministérielles ont déjà, dans ce même but, autorisé ou prescrit l'envoi à la section technique de l'artillerie de certains échantillons.

Les établissements sont également autorisés à envoyer des échantillons même quand cet envoi ne se rapporterait pas directement à l'exécution d'un marché.

Le présent titre s'applique à ces diverses catégories d'analyses.

§ 3. — Les dispositions du paragraphe 2 n'ont point pour effet de substituer la section technique de l'artillerie aux commissions locales de réception : il appartient à ces dernières de déterminer, par une étude préalable de la question et d'après l'usage auquel sont destinés les matières ou objets, quels sont les essais qu'il convient de leur faire subir, et quels sont ceux dont il y a lieu de demander l'exécution à la section technique de l'artillerie.

Celle-ci n'a aucun avis à émettre sur l'acceptation ou le rejet des matières ou objets dont les échantillons lui sont adressés par les établissements ; son rôle se borne à exécuter les essais qui lui sont demandés et à en faire connaître les résultats dans le plus bref délai possible.

Il ne doit pas lui être envoyé d'échantillons ne satisfaisant pas aux épreuves que les commissions de réception peuvent exécuter elles-mêmes.

§ 4. — Les établissements sont également autorisés à deman-

---

(1) La même autorisation est accordée, dans les conditions du présent titre :

1° Aux corps de troupes de l'artillerie et du train des équipages militaires (cordages, cuirs et textiles);
2° Au laboratoire des recherches relatives à l'aérostation militaire;
3° A l'établissement central du matériel de la télégraphie militaire;
4° A l'établissement central du matériel de guerre du **génie**;
5° A l'établissement central du matériel de l'aérostation militaire;
6° Aux directions et écoles du génie;
7° A l'atelier d'arçonnerie de Saumur (cuirs et textiles);
8° Aux corps de troupes de la cavalerie (cordages, cuirs et textiles);
9° **A la commission de réception des effets de harnachement au magasin général de Paris (cuirs);**
10° Au ministère des colonies **(cuirs).**

der à la section technique de l'artillerie l'indication des renseignements que les analyses chimiques ou industrielles sont susceptibles de donner sur les matières ou produits qui font l'objet des marchés.

Ces indications sont données à titre de renseignements ; elles devront toujours être demandées lorsque, en dehors des instructions ministérielles visées au paragraphe 2, le cahier des charges dressé par un établissement prévoit des analyses ou essais à exécuter par la section technique de l'artillerie.

§ 5. — L'énoncé des conditions à vérifier par la section technique de l'artillerie doit être rédigé sans aucune ambiguïté. Appliquée à des substances aussi complexes que les matières industrielles, l'expression d' « analyse chimique » n'a pas de signification précise. L'analyse chimique industrielle d'un produit du commerce se compose, en effet, d'une série de recherches, dosages ou essais, généralement indépendants les uns des autres, dont chacun a pour but de vérifier un point spécial : ils sont variables suivant l'usage auquel le produit est destiné, et doivent dès lors être exactement spécifiés dans chaque cas particulier.

Il faut éviter, par suite, d'employer des expressions vagues, telles que « de première qualité » ou « de qualité supérieure », qui ne peuvent servir de base à aucune vérification.

Il ne faut pas non plus laisser à la section technique de l'artillerie le soin de procéder aux essais qu'elle jugera convenables en se bornant à lui adresser, au lieu de l'indication des points à vérifier, la copie du cahier des charges ou des conditions imposées au fournisseur, ou en se contentant de renvoyer à un document quelconque (cahier des charges, instructions ou dépêches ministérielles, etc.).

§ 6. — Les établissements ne doivent pas perdre de vue que les métaux ou les produits industriels ne sont jamais purs; tous contiennent des proportions variables d'impuretés ou matières étrangères. Ces impuretés, inévitables, doivent être, avec le plus grand soin, distinguées des falsifications.

Dans la plupart des cas, un métal ou un produit industriel est parfaitement défini, soit par l'absence de matières étrangères déterminées, nuisibles à l'usage, soit par un taux maximum imposé à ces mêmes matières, qui doivent dès lors être exactement indiquées.

§ 7. — Il est enfin nécessaire de remarquer que l'analyse chimique ne peut donner que la composition de la petite quantité de matière soumise aux essais : il est donc indispensable que l'échantillon ait la composition moyenne du lot considéré. L'échantillonnage, qui ne présente généralement pas de difficultés pour les matières liquides, doit être exécuté avec les plus grands soins lorsqu'il s'agit de matières solides qui, même dans le cas des métaux coulés, sont très rarement homogènes.

Art. 107.

Mesures d'ordre relatives à l'exécution des analyses chimiques à la section technique de l'artillerie.

§ 1. — Les échantillons envoyés à fin d'analyse doivent être distingués par une marque (signe, lettre ou numéro) permettant de les retrouver facilement au milieu d'autres de même nature : les marques sont portées par les échantillons eux-mêmes s'il est possible, et, dans le cas contraire, inscrites sur les sachets ou récipients qui les contiennent.

Les échantillons sont accompagnés d'une lettre ou bordereau d'envoi mentionnant :

1° La désignation des échantillons et les marques correspondantes ;

2° L'usage auquel chacun d'eux est destiné ;

3° L'indication précise des recherches, dosages ou essais dont l'exécution est demandée. Si l'établissement expéditeur croit avoir des raisons de soupçonner une fraude ou falsification, il appelle l'attention sur ce point par une mention spéciale, en indiquant sommairement les motifs de ses soupçons.

§ 2. — La section technique de l'artillerie fait, s'il y a lieu, compléter les pièces d'envoi qui ne contiendraient pas les indications nécessaires ; elle procède aux essais dans le plus bref délai possible (1) et adresse à l'établissement expéditeur un procès-verbal reproduisant les marques des échantillons et indiquant les résultats obtenus.

____

(1) Ces délais sont de :
Un mois pour les métaux et les alliages;
Vingt jours pour les matières et produits divers;
Dix jours pour les cuirs et textiles, à partir du moment où le bordereau d'envoi et les échantillons sont arrivés à la section technique.

§ 3. — Les échantillons destinés à l'analyse et les récipients qui les contiennent doivent être expédiés sans prise en charge. Ils sont remplacés aux frais des fournisseurs ; mention de cette disposition doit être inscrite dans les cahiers des charges.

Pendant un mois, à dater de la notification des résultats, les déchets sont tenus à la disposition des fournisseurs.

Ceux-ci doivent se présenter à la section technique de l'artillerie (1, place Saint-Thomas-d'Aquin, à Paris) porteurs d'une pièce établie par l'établissement expéditeur et contenant les renseignements nécessaires (date et numéro de la pièce d'envoi, nature et marques des échantillons à remettre). Cette pièce est conservée comme reçu par la section technique.

§ 4. — En général, les échantillons de métaux doivent peser de 100 à 150 grammes.

Hors le cas de l'étain et du plomb, ils seront, toutes les fois qu'il sera possible, envoyés sous forme de copeaux fins, parfaitement exempts de rouille ou d'oxyde, et renfermés dans des flacons ou des sachets en toile gommée ou papier parchemin.

La présence d'huile, de savon, etc.... pouvant fausser les dosages et notamment celui du carbone, les copeaux doivent être obtenus à sec. Il est nécessaire de vérifier avec beaucoup de soin que des parcelles d'acier provenant de l'outil ne sont pas mélangées à l'échantillon.

Lorsque le dosage de l'oxygène ou du soufre est demandé dans un échantillon de cuivre, il est nécessaire de joindre aux copeaux un fragment prismatique de même poids approximatif; ce fragment et les copeaux doivent porter la même marque.

Les métaux non malléables (fontes, antimoine, etc.) doivent être concassés en fragments aussi menus que possible : ces morceaux doivent être parfaitement exempts de rouille ; ils sont renfermés comme il est dit plus haut.

Les liquides (500 à 1.000 grammes) sont envoyés de préférence dans des flacons de verre blanc, parfaitement nettoyés au préalable. Il est nécessaire d'employer des flacons bouchés à l'émeri toutes les fois qu'il y a lieu de craindre l'attaque des bouchons ordinaires (acides, alcalis, etc...).

Les échantillons de cuirs, textiles, etc., sont envoyés conformément aux indications spéciales en vigueur.

Leur poids ne doit jamais être inférieur à 15 grammes.

TITRE X (1).

Commissions d'appel.

Art. 108.

Objet du présent titre.

Le présent titre a pour but de déterminer les conditions d'organisation et de fonctionnement des commissions dites d'appel.

Les cahiers des C. C. ou des C. S. n'ont qu'à spécifier les détails de son application à la fourniture qu'ils concernent.

Art. 109.

Droit et délais d'appel ou de pourvoi.

Les circonstances dans lesquelles l'entrepreneur ou fournisseur et le chef du service peuvent se pourvoir devant les commissions d'appel contre les décisions des commissions de réception et les délais dans lesquels ces pourvois doivent être formés, sont définis par le cahier des C. C. G. applicables aux marchés de fournitures du Département de la guerre.

Art. 110.

Composition des commissions d'appel.

Les commissions d'appel ont la composition suivante :
Un membre de la Chambre de commerce dans le ressort de laquelle est situé l'établissement choisi comme lieu de réception, *président*.

Deux membres idoines désignés, l'un par l'administration militaire, l'autre par l'entrepreneur, *membres*.

Le membre de la Chambre de commerce, président, est dési-

---

(1) Pour tout marché comportant faculté de pourvoi devant une commission d'appel, le cahier des C. S. ou, à défaut, le marché stipule l'application des dispositions du titre X (commissions d'appel) de l'instruction du 6 juillet 1909, relative aux marchés du Département de la guerre.

gné par le Ministre ou par toute autorité qu'il délègue à cet effet.

Pour les fournitures de denrées et produits du service des vivres et du service des fourrages, le directeur de l'intendance est le délégué de droit du Ministre.

Le président est choisi sur une liste de trois noms, présentée par la Chambre de commerce, pour la spécialité dont il s'agit.

Si la Chambre de commerce ne comporte pas de membres de la spécialité à examiner, le président de la commission d'appel peut être choisi en dehors de cette spécialité, mais toujours parmi les membres de la Chambre de commerce. Toutefois, lorsqu'il s'agit de fournitures de blé ou de denrées fourragères, le président pourra être choisi, s'il n'existe pas de Chambre de commerce dans la place de livraison, parmi les membres des syndicats, fédérations ou unions agricoles figurant sur les listes qui seront soumises au directeur de l'intendance du corps d'armée par le préfet du département où se trouve située la place de livraison.

Dans tous les cas, le président de la commission d'appel aura toujours la faculté de se faire assister, s'il le juge nécessaire, de toute personne dont le concours lui paraîtrait utile.

La durée de sa fonction est d'une année.

Chaque président de commission d'appel a un suppléant nommé dans les mêmes conditions.

Le membre idoine à désigner par l'autorité militaire peut être choisi sur une liste dressée par la Chambre de commerce ou bien désigné parmi le personnel compétent dont dispose l'administration de la guerre. Quand il s'agit de fournitures de blé ou de denrées fourragères, ledit membre idoine peut aussi être choisi, soit sur une liste dressée par le tribunal de commerce, soit sur une liste dressée par les syndicats agricoles de la zone d'approvisionnement ou, à défaut, par les fédérations ou unions de syndicats agricoles de la région.

Dans aucun cas, ce membre idoine ne doit avoir participé au rebut de la fourniture ou du travail.

Le membre idoine, désigné par l'entrepreneur, est choisi sur une liste dressée par la Chambre de commerce. Quand il s'agit de fournitures de blé ou de denrées fourragères, il peut également être choisi sur les listes énumérées à l'antéprécédent alinéa.

Afin que ce choix puisse s'exercer, la liste doit comprendre au moins deux noms.

Dans le cas où les Chambres de commerce et, le cas échéant, les autres corps indiqués ci-dessus, déclareraient ne pouvoir fournir aucun nom ou n'en pouvoir présenter qu'un seul, l'entrepreneur aura le droit de choisir son représentant comme bon lui semblera.

Il ne sera fait usage de cette faculté qu'exceptionnellement, et elle cessera dès que la liste de présentation aura pu être complétée.

Dans le cas où, par le fait de l'entrepreneur ou de l'idoine désigné par lui, la commission d'appel ne pourrait être constituée pour la date fixée pour sa réunion, le recours de la décision de la commission de réception serait examiné par le Ministre.

Art. 111.

Fonctionnement des commissions d'appel.

Les règles générales de fonctionnement des commissions d'appel sont indiquées par le cahier des C. C. G. applicables aux marchés de fournitures du Département de la guerre.

Ce fonctionnement est en outre assujetti aux règles particulières suivantes :

L'entrepreneur remet son pourvoi par écrit au président de la commission de réception, qui le transmet le même jour au chef du service.

Si le pourvoi est formé par le chef du service, celui-ci en donne avis par écrit au président de la commission de réception et à l'entrepreneur.

Les matières, denrées ou objets qui font l'objet du litige, sont, autant que possible, placés dans un local séparé fermant à clef.

Le chef du service communique les pourvois au président de la commission d'appel.

Le président de la commission d'appel fait connaître au chef du service le jour et l'heure de la réunion de la commission; ce dernier fait mettre à sa disposition le matériel qui a donné lieu au litige et informe le président de la commission de réception, ainsi que l'entrepreneur (1), du jour, de

______

(1) L'avis est adressé à l'entrepreneur, à ses frais, par lettre recom-

l'heure et du lieu de cette réunion, afin que la commission d'appel puisse, pour éclairer son jugement, entendre toutes explications utiles qu'ils sont en mesure de lui fournir.

Toute autre personne dont le concours est susceptible d'être demandé par ladite commission dans le même but est convoquée dans les mêmes conditions

Les personnes entendues par la commission d'appel ne doivent pas sortir, dans leurs explications, des questions à résoudre par ladite commission. Le président doit s'opposer à la présentation d'observations étrangères au débat ou qui seraient de nature à le prolonger, sans donner lieu d'espérer plus de certitude dans les résultats.

Dans le cas où l'entrepreneur, ou bien tout ou partie des personnes susindiquées, ne répondrait pas à la convocation, la commission n'en délibérerait pas moins valablement.

Les délibérations de la commission ont toujours lieu à huis clos, c'est-à-dire en dehors de la présence de toute personne autre que le président et les deux membres.

Le président de la commission d'appel peut demander au chef du service les moyens matériels nécessaires pour l'établissement du procès-verbal qui doit être rédigé par la commission.

Ce document est conforme au modèle n° 20 annexé à la présente instruction.

Pour permettre au Ministre d'apprécier la valeur réelle du recours qui pourrait lui être adressé, il est essentiel que les avis de la commission d'appel soient toujours nettement et très explicitement motivés dans le procès-verbal.

La commission remet le même jour le procès-verbal au chef du service qui prend les mesures d'exécution nécessaires ; ce document relate les motifs de la décision qui doit être notifiée le jour même à l'entrepreneur.

Art. 112.

Documents et instruments mis à la disposition des commissions d'appel.

Les cahiers des charges régissant les fournitures en litige et,

---

mandée avec accusé de réception postal ; l'avance de la dépense est faite par l'établissement réceptionnaire et imputée sur la première facture de l'entrepreneur.

d'une façon générale, tous les documents relatifs à la réception desdites fournitures, sont mis à la disposition des commissions d'appel, ainsi que tous les instruments de mesure et de vérification en usage dans l'établissement, dont elles pourraient avoir besoin.

Art. 113.

Décisions des commissions d'appel. — Recours au Ministre.

Les effets des décisions des commissions d'appel, le droit des parties d'avoir recours au Ministre contre ces décisions, les effets de ce recours, son mode d'introduction et d'examen sont déterminés par le cahier des C. C. G. applicables aux marchés de fournitures du Département de la guerre.

La partie qui forme recours contre les décisions de la commission d'appel, administration ou entrepreneur, fait connaître, en même temps, à l'autre partie, les motifs et considérants sur lesquels elle se base pour appuyer son recours.

S'il y a recours, le procès-verbal de la commission d'appel est transmis au Ministre, revêtu de l'avis du chef du service et des autorités militaires désignées au cahier des C. C. ou des C. S.

Art. 114.

Frais d'appel.

Le mode de répartition des frais d'appel est défini par le cahier des C. C. G. applicables aux marchés de fournitures du Département de la guerre.

Les indemnités de vacation à payer au président ou suppléant de président et aux membres civils des commissions d'appel sont fixées uniformément pour tous les services et quelle que soit la durée de la séance :

1° A 15 francs par séance, pour les séances ayant lieu dans la résidence des membres de la commission d'appel.

2° A 20 francs par séance, avec remboursement des frais de transport, en cas de déplacement en dehors de la banlieue de la résidence de l'intéressé.

Les indemnités de vacation sont payées à la fin de chaque séance, sur état d'émargement, par les soins du corps, ou du service. où a opéré la commission d'appel, sans que les intéressés aient à en faire la demande.

Le remboursement des frais de transport occasionnés **aux** membres civils des commissions d'appel est effectué sur les bases suivantes :

Parcours effectués en chemin de fer ou en tramway.	Indemnité kilométrique au plein tarif, en première classe.
Parcours effectués en voitures publiques ou de louage.	Voitures publiques : 0 fr. 15 par kilomètre. Voitures de louage : 0 fr. 50 par kilomètre, pour les 50 premiers kilomètres, et 0 fr. 30 par kilomètre, pour les suivants (lorsqu'il n'est pas possible de faire usage de voitures publiques).

Ces indemnités sont payées dans les mêmes conditions que les frais de vacation proprement dits.

TITRE XI.

Pénalités. — Marchés par défaut. — Exclusions.

Art. 115.

Pénalités.

D'après les clauses générales des marchés de fournitures ou de travaux, les cas de force majeure ayant influé sur les conditions d'exécution des marchés peuvent donner lieu à la concession des sursis, quand les faits sont signalés dans un délai déterminé.

En dehors des cas de force majeure ayant entraîné la concession de sursis, les fournisseurs ou entrepreneurs sont frappés de pénalités pour retards, édictées par leur contrat.

Pour l'application de ces dernières, il y a lieu de se conformer aux prescriptions suivantes :

Les retenues à imposer comme pénalités sont inscrites et décomptées au fur et à mesure des livraisons partielles, dès que le retard aura été constaté, sur un *état de pénalités* (modèle n° 21). Elles sont totalisées immédiatement après la dernière livraison soit de la fourniture, soit du trimestre, pour les fourni-

tures qui comportent un règlement trimestriel pour les travaux
de construction, les états de pénalités sont établis dès l'achèvement des travaux.

L'entrepreneur est en même temps, et avant par conséquent
qu'il ait produit sa facture, informé des retenues qui lui sont
infligées, par la communication de l'état des pénalités accompagné d'une *feuille de propositions* (modèle n° 22). Son attention est appelée sur l'inutilité qu'il y aurait à formuler une demande de remise qui ne serait pas justifiée par des circonstances importantes et imprévues ayant manifestement entraîné le
retard. Il importe, en effet, que les prescriptions d'un contrat ne
deviennent pas lettre morte, et qu'aucune exonération arbitraire
de pénalité ne puisse intervenir.

En cas d'acceptation pure et simple de la pénalité, l'ordonnateur secondaire arrête l'état des pénalités et le mandatement
peut être effectué immédiatement.

Dans le cas contraire, c'est-à-dire quand l'entrepreneur croit
devoir formuler une demande d'exonération, l'émission du
mandat pour solde ou, au cas de règlement trimestriel, du mandat correspondant au solde de la fourniture du trimestre et sur
lequel les retenues doivent être exercées, s'il y a lieu, est réservée jusqu'à ce qu'il ait été statué sur les imputations. L'état
des pénalités et la feuille de propositions portant l'avis motivé
du chef du service sont adressés sans retard à l'administration
centrale par le directeur du service, qui y inscrit également ses
conclusions.

Afin d'éviter que le mandatement ne subisse, du fait de cette
procédure, de trop longs retards qui, dans certains cas, pourraient faire tomber le règlement des dépenses au delà de la clôture de l'exercice, il convient de procéder avec la plus grande
activité à l'examen des réclamations et des demandes d'exonération des entrepreneurs.

Le Ministre ou le directeur du contentieux statuent après avis
de la direction du contrôle.

Mention de la décision intervenue est portée sur l'état des pénalités qui est renvoyé à l'ordonnateur chargé du mandatement,
la feuille de propositions restant dans les archives de la direction intéressée.

Pour les mandats d'acompte, autres que ceux dont l'émission
est réservée, le montant des pénalités encourues est défalqué

des sommes dues, en outre de la retenue du sixième ou du douzième, prévue par le règlement sur la comptabilité des dépenses du Département de la guerre.

Pour éviter toute contestation avec les titulaires des marchés, au sujet du retard dans les payements et pour diminuer l'importance des intérêts moratoires qu'ils pourraient réclamer, les chefs de service doivent, lorsqu'il y a lieu, et en attendant la décision définitive relative à l'application des pénalités, faire délivrer un acompte aussi important que possible, compte tenu des prescriptions ci-dessus.

Art. 116.

Marchés par défaut.

Aux termes de l'article 41 du cahier des C. C. G. applicables aux marchés de fournitures du Département de la guerre, le Ministre peut, dans les différents cas de résiliation du marché prévus à l'article 40 précédent, au lieu de prononcer la résiliation pure et simple, soit passer un nouveau marché, soit prendre toutes autres mesures qu'il juge utiles pour assurer l'exécution du service et décider la mise à la charge de l'entrepreneur des conséquences immédiates du marché par défaut ou des mesures dont il s'agit.

Si, dans la plupart des cas, la résiliation du marché est motivée par la constatation de faits précis qu'il n'était pas possible de prévoir, en revanche il est des circonstances où cette résiliation doit être précédée d'une mise en demeure.

Les représentants locaux de l'administration ont alors le loisir de prévoir et de proposer au Ministre les mesures qu'il conviendrait de prendre pour limiter les pertes de temps qu'entraînent pour le service les formalités multiples nécessitées par la passation d'un marché au défaut de l'entrepreneur défaillant.

L'envoi simultané de la mise en demeure au fournisseur et de propositions au Ministre en vue de la passation d'un marché par défaut est de nature à procurer une certaine économie de temps, en permettant de recevoir l'approbation sollicitée avant l'expiration du délai accordé. Si le fournisseur obtempère aux injonctions reçues, l'autorisation de passer un marché à son défaut devient nulle ; dans le cas contraire, après le délai fixé pour la mise en demeure et lorsque le Ministre approuve les propositions du service local, notification est faite au fournisseur de la résiliation de son marché. Le marché par défaut peut ensuite être passé après les seuls délais de publicité.

Pour ces motifs, dans le cas où la mise en demeure doit précéder la résiliation du marché, il convient, en même temps que cette mise en demeure est adressée au fournisseur, de proposer au Ministre la passation d'un marché par défaut, ou toute autre mesure jugée utile pour assurer l'exécution du service.

A cette proposition doivent être jointes toutes les pièces nécessaires pour la passation d'un marché par adjudication (exceptionnellement de gré à gré) ou celles destinées à appuyer toute autre mesure.

Art. 117.

Tenue d'un répertoire des entrepreneurs et fournisseurs exclus des adjudications et marchés du Département de la guerre.

Chaque décision d'exclusion de toute participation aux adjudications et marchés du Département de la guerre, prononcée par le Sous-Secrétaire d'Etat, est notifiée à la Direction du Contrôle (Secrétariat de la commission des cahiers des charges et marchés), qui en tient un répertoire.

Cette direction la notifie directement aux directeurs régionaux de l'intendance.

Ces derniers notifient directement chacune de ces décisions à l'autorité chargée, dans chaque place, de la tenue du répertoire des exclus, contenant sans exception toutes les exclusions prononcées (modèle n° 23 de la présente instruction).

Cette autorité peut être un fonctionnaire de l'intendance ou son suppléant, un chef de service ou d'établissement, un commandant de détachement, etc...; elle est désignée par le général commandant le corps d'armée, qui décide également, pour chaque autorité chargée de la tenue du répertoire, s'il y a lieu d'en établir une ou plusieurs expéditions, d'après les besoins de la place (par exemple, en prévision d'adjudications simultanées).

La communication du répertoire est faite à *titre confidentiel* et sur leur demande aux autorités chargées de la passation des marchés et à toute autre autorité militaire intéressée.

Les décisions relevant de l'exclusion sont notifiées dans la même forme.

TITRE XII.

Dispositions diverses.

Art. 118.

Prélèvement à opérer sur le montant de certains marchés de travaux au profit des asiles de Vincennes et du Vésinet.

Tous les marchés de travaux passés par les divers services du Département de la guerre, pour être exécutés dans la ville de Paris ou le département de la Seine, doivent stipuler qu'un prélèvement de 1 p. 100 sera opéré sur le montant des travaux pour être affecté à la dotation des asiles de Vincennes et du Vésinet, par application de l'article 5 du décret du 8 mars 1855. Cette disposition s'applique non seulement aux travaux de construction proprement dits, mais encore aux travaux d'aménagement ou d'entretien impliquant ou non la fourniture de matériaux, marchandises ou objets divers. Elle s'applique également tant aux marchés passés par adjudication qu'aux marchés de gré à gré ou aux travaux exécutés à la suite d'une simple convention verbale.

Par contre, les fournitures qui donnent lieu à de simples livraisons et ne comportent aucune main-d'œuvre, n'y sont pas assujetties.

Art. 119.

Dispositions spéciales aux marchés pour achat de fourrages verts.

Par application du paragraphe 8 de l'article 18 du décret du 18 novembre 1882, le régime du vert est assuré par marchés de gré à gré, passés à la suite de concours restreints, pour toutes les places où la fourniture ne doit pas s'élever à plus de 5.000 francs. Ces marchés sont approuvés par les directeurs de l'intendance. Dans les places où la fourniture du vert doit s'élever à plus de 5.000 francs, elle est assurée par voie d'adjudication.

Art. 120.

Dispositions spéciales aux marchés destinés à assurer des fournitures ou services d'extrême urgence.

Les marchés de gré à gré passés pour assurer des fournitures ou services d'extrême urgence et par suite de circonstances imprévues, peuvent, à titre exceptionnel. être approuvés directement. et sous leur responsabilité par les directeurs du service local (1).

Tout marché passé dans ces conditions doit viser le paragraphe 10 de l'article 18 du décret du 18 novembre 1882.

Une copie du marché est envoyée au Sous-Secrétaire d'Etat, sous le timbre du bureau intéressé, sans délai, aussitôt après son approbation ; elle est accompagnée d'un rapport relatant les circonstances qui ont motivé la dérogation à la règle générale et les mesures prises pour sauvegarder les intérêts de l'Etat.

Le Sous-Secrétaire d'Etat
au ministère de la guerre,

Henry Chéron.

---

(1) On peut citer, à titre d'exemple, parmi les fournitures susceptibles de rentrer dans la catégorie dont il s'agit :

Fourniture de denrées du service des subsistances dans une place autre que celle de la garnison, en cas de grève, d'épidémie, d'occupation inopinée d'un camp, etc.;

Marchés à passer à la suite d'adjudications infructueuses, lorsque la situation des approvisionnements nécessite que le service soit assuré sans délai;

Mesures à prendre pour le remplacement des denrées qui menacent de se corrompre;

Fourniture de moyens de transport (chevaux, équipage et matériel) nécessités par des mouvements de troupe inopinés ou occasionnés par des circonstances imprévues;

Fourniture de denrées, de matières et objets nécessaires à des troupes en opérations et ne pouvant pas être prélevés dans les approvisionnements;

Etc., etc.

<table>
<tr><td>

MINISTÈRE
DE LA GUERRE.

d   PLACE

ou

ÉTABLISSEMENT

d   —

Service d

</td><td>

RÉPUBLIQUE FRANÇAISE.

</td><td>

Modèle Nº 1.

Art. 4 de l'instruction relative aux marchés.

Ce modèle n'est donné qu'à titre de renseignements et ne peut servir de base à aucune réclamation de la part des concurrents.

</td></tr>
</table>

ADJUDICATION DES TRAVAUX

à exécuter { dans la place de
ou dans (indiquer l'établissement)

pour..... { la construction d (indiquer l'ouvrage)
ou { des bâtiments et ouvrages de la place de
l'entretien { ou de (indiquer l'établissement)
pendant les années 19   à 19   incluse.

Le public est prévenu que le (jour et heure)
il sera procédé, en séance publique, dans une des salles
de   , à l'adjudication, sur soumissions cachetées, des travaux à exécuter { dans la place de
ou dans (indiquer l'établissement)

pour { la construction d (indiquer l'ouvrage)
ou { des bâtiments et ouvrages de la place de
l'entretien { ou de (indiquer l'établissement)
pendant les années 19   à 19   incluse.

Les travaux, évalués à la somme de   francs,
seront adjugés { en un seul lot
ou en plusieurs lots, savoir :

NUMÉROS des lots.	NATURE DU TRAVAIL.	ÉVALUATION.	CAUTIONNEMENT exigé (1).	DÉPÔT de garantie (1) exigé.
1er 2e	Terrassement....			

(1) S'il y a lieu.

Marché à forfait ou sur devis.

Les travaux devront être terminés dans un délai
de   à partir de la date de notification
de l'odre prescrivant de les commencer.

Les travaux seront adjugés en   lots.

La dépense moyenne des travaux d'entretien s'est élevée, pendant les trois dernières années, aux sommes suivantes :

NUMÉROS des lots.	NATURE DES TRAVAUX.	SOMME déponsée.
1°		

Marché d'entretien sur série de prix.

Les personnes qui veulent concourir à l'adjudication devront produire à M. (le chef du service)   avant le (date)   les pièces énumérées aux articles 2 et 3 du cahier des clauses et conditions générales applicables aux marchés de travaux de constructions militaires et aux articles 25 et 26 de l'instruction relative aux marchés du Département de la guerre (ou les certificats en tenant lieu).

Le cahier des clauses et conditions générales et toutes les pièces relatives au marché sont déposés dans les bureaux du service de   (rue   , n°   ), où l'on peut en prendre connaissance tous les jours non fériés, de (telle heure à telle heure)

En cas d'insuccès total ou partiel de l'adjudication annoncée ci-dessus, le chef du service recevra, pour les lots non adjugés, les offres tendant à la passation d'un marché de gré à gré pendant un délai de   jours expirant le

Ces offres peuvent être présentées soit par les concurrents à l'adjudication publique, soit par toute autre personne satisfaisant aux mêmes conditions, qui devra faire connaître huit jours au moins avant l'expiration du délai, en produisant les pièces requises pour être admis à soumissionner, son intention de concourir.

La décision de la commission d'admission sera notifiée aux concurrents nouveaux par lettre recommandée cinq jours avant la fin du délai annoncé.

Dans le cas où il y a lieu de prévoir l'insuccès total ou partiel de l'adjudication annoncée.

A   , le   19 .

Le Chef du service d

(Signature.)

Modèle nº 2 (1).

Art. 5 de l'instruction
relative aux marchés.

MINISTÈRE DE LA GUERRE,

(Indication du corps de troupes ou du service.)

Adjudication à   , le   19   .

(Objet de l'adjudication.)

(Date à laquelle devront être fournies, au plus tard, les pièces nécessaires et, s'il y a lieu, les échantillons) (2).

(Lieux où l'on peut trouver des renseignements complémentaires.)

(Pas de signature.)

Exemples : pages 254, 255 et 256.

----

(1) Formule des avis d'adjudication.
(2) 1° Pour les adjudications restreintes : date de la réunion de la commission d'admission;
2° Eventuellement, dans toutes les espèces d'adjudication :
Date de la réadjudication des fournitures non adjugées à la première séance et, de plus, s'il s'agit d'une adjudication restreinte;
Date à laquelle devront être fournies au plus tard les pièces nécessaires émanant de candidats nouveaux;
Date de réunion de la commission d'admission à la réadjudication.

MODÈLE N° 3.

Art. 5 de l'instruction
relative aux marchés.

MINISTÈRE DE LA GUERRE.

ARTILLERIE, DIRECTION DES FORGES.

Adjudication à Paris, le 8 avril 1908, à deux heures de l'après-midi.

Fourniture de feuilles de fer-blanc (399,287 kilogr. environ) divisée en sept lots.

Le cahier des charges et les pièces du marché sont déposés dans la salle d'adjudication, avenue de Saxe, n° 2, ainsi que dans les bureaux des sous-directeurs des forges du Centre, à Nevers, de l'Est, à Besançon, du Midi, à Toulouse, du Nord, à Mézières, et de l'Ouest, à Rennes.

Les pièces nécessaires pour être admis à concourir devront être fournies au plus tard le 30 mars 1908 (réunion de la commission d'admission le 3 avril 1908).

Réadjudication des lots non adjugés, le 29 avril 1908, à deux heures et demie de l'après-midi.

Les pièces nécessaires pour les candidats nouveaux devront être fournies au plus tard le 18 avril 1908 (réunion de la commission d'admission le 23 avril 1908).

Pour les autres renseignements, consulter les affiches et le cahier des charges.

NOTA. — On ne fera usage de lettres capitales que pour les mots : « Ministère de la guerre ».

Modèle n° 4.

Art. 5 de l'instruction
relative aux marchés.

MINISTÈRE DE LA GUERRE.

SERVICE DU GENIE.

Adjudication à Nice, le 23 décembre 1905.

Travaux d'entretien des bâtiments militaires et des ouvrages de fortifications, pendant trois ou six années à compter du 1er janvier 1906.

1er LOT. — Terrassements et maçonneries :

Montant annuel. . . . . 12.000 francs.

2e LOT. — Charpente, menuiserie, ferronnerie, zinguerie :

Montant annuel. . . . . 5.000 francs.

3e LOT. — Peinture, vitrerie :

Montant annuel. . . . . 2.000 francs.

Le cahier des charges et les pièces du marché sont déposés à la chefferie du génie de Nice (rue   , n°   ), où l'on peut en prendre connaissance.

Les pièces nécessaires pour être admis à concourir devront être fournies, au plus tard, le   19 .

Pour tous autres renseignements, consulter les affiches.

MODÈLE N° 5.

Art. 5 de l'instruction
relative aux marchés.

MINISTÉRE DE LA GUERRE.

SERVICE DES SUBSISTANCES MILITAIRES.

Adjudication à Lyon, le 20 février 1906.
Fourniture de denrées diverses

1ᵉʳ LOT. — 200 quintaux métriques de riz.

2ᵉ LOT. — 300 quintaux métriques de sucre cristallisé.

Le cahier des charges et les pièces du marché sont déposés au bureau du sous-intendant militaire chargé du service des subsistances (rue   , n°   ).
Pour tous autres renseignements, consulter les affiches.

MINISTÈRE
DE LA GUERRE.

RÉPUBLIQUE FRANÇAISE.

MODÈLE N° 6.
—
Art. 11 et 12 de l'instruction relative aux marchés.

CERTIFICAT DE DÉPOT

DES

JUSTIFICATIONS EXIGÉES DES CANDIDATS AUX ADJUDICATIONS

DU DÉPARTEMENT DE LA GUERRE.

(Personne soumissionnant en son nom propre.)

Le (grade, nom et emploi de l'autorité qui a délivré le certificat) certifie que la personne désignée ci-après a déposé en vue d'une adjudication (simple ou restreinte) dans les archives du service qu'il dirige des pièces régulières justifiant des garanties exigées des candidats aux adjudications du Département de la guerre en ce qui concerne les marchés.

(Mettre ici : de travaux de constructions militaires ou autres que les travaux de constructions militaires.)

Nom de la personne :

Adresse :

La personne dont il s'agit a demandé à concourir à l'adjudication du (date, lieu de l'adjudication, service)
au titre français, en qualité d'indigène algérien, d'indigène tunisien, ou en vertu d'une autorisation spéciale du Ministre, n° ,
en date du   , et ainsi conçue (copier la décision) (1) :

À   , le   19 .

Le (Directeur *ou* Chef du service N...),

(Signature.)

Vu pour renouvellement.

À   , le   19 .

Le (Directeur *ou* Chef du service N...),

(Signature.)

Cette mention sera reproduite toutes les fois qu'il sera nécessaire.

(Voir au dos les « Observations importantes ».)

---

(1) Biffer celles des indications qui ne sont pas applicables.

OBSERVATIONS IMPORTANTES.

1° Le présent certificat n'est valable que pendant un an à dater de sa délivrance ou de son dernier renouvellement.

2° La délivrance du présent certificat ne comporte nullement l'admission d'office du titulaire à toutes les adjudications et n'implique pas qu'il ait été admis à l'adjudication à l'occasion de laquelle le certificat a pu être délivré.

3° Les pièces déposées en vue de la délivrance du présent certificat sont détruites d'office, *dix ans* après leur dépôt ou dernier renouvellement du certificat ou dix ans après l'expiration du dernier marché souscrit par le titulaire, si celui-ci ne les a pas réclamées.

Lorsqu'un litige est ouvert au sujet de l'exécution d'un marché, le délai de dix ans prévu ci-dessus est étendu jusqu'au règlement définitif de ce litige.

L'auteur du dépôt ou ses ayants droit peuvent réclamer la remise des documents produits, tant que l'époque fixée pour la destruction desdites pièces n'est pas atteinte.

MINISTÈRE
DE LA GUERRE.

RÉPUBLIQUE FRANÇAISE.

MODÈLE n° 7.

Art. 11 et 12 de l'instruction relative aux marchés.

CERTIFICAT DE DÉPOT

DES

JUSTIFICATIONS EXIGÉES DES CANDIDATS AUX ADJUDICATIONS

DU DÉPARTEMENT DE LA GUERRE.

(Sociétés.)

Le (grade, nom et emploi de l'autorité qui délivre le certificat)   certifie que la société désignée ci-après a déposé en vue d'une adjudication (simple ou restreinte) dans les archives du service qu'il dirige des pièces régulières justifiant des garanties exigées des sociétés se présentant aux adjudications du Département de la guerre en ce qui concerne les marchés.

(Mettre ici : marchés de travaux de constructions militaires ou marchés autres que ceux de travaux de constructions.)

Raison sociale :

Siège social :

Nature de la société :

Durée de la société :

Noms des personnes qui ont qualité pour traiter au nom de la société.

La société dont il s'agit a demandé à concourir à l'adjudication du (date, lieu de l'adjudication, service)   au titre français ou en vertu d'une autorisation spéciale du Ministre, n°   , en date du   et ainsi conçue (copier la décision) :

A   , le   19   .

Le (Directeur *ou* Chef du service N...),

(Signature.)

Vu pour renouvellement.

A   , le   19   .

Le (Directeur *ou* Chef du service N...),

(Signature.)

Cette mention sera reproduite toutes les fois qu'il sera nécessaire.

(Voir au dos les « Observations importantes ».)

OBSERVATIONS IMPORTANTES.

1° Le présent certificat n'est valable que pendant un an à dater de sa délivrance ou de son dernier renouvellement.

2° La délivrance du présent certificat ne comporte nullement l'admission d'office du titulaire à toutes les adjudications et n'implique pas qu'il ait été admis à l'adjudication à l'occasion de laquelle le certificat a pu être délivré.

3° Les pièces déposées en vue de la délivrance du présent certificat sont détruites d'office, *dix ans* après leur dépôt ou dernier renouvellement, ou dix ans après l'expiration du dernier marché souscrit par le titulaire, si celui-ci ne les a pas réclamées.

Lorsqu'un litige est ouvert au sujet de l'exécution d'un marché, le délai de dix ans prévu ci-dessus est étendu jusqu'au règlement définitif de ce litige.

L'auteur du dépôt ou ses ayants droit peuvent réclamer la remise des documents produits, tant que l'époque fixée pour la destruction desdites pièces n'est pas atteinte.

4° En cas de modification quelconque à leurs actes constitutifs, les sociétés ne peuvent plus faire usage du présent certificat, sans l'avoir fait renouveler par l'autorité qui l'a délivré, après avoir déposé une expédition légalisée de l'acte modificatif ; toute infraction à cette règle serait susceptible d'entraîner la résiliation des marchés qui auraient été passés sur le vu du présent certificat, et cela aux risques et périls de l'intéressé, sans qu'il soit besoin d'une mise en demeure.

Modèle n° 8.

—

Art. 12 de l'instruc-
tion relative aux
marchés.

Format tellière :
0.215 × 0.325.
Feuille double.

CHEMISE DES PIÈCES DÉPOSÉES

ETABLISSEMENT, SOUS-INTENDANCE OU CHEFFERIE DEPOSITAIRE

DATE du DÉPOT	NOM OU RAISON SOCIALE	NATURE des ADJUDICATIONS
		Travaux ou fournitures.

DATES de RENOUVELLE-MENT	PIÈCES DÉPOSÉES	MARCHÉS NOTIFIÉS			LITIGES
		Service.	Place.	Expiration.	
	(Enumération des pièces dans l'ordre où elles sont mentionnées par l'instruction sur la passation des marchés).	Intendance	Langres.	31-2-1914.	Conseil de préfecture ou Conseil d'Etat.

Modèle N° 9.

—

Art. 12 de l'instruc-
tion relative aux
marchés.

Format tellière.
Registre.

RÉPERTOIRE

DES

ENTREPRENEURS OU FOURNISSEURS

AYANT DÉPOSÉ LEURS PIÈCES.

Division en 25 parties dont chacune porte en tête (recto d'une page) une lettre de l'alphabet.

DATE DU DÉPOT	NOM OU RAISON SOCIALE
	A
1908. (Date et mois.)	(Inscrire les dépôts dans l'ordre chronologique, au tableau qui porte en tête la lettre initiale du *nom* ou de la *raison sociale*).

MODÈLE Nᵒ 10.

—

Art. 25 de l'instruc-
tion relative aux
marchés.

DÉCLARATION.

Je soussigné (nom, prénoms, qualité, domicile, date et lieu de
naissance)
déclare être dans l'intention de soumissionner les travaux d (indiquer les lots)   à exécuter

pour { la construction d (indiquer l'ouvrage)
     {   ou   { des bâtiments et ouvrages de la place d
     { l'entretien { ou de (indiquer l'établissement)
pendant les années 19   à 19   incluse.

A   , le   19 .

(Signature.)

MODÈLE N° 11.

Art. 25 de l'instruction relative aux marchés.

Références présentées par M. (nom, prénoms, qualité, domicile.)

ANNÉES	DÉSIGNATION DES TRAVAUX EXÉCUTÉS			INGÉNIEURS OU ARCHITECTES AYANT DIRIGÉ LES TRAVAUX		
	Localité.	Nature des travaux.	Montant.	Noms.	Qualité.	Adresses.
1	2	3	4	5	6	7

A   , le   19   .

(Signature.)

<table>
<tr><td>

MINISTÈRE
DE LA GUERRE

PLACE

·d

ou

ÉTABLISSEMENT

·d

Service d

</td><td>

RÉPUBLIQUE FRANÇAISE

</td><td>

MODÈLE Nº 12.

Art. 31 de l'instruc-
tion relative aux
marchés.

</td></tr>
</table>

PROCÈS-VERBAL

*de la séance préparatoire à l'adjudication des travaux à exécuter
dans la place d* (ou établissement)
pour { *la construction de* (désigner l'ouvrage)
{ *ou pour l'entretien des bâtiments et ouvrages de ladite
place* (ou établissement)
pendant les années 19   à 19   incluse.

L'an mil neuf cent   , le   , à l'heure
·de

Nous, maire de la ville de   (*ou* adjoint *ou* conseiller
municipal remplaçant le maire empêché), agissant en vertu d'une
décision du Ministre de la guerre en date du   ,
qui prescrit de procéder à l'adjudication des travaux de
dépendant du service de   à exécuter pour la
construction de (indiquer l'ouvrage)
ou pour l'entretien { des bâtiments et ouvrages de ladite place
{ *ou* de (indiquer l'établissement)
pendant les années 19   à 19   incluse.

Réuni dans une des salles de   à M. (nom et qualité
du chef du service) de   et à M.   ;

Vu les affiches apposées à la date du   et (quand il
y a lieu) les insertions faites le   et le
dans   à l'effet d'annoncer ladite adjudication et le
délai de production des déclarations d'intention de soumissionner ;

Avons procédé comme il suit, en vue de statuer sur l'admission
des candidats à l'adjudication :

M. le (indiquer le chef du service)   a déposé
sur le bureau toutes les pièces du marché comprenant   ,
la liste des candidats à l'adjudication arrêtée le

et les pièces déposées par eux, savoir, outre la déclaration d'intention de soumissionner :

M. A...

Le chef du service communique à la commission les renseignements recueillis par lui sur l'aptitude générale, la moralité commerciale et la solvabilité des candidats, ainsi que le répertoire des entrepreneurs et fournisseurs exclus des adjudications et marchés du Département de la guerre.

Tous les documents présentés ayant été examinés par chaque membre de la commission, et (le cas échéant) MM. et   , candidats à l'adjudication, ayant été entendus en leurs explications, ,

MM.

dont les pièces ont été jugées complètes et régulières, et qui paraissent présenter des garanties suffisantes, ont été admis par nous à concourir à l'adjudication.

Les candidats dont la liste est ci-après, savoir :

MM.

n'ont pas été admis à concourir.

Fait et clos à   , les jour, mois et an que dessus, le présent procès-verbal, que M. le (indiquer le chef du service)   et M. le   ont signé avec nous en deux originaux, après lecture.

(Signatures.)

MODÈLE N° 13.

—

Art. 13 et 33 de l'ins-
truction relative
aux marchés.

0^m,176 × 0^m,250

SOUMISSION (1).

Je soussigné (nom, prénoms et qualité)   ,
demeurant à   , arrondissement d   ,
département d   , déclare avoir pris parfaite connaissance
de toutes les pièces du marché relatif aux travaux à exécuter
pour { l'entre- { la construction de des bâtiments et ouvrages de la place de
{ tien { de (indiquer l'établissement)
pendant les années 19   à 19   incluse.

Je m'engage à faire exécuter loyalement les ouvrages de toute
nature compris dans { ces travaux / le lot n° } en me soumettant, sans
aucune exception ni restriction, pour leur exécution, achèvement
et garantie, à toutes les conditions générales et particulières stipulées aux différentes pièces du marché (hors le cas de marché
par adjudication, ajouter : *signées par moi à la date de la présente soumission*) moyennant { un rabais / *ou* une surenchère } uniforme
et général (e) de (en toutes lettres)   pour cent [(en
chiffres) p. 100] sur les prix portés { au devis / à la série } concernant
cette entreprise.

En foi de quoi, j'ai apposé ma signature sur la présente soumission.

A   , le   19   .

(Signature.)

---

(1) La soumission doit être faite sur papier timbré, sous peine de
l'amende prévue par la loi.

[illegible]

[illegible]

[illegible]

Les [illegible] et les [illegible] par le présent [illegible]

[illegible]

[illegible] par tout [illegible] qui [illegible] sont [illegible]
[illegible]
[illegible]
[illegible]
[illegible] pour [illegible]
[illegible] que [illegible]
[illegible]

[illegible]
[illegible]
[illegible] de la [illegible]
[illegible]
[illegible]

[illegible]

RÉPUBLIQUE FRANÇAISE

PROCÈS-VERBAL

d'adjudication de tra- { *la place d*
vaux à exécuter dans { *ou l'établissement d*

pour { *l'entre-* { *la construction de*
{ { *des bâtiments et ouvrages de ladite place*
{ *tien* { *de l'établissement d*

pendant les années 19   à 19   incluse.

L'an mil neuf cent   , le   , à   heures du   ,
Nous, maire de la ville de   (adjoint *ou* conseiller
municipal remplaçant le maire empêché), agissant en vertu
d'une décision du Ministre de la guerre en date du   ,
qui prescrit de procéder à l'adjudication des travaux de
dépendant du service d   à exécuter

pour { *l'entre-* { la construction d (indiquer l'ouvrage)
{ { des bâtiments et ouvrages de la place de
{ *tien* { de l'établissement (indiquer l'établissement)
pendant les années 19   à 19   incluse ;

Réuni en séance publique dans l'une des salles de
à M. (qualité du chef du service)   de   et
à M.   , sous-intendant militaire ;

Vu les affiches apposées à la date du   et (quand
il y a lieu) les insertions faites le   et le
dans   à l'effet d'annoncer ladite adjudication
pour le jour, l'heure et le lieu ci-dessus désignés (quand il y aura
lieu, on ajoutera : les délais de publication ayant été réduits
à   jours, vu l'urgence, par décision ministérielle en date
du   ) ;

Avons constaté comme il suit les circonstances et le résultat de
la séance :

Ayant déclaré la séance ouverte, nous avons exposé l'objet de
la réunion et nous avons déposé sur le bureau le pli cacheté

dans lequel, d'après la déclaration du chef du service, se trouve le prix-limite arrêté par le Ministre.

M. le (indiquer le chef du service)　　　a ensuite déposé sur le bureau toutes les pièces du marché comprenant avec un exemplaire des affiches et autres pièces constatant les publications qui ont eu lieu, ainsi que la liste des concurrents admis à concourir et des pièces déposées par eux.

Nous avons appelé à haute voix chacun des candidats et réclamé de chacun d'eux, ou de leur fondé de pouvoir, le dépôt du pli exigé pour le concours.

M.　　　s'étant présenté comme man-
dataire de M.　　　et n'ayant pu produire
de pouvoirs réguliers, le dépôt du pli dont il
était porteur n'a pas été accepté.　　　**S'il y a lieu.**

Nous avons fait une seconde fois l'appel
des candidats qui n'ont pas répondu à cette
première lecture en leur demandant leurs
soumissions et déclarant que les soumissions
ne seraient plus acceptées.　　　**S'il y a lieu.**

Se sont successivement présentés dans l'ordre suivant et ont déposé le pli dont il s'agit :

MM.

Ces plis ont été numérotés par lot dans l'ordre où ils ont été reçus par nous.

M.　　　n'ayant pas produit le récé-
pissé du versement de dépôt de garantie sti-
pulé par le cahier des charges spéciales, a
été exclu du concours et la (ou les) soumis-
sion par lui déposée lui a été immédiatement
rendue par nous sans avoir été décachetée.　　　**S'il y a lieu.**

Les enveloppes contenant les soumissions ont été successivement ouvertes par nous, par lot et dans l'ordre des numéros, et nous avons donné lecture à haute voix des soumissions qu'elles renfermaient.

(T) Toutes les soumissions ayant été reconnues régulières, leur classement a donné les résultats consignés dans le tableau ci-après (inscrire les concurrents dans l'ordre des moins-disants, et, en cas d'égalité d'offres, dans l'ordre des numéros de dépôt des soumissions) :

NUMÉROS ot *NATURE DES LOTS*	NOMS ET PRÉNOMS des CONCURRENTS	OFFRES FAITES		OBSERVATIONS
		Rabais.	Surenchè-res.	
		pour 100.		
1er *lot.* — Terrassement..				

I. — Toutes les soumissions ont été reconnues régulières.

1er CAS. — *Adjudication sans prix-limite. — L'offre la plus avantageuse est unique.*

En conséquence, nous avons déclaré (Z) adjudicataire, comme ayant fait les offres les plus avantageuses pour l'Etat.

M.   , moyennant un rabais ou une surenchère de   (en toutes lettres, puis en chiffres) p. 100 des travaux du 1er lot :

à exécuter pour { la construction de (indiquer l'ouvrage) { des bâtiments et ouvrages de la place de { l'entretien { des bâtiments de (indiquer l'établissement)

pendant les années 19   à 19   incluse.

Cette adjudication n'a été prononcée par nous, et nous n'en avons informé MM.   que sous la réserve de l'approbation de M. le Ministre de la guerre ou de délégué.

Aucune réclamation n'a été présentée.

Séance tenante, nous avons fait signer à MM.

adjudicataires, les diverses pièces du marché déposées sur le bureau ; nous les avons également signées avec M. le (chef du service)   et M. le sous-intendant militaire.

Au moment de la clôture des opérations, M.   est absent et n'est pas représenté.   } S'il y a lieu.

Au moment de la clôture des opérations, M.   a refusé de signer le procès-verbal de l'adjudication et les pièces du marché.   } S'il y a lieu.

(W) Fait et clos les jour, mois et an que dessus, le présent procès-verbal, que M. le (désigner le chef du service)   , M. le sous-intendant militaire, ainsi que MM.   , adjudicataires, ont signé avec nous en deux originaux, après lecture.

(Signatures.)

2e CAS. — *Adjudication avec prix-limite. — L'offre la plus avantageuse est unique et acceptable.*

Ces offres ne sortant pas des limites fixées par le Ministre, ainsi que nous l'avons constaté après avoir ouvert le pli cacheté contenant l'indication de ces limites, nous avons déclaré (Z) (le reste comme au 1er cas, à partir de (Z).

3e CAS. — *L'offre la plus avantageuse est faite par plusieurs concurrents.*

L'offre la plus avantageuse étant faite pour le   e lot par (nombre)   concurrents, nous en avons informé le public et nous avons invité lesdits concurrents, MM.   , à faire, séance tenante, dans un délai de (en toutes lettres)   minutes (Y) de nouvelles offres plus avantageuses pour l'Etat sur leurs soumissions, que nous leur avons remises à cet effet.

A l'expiration de ce délai, nous avons invité les concurrents ci-dessus à nous remettre les soumissions modifiées ou non,

Toutes les soumissions nous ont été remises ; leur dépouillement a donné les résultats suivants :

Toutes les nouvelles soumissions ayant été reconnues régulières, leur classement a donné les résultats (T) (le reste comme
au début à partir de T).

4ᵉ CAS. — *Adjudication avec prix-limite.* — *Offres régulières,
mais toutes inacceptables.*

Les offres faites n'ont pu être acceptées, attendu qu'aucune
d'elles ne se trouve dans les limites fixées par le Ministre de la
guerre, ainsi que nous l'avons constaté après avoir ouvert le pli
cacheté contenant l'indication de ces limites.

Nous avons alors invité tous les concurrents présents à faire,
séance tenante et dans un délai de (en toutes lettres)
minutes (Y) (continuer comme au 3ᵉ cas, à partir de Y).

Aucune soumission n'étant acceptable, nous avons déclaré qu'il n'y avait pas lieu à adjudication (V) et la séance est levée.	Dans le cas où cette nouvelle épreuve ne fournirait pas d'offres accep- tables.
(Continuer après V ci-dessus) et annoncé l'ouverture du concours prévu par les avis au public, en cas d'insuccès de l'adjudication. La séance est levée.	Si l'ouverture d'un concours à la suite d'une adjudication in- fructueuse a été annoncée par les affiches.

Fait et clos les jour, mois et an que dessus, le présent procès-
verbal, que M. le (désigner le chef du service)
et M. le sous-intendant militaire ont signé avec nous en deux
originaux, après lecture.

II. — Il y a des soumissions irrégulières.

Après le tableau des soumissions, continuer, suivant le cas, par :

La fraction portée {au rabais / à la surenchère} dans la soumission de M.
étant autre que le dixième d'unité,
le rabais a été réduit
la surenchère a été portée } à   p. 100,
conformément à l'article 13 de l'instruction relative aux marchés du Département de la guerre.

. . . .

. . . .

Les soumissions de MM.
ayant été ainsi rectifiées, nous avons déclaré (Z) (la suite comme au 1er cas, à partir de Z).

} Si les offres sont formulées avec plus de une décimale.

La soumission de M.   ne
s'appliquant qu'à une partie des prix du marché, ceux qui concernent (spécifier la partie du travail)   a été déclarée nulle et non avenue et M.   , exclu du concours, en vertu de l'article 13 de l'instruction relative aux marchés du Département de la guerre.

. . . .

. . . .

Les soumissions de MM.
ayant été annulées, nous avons déclaré (Z) (le reste comme au 1er cas, à partir de Z).

} Si les offres comportent des restrictions.

Signaler de même les irrégularités et les exclusions en résultant.

III. — Il se produit des réclamations.

Dans le cas de réclamations, on les constatera au lieu où elles se sont produites ; on rappellera les explications données et les décisions prises.

On terminera comme il suit, après W, 1er cas :

Fait et clos à   , les jour, mois et an que dessus, le présent procès-verbal que M. (indiquer le chef du service)   , M. le sous-intendant militaire, ainsi que MM.   , adjudicataires, et MM.   , qui ont présenté des réclamations, ont signé avec nous en deux originaux, après lecture.

(Signatures.)

Modèle nº 15.
—
Art. 70 de l'instruction
relative aux marchés.

CAISSE DES DEPOTS ET CONSIGNATIONS.

CAUTIONNEMENTS PROVISOIRES.

ACTE

d'affectation de cautionnement provisoire pour soumission de travaux, fournitures ou transports au compte de l'Etat.

Entre les soussignés :

Le directeur général de la Caisse des dépôts et consignations (ou le trésorier-payeur général, ou le receveur particulier, ou tout autre comptable compétent) agissant au nom de ladite caisse, d'une part,

Et M. (nom, prénoms, qualité et demeure du titulaire de l'inscription), d'autre part,

A été convenu et arrêté ce qui suit :

M.   à la garantie de la soumission qu'il se propose de faire du marché de   au compte et dont l'adjudication doit avoir lieu le   .

Déclare par ces présentes qu'il affecte volontairement à titre de nantissement et de cautionnement   inscription de rente   sur l'Etat lui appartenant   p. 100 de la somme de (en toutes lettres)   nº   série jouissance du   figurant sur le grand-livre de la Dette publique dont   l   extrait   origin   été remis avec le présent au trésorier-payeur général (ou trésorier-payeur, receveur particulier ou payeur particulier).

En conséquence, M.   dans le cas où il serait adjudicataire, consent   que   ce   inscription réponde jusqu'à concurrence de la somme de   montant du cautionnement fixé par le cahier des charges.

S'engageant à réaliser le présent cautionnement en cautionnement définitif dans le délai de   à partir de l'adjudication, terme fixé par le cahier des charges et à souscrire à cet effet, conformément à l'article 8 du décret du 18 novembre 1882, une nouvelle déclaration d'affectation de la rente et à donner à la Caisse des dépôts et consignations un pouvoir irrévocable à l'effet d'aliéner ladite rente s'il y a lieu,

Fait double entre les parties à   , le   .

Pour le Directeur général :

Modèle n° 16.

Art. 70 de l'instruction
relative aux marchés.

CAISSE DES DEPOTS ET CONSIGNATIONS.

CAUTIONNEMENTS DÉFINITIFS.

ACTE

*d'affectation de cautionnement de travaux, fournitures
ou transports au compte de l'Etat.*

Entre les soussignés :

Le directeur général de la Caisse des dépôts et consignations
(ou le trésorier-payeur général, ou le receveur particulier, ou
tout autre comptable compétent) agissant au nom de ladite
caisse, d'une part,
 Et M.   , d'autre part,

A été convenu ce qui suit :

 M.   a été déclaré adjudicataire des
                          et a été assujetti en cette qualité à un
cautionnement de   réalisable en rentes sur
l'Etat.
 Pour ces motifs, M.   déclare, par ces présentes,
qu   affecte volontairement à titre de nantissement et de cautionnement en garantie de l'exécution dudit marché   inscription   de rente   sur l'Etat lui appartenant
          p. 100 de la somme (en toutes lettres)
n°   série   jouissance du   figurant sur
le grand-livre de la Dette publique dont l'extrait original a été
remis avec le présent.

 En conséquence, M.   consent :

 1° Que   ce   inscription   réponde   jusqu'à concurrence de la somme de   , montant
du présent cautionnement de la bonne et complète exécution de

tous engagements susdésignés à partir de la date de la signature
de   marché jusqu'après la réception des
          par   entrepris et le règlement définitif
de tous les comptes y relatifs ;

2° Qu'elle   soi   grevée   d'opposition de la part de la
Caisse des dépôts et consignations pour en arrêter le transport ;

3° Que, dans le cas où, par suite soit d'inexécution ou de mauvaise exécution de   engagement   soit d'une infraction quelconque aux clauses et conditions de   marché il   serai
reconnu   débiteur   et passible   de la retenue de tout ou
partie de   cautionnement   à titre de dommages-intérêts ou
pour toute autre cause, toujours à raison de   entreprise   ,
ce   inscription   soi   vendue   en tout ou en partie,
pour le prix à en provenir être versé en acquit et jusqu'à
concurrence de la somme due en principal, intérêts et frais,
entre les mains du caissier général de la Caisse des dépôts et
consignations.

Qu'à cet effet, immédiatement après le   règlement   des
comptes de   fait d'office administrativement
tant en   présence   qu'en   absence et sans qu'il
soit besoin d'aucun acte judiciaire ce   inscription   soi
vendue   en la forme ordinaire en vertu d'une décision de M. le
Ministre des finances et que le transfert en soit fait et signé par
le directeur général, auquel, le cas échéant, M.
donc   , en tant que besoin, pouvoir spécial et irrévocable
tant que durera le présent cautionnement.

Ce qui a été accepté par M. le directeur général.

Fait double entre les parties à   , le   .

Pour le Directeur général :

CAISSES D'AMORTISSEMENT
et des
DÉPOTS ET CONSIGNATIONS.

MODÈLE N° 17.

Art. 70 de l'instruction
relative aux marchés.

MODÈLE DE PROCURATION.

Nom, prénoms, qualité et demeure du constituant,

Nom, prénoms, qualité et demeure du mandataire,

Pouvoir de, pour et au nom du constituant, opérer le dépôt à la Caisse des dépôts et consignations de toutes inscriptions de rentes sur le grand-livre de la Dette publique de France, appartenant audit constituant (ou telle inscription qui sera déterminée), en nantissement et garantie des engagements dudit constituant (ou de telle personne désignée), comme (indiquer ici ces engagements) et affecter spécialement ladite inscription au cautionnement dont ledit constituant (ou la personne désignée) est tenu en sa dite qualité ; à cet effet, signer et passer avec la Caisse des dépôts l'acte d'affectation dans les termes formulés par ladite Caisse, faire toute élection de domicile pour l'exécution dudit acte.

Donnant expréssément audit mandataire, le pouvoir de conférer au directeur général de la Caisse des dépôts le droit de former opposition sur la rente déposée comme aussi de, pour et au nom dudit constituant, vendre, en cas de débet mis à sa charge (ou à la charge de la personne désignée), l'inscription par lui affectée à la garantie desdits engagements, pour le prix à provenir de la vente être appliqué à couvrir le débet en principal, intérêts et frais, et généralement faire tout ce qui pourra être nécessaire pour régulariser le cautionnement dont il s'agit ; aux effets ci-dessus passer tous actes, élire tout domicile, et généralement faire et dire tout ce que les circonstances exigeront, promettant l'agréer, retirer de la Caisse des dépôts les *bordereaux d'annuel* représentatifs des inscriptions déposées et servant à toucher les arrérages.

Ajouter, si telle est l'intention du constituant :

Lors de la restitution du cautionnement, retirer de la Caisse des dépôts lesdites inscriptions y affectées, en donner bonne et valable décharge à ladite caisse, et signer tous reçus à ce nécessaires (1).

---

(1) Quand l'acte sera donné sous seing privé, le constituant, avant d'apposer sa signature, devra écrire de sa main *bon pour pouvoir*.

Modèle n° 18.

Art. 92 de l'instruction
relative aux marchés.

ACTE D'ENGAGEMENT.

Je soussigné (nom, prénoms, qualité, demeure), déclare me
rendre caution personnelle et solidaire de l'exécution du service   dont M.
est titulaire suivant marché du   dans le département (ou l'arrondissement) de   pendant

En conséquence, je m'oblige, comme ledit entrepreneur (ou
fournisseur), à l'exécution de toutes et chacune des clauses de
son marché, jusqu'à concurrence de la somme de

montant de la garantie matérielle représentant le cautionnement
réalisé pour le précédent *service* (ou jusqu'à concurrence de la
somme de
formant le nouveau cautionnement si celui-ci est inférieur à
l'ancien), et ce, jusqu'à ce que ce cautionnement étant devenu
libre, ait été appliqué au marché actuel, ou jusqu'à ce que l'entrepreneur (ou le fournisseur) ait régulièrement fourni un autre
cautionnement de même valeur.

Fait à   , le   .

       (Signature.)

Vu pour la légalisation de la signature de M.

    Le Maire de la ville de

      (Signature.)

Vu pour la légalisation de la signature de M. le Maire de

    Le Préfet (ou le Sous-Préfet),

      (Signature.)

Accepté pour caution solidaire par nous, Directeur du service
de

A   , le

      (Signature.)

Modèle n° 19.

Art. 99 de l'instruction
relative aux marchés.

Bordereau des salaires normaux.

NUMÉROS du BORDEREAU.	PROFESSIONS.	PRIX de L'HEURE ou de la journée.	DURÉE NORMALE du travail journalier.	OBSERVATIONS.

GOUVERNEMENT MILITAIRE
d
ou
CORPS D'ARMÉE.   SERVICE D

MODÈLE Nº 20.
—
Art. 111 de l'instruction
relative aux marchés.

PROCÈS-VERBAL.

L'an mil neuf cent   , le   , la
Commission d'appel s'est réunie

Elle est composée de :

MM.   , *président.*
                , membre idoine désigné par le
                , membre idoine désigné par le fournisseur.

Assistent à la séance :
   MM. (1)

Le président donne connaissance à la commission :

1º Du pourvoi, en date du   , formé par (2)
            contre   (3)   des (4)

qui vont être énuméré   ;

2º De la décision en date du   par laquelle a été
prononcé   l   (3)   qui a donné lieu au pourvoi
dont il s'agit.

Après avoir entendu les explications de M.
chargé de la réception, et de M.   , fournisseur,
reçu l'objet du litige, reçu communication du chef de service
des textes réglementaires, examen fait des (4)   après
en avoir délibéré à huis clos, la commission a rendu la décision
consignée au tableau d'autre part.

---

(1) Indiquer les personnes (officiers et fonctionnaires, fournisseur ou
son représentant, etc.) dont le concours aura été demandé pour éclairer
le jugement de la commission.
(2) Chef du service *ou* fournisseur.
(3) Rejet *ou* admission.
(4) Denrées, produits, matières *ou* objets.

NATURE des (1) soumis à la commission.	MOTIFS QUI ONT MOTIVÉ le rejet ou qui s'opposent à l'admission.	QUANTITÉS de (1) contre l (2) desquel il est fait appel.	DÉCISION DE LA COMMISSION. Quantités.		MOTIFS DE LA DÉCISION de la commission.
			admises.	rejetées.	
1	2	3	4	5	6

De tout quoi nous avons rapporté le présent procès-verbal, qui a été signé par les membres de la commission d'appel, le (3).

(1) Denrées, produits, matières ou objets.
(2) Rejet *ou* admission.
(3) Indiquer les personnes, officiers et fonctionnaires, fournisseur ou son représentant, chef du service, etc.

POURVOI D (1).

AVIS DU CHEF DU SERVICE (2).

AVIS DU DIRECTEUR DU SERVICE

DÉCISION DU MINISTRE

---

(1) Chef du service *ou* fournisseur. S'il n'y a pas d'appel contre la décision de la commission d'appel, cette page n'est pas remplie.
(2) En cas seulement de pourvoi du fournisseur.

RÉSUMÉ DE LA DÉCISION DÉFINITIVE

NATURE des (1) qui font l'objet du pourvoi.	QUANTITÉS de (1) l (2) contre l (3) desquel s'est pourvu.	DÉCISION DU MINISTRE		OBSERVATIONS
		Quantités admises.	rejetées.	
1	2	3	4	

(1) Denrées, produits, matières *ou* objets.
(2) Rejet *ou* admission.
(3) Chef du service *ou* fournisseur.

MINISTÈRE
DE LA GUERRE

EXERCICE 19 .

e SECTION.

Chap.

Art.

(1)

(1) Désignation de l'éta-
blissement.

(2) Désignation du four-
nisseur *ou* de l'entrepreneur.

SERVICE D

MODÈLE N° 21.

Art. 115
de l'instruction
relative aux marchés.

ÉTAT

portant décompte des pénalités encourues par M. (2)

pour retards dans l'exécution d'un marché

en date du　　　　　　　*ayant pour objet*

| NUMÉROS de la classification | | DÉSIGNATION des OBJETS LIVRÉS | UNITÉ RÉGLEMENTAIRE | QUANTITÉS | PRIX de L'UNITÉ. | MONTANT | DATES des LIVRAISONS | DATES auxquelles les LIVRAISONS devaient êtres faites. |
sommaire.	détaillée.							

TOTAUX........

| NOMBRE DE JOURS de retard. | A DÉDUIRE DU RETARD | | NOMBRE DE JOURS de retard sur lesquels porte la pénalité. | PÉNALITÉS ENCOURUES | | | OBSERVATIONS |
	pour sursis (1).			par mille francs et par jour.	partielles.	totales.	
							(1) Indiquer la décision ministérielle qui a accordé le sursis.

A   , le   19   .

L

DÉCISION DU MINISTRE

<table>
<tr><td>

MINISTÈRE
DE LA GUERRE

(1) Désignation de l'établissement.

(2) La présente feuille de propositions doit toujours être accompagnée d'un état décompté donnant le détail des pénalités encourues.

</td><td>

RÉPUBLIQUE FRANÇAISE.

SERVICE D

(1)

</td><td>

MODÈLE Nº 22.

—

Art. 115 de l'instruction relative aux marchés.

</td></tr>
</table>

PROPOSITIONS

concernant des pénalités encourues dans l'exécution d'un marché.

Désignation de l'entrepre-/
  neur *ou* du fournisseur..)

Objet du marché.........

Date du marché..........

Importance approximative)
  du marché.............)

Montant des pénalités encourues (2) :

OBSERVATIONS DE L'ENTREPRENEUR

A   , le   19 .

NOTA. — Lorsque l'entrepreneur ou le fournisseur ne présente pas d'observations, le chef de service prononce au nom du Ministre l'application définitive des pénalités, et il n'en résulte aucun retard pour l'émission des mandats sur lesquels celles-ci doivent être précomptées.

Lorsque l'entrepreneur demande qu'il lui soit fait remise partielle ou totale des pénalités, il doit justifier de circonstances importantes et imprévues ayant entraîné le retard et la présente feuille de propositions, accompagnée de l'état décompté des pénalités, est adressée au Ministre, qui décide. L'émission des mandats sur lesquels les pénalités doivent être précomptées étant suspendue jusqu'à ce que le Ministre ait statué, il peut arriver que les payements pour solde ne puissent pas être ordonnancés avant la clôture de l'exercice. Afin d'éviter, autant que possible, l'ordonnancement au titre des exercices clos, la demande d'exonération doit être examinée rapidement par chacune des autorités appelées à émettre un avis.

AVIS DU CHEF DE SERVICE

A   , le   19   .

L

Nota. — Ne pas omettre de faire connaître si le service a souffert du retard.
Examiner avec soin si les circonstances invoquées par l'entrepreneur ou le fournisseur sont dûment prouvées et si elles ont été manifestement la cause du retard.
Il ne peut être émis d'avis favorable lorsque le retard s'applique à des fournitures faites en remplacement de fournitures refusées.

AVIS DU DIRECTEUR DU SERVICE

A   , le   19   .

L

PROPOSITIONS DE LA DIRECTION TECHNIQUE
DE L'ADMINISTRATION CENTRALE

A Paris, le 19 .

L

AVIS DE LA DIRECTION DU CONTROLE

A Paris, le 19 .

Le Directeur du Contrôle.

AVIS DE LA DIRECTION DU CONTENTIEUX
ET DE LA JUSTICE MILITAIRE

A Paris, le 19 .

Le Directeur du Contentieux et de la Justice militaire,

DÉCISION DU MINISTRE

Modèle n° 23

Art. 117 de l'instruction relative aux marchés.

RÉPERTOIRE

des entrepreneurs et fournisseurs exclus des adjudications et marchés.

NOM (1)	PRÉNOMS	PRO-FESSION	DOMICILE	DATE de L'EXCLUSION	OBSER-VATIONS 2
1	2	3	4	5	6
ACIÉRIES (Société gé-nérale des).	»	Maître de forges.	Nancy, 15, rue de l'Écu,	27 juin 1907	
AGAMBRE...	Paul Émile.	Marchand de bois.	Paris, 277, boul. Saint-Germain.	15 mai 1904	Réadmis aux adjudica-tions par décision du 17 oct. 1907

(1) Dans l'ordre alphabétique.

(2) Toutes indications particulières ayant trait à l'exclusion, y compris, le cas échéant, la date de la réadmission aux adjudications ; dans ce dernier cas, un trait est tiré sur le nom.

TABLE DES MATIÈRES

DE L'INSTRUCTION RELATIVE AUX MARCHES DU DÉPARTEMENT DE LA GUERRE.

TITRE Ier.

Marchés par adjudication.

CHAPITRE Ier.

RÈGLES COMMUNES A TOUTES LES ADJUDICATIONS. — PUBLICITÉ.

CHAPITRE II.

RÈGLES APPLICABLES AUX ADJUDICATIONS SIMPLES.

CHAPITRE III.

RÈGLES APPLICABLES AUX ADJUDICATIONS RESTREINTES.

SECTION Iʳᵉ. — *Opérations précédant la séance d'adjudication.*

SECTION II. — *Opérations de l'adjudication proprement dite.*

CHAPITRE IV.

RÈGLES APPLICABLES AUX ADJUDICATIONS PROVISOIRES.

CHAPITRE V.

ADJUDICATIONS SUR CONCOURS D'ÉCHANTILLONS ET DE PRIX.

TITRE II.

Marchés de gré à gré.

TITRE III.

Marchés par conversion ou par transformation.

TITRE IV.

Prix-limites.

TITRE V.

Cautionnements.

CHAPITRE I".

GARANTIES PÉCUNIAIRES.

CHAPITRE II.

AFFECTATIONS HYPOTHÉCAIRES.

CHAPITRE III.

CAUTION PERSONNELLE SOLIDAIRE.

CHAPITRE IV.

DÉPÔTS DE MATIÈRES DANS LES MAGASINS DE L'ÉTAT.

CHAPITRE V.

SAISIE, REMBOURSEMENT, CHANGEMENT D'APPLICATION DES CAUTIONNEMENTS DÉFINITIFS.

TITRE VI.

Timbre et enregistrement.

TITRE VII.

Mesures destinées à favoriser la production nationale.

TITRE VIII.

Conditions du travail.

CHAPITRE Iᵉʳ.

RÈGLES RELATIVES A LA MÉTROPOLE.

MODÈLES.

TABLES

TABLE MÉTHODIQUE

DEUXIÈME PARTIE.

Marchés concernant les travaux de constructions militaires.

TROISIÈME PARTIE.

Marchés de fournitures.

QUATRIÈME PARTIE.

Instruction relative aux marchés du Département de la guerre.

(6 juillet 1909, page 137.)

(1) Mis à jour par l'introduction dans le texte des modifications qui y ont été apportées par la notification du 6 juillet 1909 et des notifications antérieures.

TABLE CHRONOLOGIQUE

---

(1) Mis à jour par l'introduction dans le texte des modifications qui y ont été apportées par la notification du 6 juillet 1909 et des notifications antérieures.

TABLE ALPHABÉTIQUE

A

E

Pages.

Paris et Limoges. — Imprimerie militaire Henri CHARLES-LAVAUZELLE.